SCIA | 深圳国际仲裁院

《深圳国际仲裁院仲裁规则》
理解与适用

The Understanding and Application
of SCIA Arbitration Rules

深圳国际仲裁院　编著

刘晓春　主　编　樊奇娟　副主编

图书在版编目(CIP)数据

《深圳国际仲裁院仲裁规则》理解与适用/刘晓春主编. —北京：北京大学出版社, 2020.12
 ISBN 978-7-301-31823-2

Ⅰ.①深… Ⅱ.①刘… Ⅲ.①仲裁法—法律解释—深圳 ②仲裁法—法律适用—深圳 Ⅳ.①D927.653.57-62

中国版本图书馆 CIP 数据核字(2020)第 216085 号

书　　名	《深圳国际仲裁院仲裁规则》理解与适用 《SHENZHEN GUOJI ZHONGCAIYUAN ZHONGCAI GUIZE》LIJIE YU SHIYONG
著作责任者	刘晓春　主编　樊奇娟　副主编
责 任 编 辑	王建君
标 准 书 号	ISBN 978-7-301-31823-2
出 版 发 行	北京大学出版社
地　　址	北京市海淀区成府路 205 号　100871
网　　址	http://www.pup.cn　http://www.yandayuanzhao.com
电 子 信 箱	yandayuanzhao@163.com
新 浪 微 博	@北京大学出版社　@北大出版社燕大元照法律图书
电　　话	邮购部 010-62752015　发行部 010-62750672　编辑部 010-62117788
印 刷 者	北京中科印刷有限公司
经 销 者	新华书店
	880 毫米×1230 毫米　A5　8.625 印张　230 千字 2020 年 12 月第 1 版　2023 年 6 月第 2 次印刷
定　　价	49.00 元

未经许可，不得以任何方式复制或抄袭本书之部分或全部内容。
版权所有，侵权必究
举报电话：010-62752024　电子信箱：fd@pup.pku.edu.cn
图书如有印装质量问题，请与出版部联系，电话：010-62756370

《深圳国际仲裁院仲裁规则》
理解与适用

主 编
刘晓春

副主编
樊奇娟

学术委员会
（以姓氏拼音为序）

郭小慧　郭晓文　胡建农　黄亚英
蒋溪林　梁爱诗　梁定邦　刘春华
刘晓春　Peter Malanczuk　沈四宝
　　　王桂壎　袁国强　赵　宏

编辑委员会
（以姓氏拼音为序）

安　欣　陈巧梅　董连和　范文静　何　音
黄郭勇　李秋良　娄进波　王素丽　谢卫民
熊天保　杨　涛　曾银燕　赵　枫　赵彦莹
周春玲　周　毅　朱　宏　邹长林　邹处平

序：仲裁规则为谁而生？

刘晓春

仲裁规则为谁而生？

这个问题往往被忽视，却又十分重要。

仲裁规则是受理和审理当事人纠纷的程序规则，是仲裁程序各参与方要遵守的基本规范。其使用者的角色众多：有仲裁员，也有仲裁庭秘书；有当事人，也有其代理人；有专家证人、事实证人，也有鉴定专家、审计专家；有仲裁机构管理者，还有进行司法审查或协助的法院法官。在实践中，有的学者认为，制定仲裁规则应体现"仲裁庭中心主义"，有的则强调"仲裁机构中心主义"。我们认为，商事仲裁本来就不存在什么"主义"，但如果一定要说主义，最应该强调的是"当事人中心主义"。换言之，仲裁规则应该以当事人为中心，因为这是仲裁的本质要求。

仲裁来源于市场，服务于市场。没有市场主体的信赖，不为市场主体服务，仲裁就是无源之水。仲裁的根基是公信力而非公权力，仲裁管辖权来源于当事人的信赖、约定和授权。理所当然，仲裁规则应该为当事人而生。只有以当事人为中心，才能回到仲裁的初心和本旨。

以当事人为中心，是中国深圳经济特区国际仲裁发展的核心思想。

这一思想伴随着中国改革开放和经济特区建设的进程而逐渐成为深圳国际仲裁院制定仲裁规则的基本理念。

早在1982年，为了创建开放的投资法律环境，广东省经济特区管理委员会在深圳筹建特区国际仲裁机构，当时起草的《广东省深圳特区经济仲裁院试行规则（讨论稿）》就已经在一些条款中体现出以当事人为中心的安排，但是由于一些历史原因，该讨论稿未付诸实施。穿越30年，在改革开放新时期的2012年，深圳国际仲裁院开始探索以当事人为中心构建特区国际仲裁规则。2016年，深圳国际仲裁院理事会修订仲裁规则，正式将"以当事人为中心"确立为最重要的基本原则。2019年2月开始施行[1]并在2020年8月修正的《深圳国际仲裁院仲裁规则》[2]，继续高举"当事人中心主义"的大旗，全面坚持"以当事人为中心"，并将这一基本原则贯彻到整个规则体系中去，包括《深圳国际仲裁院金融借款争议仲裁规则》《深圳国际仲裁院选择性复裁程序指引》《深圳国际仲裁院关于适用〈联合国国际贸易法委员会仲裁规则〉的程序指引》《深圳国际仲裁院海事物流仲裁规则》《深圳国际仲裁院网络仲裁规则》。在这个规则体系中，深圳国际仲裁院"以当事人为中心"的核心思想主要体现在两个方面。

以当事人为中心，一方面，要充分尊重当事人意思自治。

如何尊重当事人的意思自治，让当事人意思自治能够得到最大限度的实现？当事人意思自治在深圳国际仲裁院仲裁规则体系中得到充分的体现，可以说贯穿于规则的始终。深圳国际仲裁院尽可能扩大当事人意思自治空间，当事人可以自主约定仲裁规则[3]、仲裁地[4]、仲

---

[1] 自2019年2月21日起施行的《深圳国际仲裁院仲裁规则》由深圳国际仲裁院第二届理事会第七次会议于2018年11月15日审议通过，沈四宝、梁定邦、梁爱诗、王桂埙、Peter Malanczuk、赵宏、郭晓文、郭小慧、胡建农、黄亚英和刘晓春等理事参加了审议。

[2] 《深圳国际仲裁院仲裁规则修正案》由深圳国际仲裁院第二届理事会第十四次会议于2020年8月14日审议通过，沈四宝、梁定邦、梁爱诗、袁国强、刘春华、王桂埙、Peter Malanczuk、赵宏、郭小慧、胡建农、黄亚英、蒋溪林和刘晓春等理事参加了审议。该修正案自2020年10月1日起施行。

[3] 《深圳国际仲裁院仲裁规则》第三条第（三）款规定："当事人约定适用其他仲裁规则，或约定对本规则有关内容进行变更的，从其约定。但其约定无法实施或与仲裁程序所适用法律的强制性规定相抵触的除外……"

[4] 《深圳国际仲裁院仲裁规则》第四条第（一）款规定："当事人对仲裁地有约定的，从其约定。"

裁语言①、送达方式②、组庭方式③、审理方式④、开庭地点⑤、证据规则⑥、适用法律⑦，等等。

在上述众多重要因素之中，也许中外当事人最为关心的是仲裁庭的组成方式问题，特别是首席仲裁员的确定问题，这也是深圳国际仲裁院在仲裁规则中希望最大限度体现当事人意思自治的一个关键环节，因此本文多加叙述。

在境内外，仲裁规则一般都会原则性地规定，在确定首席仲裁员时，应当让双方当事人共同选定。这本来可能是仲裁当事人最为重要的意思自治权利，而在实践中，当事人大都难以达成一致，关于共同选定首席仲裁员的相关规定流于形式。在当事人无法共同选定首席仲裁员的情况下，按照《中华人民共和国仲裁法》和中国仲裁机构传统仲裁规则的规定，一般会由仲裁委员会主任（仲裁院院长）指定。多年来，深圳国际仲裁院和国内其他一些优秀仲裁机构从实践出发，可能都会从涉案交易特点、专业熟悉程度、公信力、语言要求、地域的中立

---

① 《深圳国际仲裁院仲裁规则》第五条第（一）款规定："当事人对仲裁语言有约定的，从其约定。"

② 《深圳国际仲裁院仲裁规则》第六条第（一）款规定："当事人对送达方式有约定的，从其约定。"

③ 《深圳国际仲裁院仲裁规则》第二十九条规定："（一）当事人可以约定仲裁庭人数为一名或三名。（二）除非当事人另有约定或本规则另有规定，仲裁庭由三名仲裁员组成。（三）当事人可以约定仲裁庭的组成方式，但其约定无法实施或与仲裁程序适用法律的强制性规定相抵触的除外。"

④ 《深圳国际仲裁院仲裁规则》第三十六条规定："（一）除非当事人另有约定，仲裁庭有权决定程序事项，并按照其认为适当的方式审理案件……（五）当事人约定书面审理的，从其约定；但仲裁庭认为有必要开庭审理的，可以开庭审理。（六）当事人可以约定采用询问式、辩论式或其他方式开庭审理案件。"

⑤ 《深圳国际仲裁院仲裁规则》第三十八条第（一）款规定："除非当事人另有约定，应当在仲裁院所在地开庭……"

⑥ 《深圳国际仲裁院仲裁规则》第四十二条第（六）款规定："当事人对证据规则有特别约定的，从其约定，但其约定无法实施或与仲裁程序适用法律强制性规定相抵触的除外。"

⑦ 《深圳国际仲裁院仲裁规则》第五十一条第（二）款规定："当事人对于实体适用法律有约定的，从其约定；当事人没有约定或其约定与仲裁地法律强制性规定相抵触的，由仲裁庭决定。"

性、与当事人之间有无利害关系、与两个"边裁"之间关系的平衡、有没有充足的办案时间等因素对仲裁庭的首席仲裁员人选进行综合考量，然后由仲裁委员会主任(仲裁院院长)履行法定职责，为双方当事人确定首席仲裁员。尽管如此，在境内外的仲裁实践中还是有相当比例的当事人对于首席仲裁员的确定方式存在很大顾虑，最担心的是中立性问题。

为了尽可能消除当事人的顾虑，在双方当事人共同选定首席仲裁员的传统方式以外，《深圳国际仲裁院仲裁规则》第三十条第(三)款至第(六)款具体规定了首席仲裁员的特殊产生方式，其中多为仲裁院在实践中的经验总结和"以当事人为中心"的创新举措，中心思路是尽可能把选定首席仲裁员的权利交给当事人，尽可能找到当事人意愿的最大公约数，尽可能帮助当事人实现意思自治。

《深圳国际仲裁院仲裁规则》第三十条第(三)款规定了首席仲裁员的特殊产生方式之"边裁推选法"，即由双方当事人各自指定的仲裁员共同指定一名首席仲裁员。其实早在1982年深圳经济特区仲裁机构筹建阶段，仲裁规则的征求意见稿中已经有了如此开放的设想。2012年，深圳国际仲裁院在规则实践中开始推行这一做法，受到当事人的欢迎，双方当事人共同约定由两名"边裁"共同指定首席仲裁员的情形越来越多。根据市场实践效果，深圳国际仲裁院在2016年版和2019年版仲裁规则中进一步确定了这一推举首席仲裁员的模式，在某种程度上通过当事人指定的"边裁"把选定首席仲裁员的意思自治权利"归还"当事人。

《深圳国际仲裁院仲裁规则》第三十条第(四)款至第(六)款分别规定了首席仲裁员的特殊产生方式之推荐排序法、推荐选择法和推荐排除法，即在双方当事人无法共同推选首席仲裁员的情况下，经双方当事人申请或同意，仲裁院可以考虑案件的基本情况，推荐若干名首席仲裁员候选名单，供双方当事人按照各自意愿进行排序、勾选或排除，从而根据当事人排序叠加、勾选或排除的具体结果确定首席仲裁员。当然,上述关于确定首席仲裁员的创新做法也适用于独任仲裁员。①

这些在实践中不断完善的创新性规定在更大范围内、更高程度上实现了当事人对于首席仲裁员的选择权利,其实是在《仲裁法》框架下把仲裁委员会主任(仲裁院院长)在实际操作中确定首席/独任仲裁员的权责在最大限度上"归还"当事人,在规则上切实帮助当事人达成最大限度的共同意愿,在机制上有效消除当事人对于中立性的顾虑,有利于促进当事人之间的互信,增强当事人对仲裁机构和仲裁庭的信赖,从而加深当事人对仲裁裁决结果的信服。

对于仲裁机构而言,从某种角度来看,这些规则安排与深圳国际仲裁院在国际化法人治理机制方面的制度探索一样都属于"自我革命"式的创新实践。其实,在本质上,这些规则安排只不过是仲裁原旨的"回归":仲裁来源于当事人,当然应该以当事人为中心,尽可能帮助当事人最大限度地实现意思自治。深圳国际仲裁院已经有相当比例的案件通过以上创新办法来确定首席/独任仲裁员,当事人及其代理人的反响都非常好。实践证明,充分尊重当事人意思自治是仲裁的本质要求。

当然,尊重当事人意思自治并不意味着当事人的行为不受到任何约束。仲裁是在特定法域的法律框架下解决商事纠纷的一种重要机制,当事人意思自治不能违反相关适用法律的强制性规定②,也不得损害第三方利益或违反公共利益。深圳国际仲裁院在2016年版仲裁规则中首先提倡"诚信仲裁",并在2019年版仲裁规则中加以强调:在总则中规定"当事人及其代理人应当遵循诚实信用和善意合作的原则参

---

① 《深圳国际仲裁院仲裁规则》第三十一条规定:"仲裁庭由一名仲裁员组成的,按照本规则第三十条第(二)款、第(四)款、第(五)款或第(六)款规定的程序,指定该独任仲裁员。"

② 如《深圳国际仲裁院仲裁规则》第三条第(三)款规定:"当事人约定适用其他仲裁规则,或约定对本规则有关内容进行变更的,从其约定。但其约定无法实施或与仲裁程序所适用法律的强制性规定相抵触的除外……"

加仲裁"①,而且在其他相关条款中对违反"诚信合作原则"应当承担的后果作了具体的规定,如第三十三条第(六)款针对"恶意回避"问题、第三十九条第(一)款针对缺席问题、第四十三条第(四)款针对伪造证据问题、第四十七条第(三)款针对不合理撤回申请问题、第四十九条第(三)款针对"虚假和裁"问题、第六十三条第(三)款针对未缴付仲裁费问题、第六十四条第(三)款关于费用承担问题、第六十九条关于异议权放弃问题都有相应的规定。值得提出的是,其第四十条规定,"在开庭审理时,仲裁庭就独立公正宣读声明书;当事人及其代理人、证人、鉴定人等相关人员可以就诚实信用和善意合作宣读声明书",这可能是中国仲裁机构首次在仲裁规则中作出如此规定。以"诚实信用和善意合作"原则来对当事人的行为进行必要的约束,防止意思自治的滥用,是为了更加公平地对待当事人,也是为了更好地帮助当事人行使意思自治权利,更好地实现以当事人为中心。

在这里特别值得提出的是,深圳国际仲裁院坚持以当事人为中心、尊重当事人意思自治的理念和实践得到特区法规的充分肯定。2020年8月26日,在深圳经济特区建立40周年之际,深圳市第六届人民代表大会常务委员会第四十四次会议审议通过了《深圳国际仲裁院条例》②,要求深圳国际仲裁院以尊重当事人意思自治和保障仲裁独立为基本原则制定仲裁规则③,要求"仲裁院应当积极创新仲裁规则,鼓励当事人充分行使指定仲裁员的权利,促进当事人共同指定首席仲裁员或者独任仲裁员"④。该法规还具体规定:"境内外当事人可以约定选择适用仲裁院仲裁规则、境内外其他仲裁机构的仲裁规则或

---

① 《深圳国际仲裁院仲裁规则》第七条规定:"(一)当事人及其代理人应当遵循诚实信用和善意合作的原则参加仲裁。(二)当事人或其代理人违反本规则规定、当事人之间的约定或仲裁庭的决定而导致程序拖延或费用增加等问题的,仲裁庭有权决定该当事人承担相应的后果。(三)当事人及其代理人应确保其所作陈述和提交材料的真实性,否则该当事人应承担相应的后果。"
② 自2020年10月1日起施行。
③ 参见《深圳国际仲裁院条例》第十九条。
④ 《深圳国际仲裁院条例》第二十二条。

者联合国国际贸易法委员会仲裁规则,可以约定对仲裁院仲裁规则有关内容进行变更,也可以约定适用法律、组庭方式、庭审方式、证据规则、仲裁语言、开庭地或者仲裁地。"①

简而言之,以当事人为中心,深圳国际仲裁院坚持不变的是当事人意思自治原则。这是独立和公正的基础。

以当事人为中心,另一方面,必然要适应和满足市场主体解决争议的多元化需求。

随着经济社会的发展、产业结构和经贸形势的变化,市场主体对解决争议的需求也在不断变化,这就要求仲裁机构的管理者用心发现当事人的需求层次,在规则设计上以当事人的需求为导向而持续创新,顺应仲裁发展潮流,进一步提升产品多元化、机制多元化和程序多元化的供给能力。

在多元化产品创新方面,近年来深圳国际仲裁院有两项突破性的探索。

一是投资仲裁。随着"一带一路"倡议的推进,中国"走出去"企业境外投资规模不断扩大,与东道国政府之间的投资争议越来越多。在这一背景下,有必要让更多中国企业了解投资仲裁机制、掌握投资仲裁武器,为当事人解决投资争议提供更多、更便利、更专业的选择,深圳国际仲裁院的仲裁规则于2016年在中国率先规定,除受理商事仲裁案件外,还受理东道国政府与他国投资者之间的投资争议仲裁案件。这一突破性探索,得到了最高人民法院和商务部等有关机构的鼓励和指导,也得到了境内外专家和企业的支持。值得强调的是,针对投资争议仲裁案件,深圳国际仲裁院会按照《联合国国际贸易法委员会仲裁规则》及《深圳国际仲裁院关于适用〈联合国国际贸易法委员会仲裁规则〉的程序指引》管理案件;当事人没有特别约定或仲裁庭没有

---

① 《深圳国际仲裁院条例》第二十条第一款。该条第二款规定:"前款约定应当能够实施,且不得与仲裁地强制性法律规定相抵触。"

特别决定的,仲裁地默认为香港。如此安排可以充分利用深港毗邻的特殊区位优势,携手香港共同为当事人提供与国际通行规则接轨的仲裁服务,共建国际仲裁的中国高地。这一创新性服务在2019年版仲裁规则中得到延续和完善。

二是"选择性复裁",创设于2019年版仲裁规则。根据国际市场交易和发展需要,为适应部分市场主体因争议金额巨大或案情复杂而希望在实体上被赋予"二次救济"机会的客观需要,深圳国际仲裁院在中国率先探索"选择性复裁",打破"一裁终局"是仲裁的绝对原则或当然优势的习惯性认知,以便国际商事和国际投资争议当事人根据交易结构和具体情况选择并设计适合其自身需求的争议解决方案。这一探索获得了《环球仲裁评论》(*Global Arbitration Review*)2019年度创新奖提名。需要强调的是,鉴于《仲裁法》第九条关于"一裁终局"制度的现行规定,《深圳国际仲裁院仲裁规则》第六十八条规定的选择性复裁程序有其严格的适用前提:仲裁地法律不禁止、当事人有明确约定、针对同一仲裁机构的原裁决、限于规定的大额和复杂案件。为此,理事会还制定了《深圳国际仲裁院选择性复裁程序指引》,就复裁程序的启动要件、接受复裁申请的主体、复裁的主体及复裁庭的组成、原裁决与复裁裁决的效力进行了规定,从而增强选择性复裁程序的可操作性和可预见性。

在多元化机制创新方面,2019年版仲裁规则承继2016年版仲裁规则的安排,固化和完善调解与仲裁结合机制、谈判促进与仲裁衔接机制。《深圳国际仲裁院仲裁规则》第四十九条第(一)、(二)款规定:当事人可以对其争议自行达成和解,可以向深圳国际仲裁院调解中心或深圳国际仲裁院认可的其他调解机构申请调解,也可以向深圳国际仲裁院谈判促进中心申请谈判促进[1];当事人达成协议的,可以请求仲裁庭依照和解协议、调解协议的内容快速作出裁决书、调解书或申请撤销仲裁案件,而不受规则规定有关期限的限制。该条第(三)款则对

---

[1] 深圳国际仲裁院谈判促进中心和谈判促进规则诞生于2016年12月。

"虚假仲裁"进行了预防和限制,完善了风险防范机制,促进了多元化纠纷解决模式的健康发展。多年来,深圳国际仲裁院以"独立调解+独立仲裁"为主线,立足深圳经济特区,先后探索了中国特色多元化纠纷解决的七种模式:独立调解机构调解+SCIA仲裁、商会调解+SCIA仲裁、展会调解+SCIA仲裁、境外调解+SCIA仲裁、专业调解+商事仲裁+行政监管+行业自律"四位一体"、跨境调解联盟调解+SCIA仲裁、谈判促进+SCIA仲裁,其中一些模式发挥了很好的作用,解决了大量商事纠纷。作为粤港澳大湾区的国际仲裁机构,深圳国际仲裁院于2018年被纳入最高人民法院"一站式"国际商事纠纷多元化解决机制,仲裁当事人在相关司法审查案件中可以享受到更加高效、更可预期的服务。

在多元化程序创新方面,深圳国际仲裁院适应不同行业的特点和发展趋势,在2016年规则安排的基础上不断完善,于2019年形成"一主五特"的规则体系:以《深圳国际仲裁院仲裁规则》为主体,以《深圳国际仲裁院金融借款争议仲裁规则》《深圳国际仲裁院选择性复裁程序指引》《深圳国际仲裁院关于适用〈联合国国际贸易法委员会仲裁规则〉的程序指引》《深圳国际仲裁院海事物流仲裁规则》《深圳国际仲裁院网络仲裁规则》为补充,针对不同行业市场主体解决争议的不同需求,提供各具特色的程序安排供当事人选择。

2020年新冠肺炎疫情严重影响了国际经贸活动的发展,也影响了仲裁程序的正常运行,为了高效、便捷地推进仲裁程序,维护当事人的程序权利,提升当事人借助信息技术参与仲裁的体验,深圳国际仲裁院第二届理事会第十四次会议于2020年8月14日对2019年版仲裁规则的个别条款进行了修正。其中,第六条第(五)款修改为:"除非当事人另有约定,仲裁院或仲裁庭可以决定当事人在提交仲裁文书和证明材料时直接发送给其他当事人或发送至仲裁院网络仲裁服务平台,并将送达记录提交仲裁院。送达时间由仲裁院或仲裁庭根据送达记录确定。"第十条第(二)款修改为:"管辖权异议应当在首次开庭前以书面形式提出;书面审理的,应当在首次答辩期限届满前或在收到书面审理通知之日起 10 日内以书面形式提出。当事人未依照上述规定提出管辖权异议的,视为承认仲裁院对仲裁案件的管辖权。"第二十三条修改为:"除非当事人另有约定,仲裁院或仲裁庭可要求当事人以电子和/或纸质方式提交仲裁申请书、答辩书、反请求申请书、证明文件以及其他书面文件。"第六十七条修改为:"除非当事人另有约定,仲裁院或仲裁庭可以决定全部或者部分仲裁程序借助信息技术进行,包括但不限于网上立案、送达、开庭、质证。"

以上修正,目的是在尊重当事人意思自治的前提下,提高仲裁程序的便利化程度,有利于不同国家和地区的仲裁员、当事人及其代理人实现"非接触式仲裁"。其实,深圳国际仲裁院从 2007 年就开始探索、研发和应用互联网仲裁和智慧仲裁。目前,仲裁程序的全部或者部分流程都可以通过仲裁院网络仲裁服务平台或借助其他信息技术进行,例如仲裁申请的提出、材料的送达、文件的提交、证据的质证、意见的交换、开庭审理等。2020 年 10 月 1 日开始施行的《深圳国际仲裁院条例》第七条规定:"仲裁院应当充分利用互联网、大数据、人工智能等信息技术,建设智慧仲裁,为当事人提供高效、便捷的纠纷解决服务。"这为中国互联网仲裁和智慧仲裁在深圳经济特区的持续探索和创新提供了法规依据,同时也是因应市场的多元化需求而提出的要求。

简而言之,以当事人为中心,深圳国际仲裁院的仲裁规则一直在"变":"为您而变"。深圳国际仲裁院强调的"3i"核心理念,不仅有独立(independence)、公正(impartiality),还有创新(innovation),就是创新体制机制和业务方式,以符合市场不断变化的发展需要,满足当事人不断变化的纠纷解决需求。

在这里,我想起 2016 年深圳国际仲裁院理事会在制定仲裁规则时,充分听取了外部专家的意见,北京大学、中山大学、中国政法大学、对外经济贸易大学等高校的学者,最高人民法院和各级法院的法官,境内外的律师代表都诚恳地提供了许多宝贵的咨询意见、起草方案建议稿乃至条文解释。印象最深的是在 2016 年 8 月 18 日的专家论证会上,大家踊跃发言,激烈辩论,一直持续到天黑,但参会的费宗祎顾问和黎学玲顾问,张玉卿和张力行等所有外部专家①,理事会郭晓文等理事和仲裁院参与规则修订工作的所有工作人员都对制定特区国际仲裁规则的理念和原则达成高度一致的共识:坚持以当事人为中心,充分尊重当事人意思自治。这样的核心思想和基本原则,在2019年版仲裁规则中得到坚持和强化。在这一基础上,理事会和规则修订工作小组更加充分地倾听市场声音,对规则进行了更加系统化的创新和完善。

回顾"以当事人为中心"核心思想的形成和确立过程,深圳国际仲裁院要向近40年来对特区国际仲裁规则作出贡献的所有同道致以崇高的敬意!

在深圳经济特区建立40周年之际,站在中国改革开放这个前沿窗口,展望中国仲裁国际化和现代化的创新和发展,我们认为:仲裁机构、仲裁员和仲裁规则都要以实现当事人价值为基础,为当事人创造价值,这是仲裁存在的唯一理由。当事人的需求是驱动仲裁发展和规则完善的根本动力。只有创造当事人认可的价值,才能建立以当事人为中心的规则体系,从而科学地用规则的确定性、思想理念的确定性,来应对市场的不确定性和当事人之间纠纷的不确定性。

本书汇集理事会理事、广大仲裁员和外部专家、仲裁院所有工作人员多年来的实践心得,通过对《深圳国际仲裁院仲裁规则》各条款进行解读,协助使用者更好地理解和适用规则,但不构成规则的组成部分。通过对规则条款的了解,大家也许能增进共识:规则为当事人而生。

以当事人为中心,为您而变。是为序。

2020年10月10日,莲花山下

---

① 当天参加论证会的外部专家还有曹欣光、陈彤、陈希佳、高晓力、费宁、傅郁林、李梅、林一飞、鲁楷、卢全章、宋连斌、王千华、王生长、王雪华、温达人、谢石松、徐三桥、叶渌、张志、周成新等。

目　录

第一章　总则 …………………………………………… 001
　第 一 条　仲裁机构 …………………………………… 001
　第 二 条　受案范围 …………………………………… 004
　第 三 条　规则适用 …………………………………… 008
　第 四 条　仲裁地 ……………………………………… 012
　第 五 条　仲裁语言 …………………………………… 015
　第 六 条　送　达 ……………………………………… 019
　第 七 条　诚信合作 …………………………………… 023

第二章　仲裁协议和管辖权 …………………………… 026
　第 八 条　仲裁协议 …………………………………… 026
　第 九 条　仲裁协议的独立性 ………………………… 030
　第 十 条　管辖权异议及管辖权决定 ………………… 032

第三章　仲裁程序的开始 ……………………………… 038
　第十一条　申请仲裁 …………………………………… 038
　第十二条　受　理 ……………………………………… 041
　第十三条　仲裁通知 …………………………………… 043
　第十四条　答　辩 ……………………………………… 045
　第十五条　反请求 ……………………………………… 048
　第十六条　变更仲裁请求或反请求 …………………… 051
　第十七条　多份合同的单次仲裁 ……………………… 054

- 第十八条　合并仲裁 ·· 056
- 第十九条　合并开庭 ·· 059
- 第二十条　追加当事人 ·· 060
- 第二十一条　多方当事人之间的仲裁请求 ···························· 063
- 第二十二条　预缴仲裁费 ·· 065
- 第二十三条　文件的提交 ·· 067
- 第二十四条　代理人 ·· 068

第四章　临时措施 ·· 072
- 第二十五条　保　全 ·· 072
- 第二十六条　紧急仲裁员 ·· 076

第五章　仲裁庭 ·· 081
- 第二十七条　独立和公平原则 ······································ 081
- 第二十八条　仲裁员名册的适用 ···································· 082
- 第二十九条　仲裁庭的人数和组成方式 ······························ 084
- 第三十条　三人仲裁庭的组成 ······································ 086
- 第三十一条　独任仲裁庭的组成 ···································· 093
- 第三十二条　仲裁员信息披露 ······································ 093
- 第三十三条　仲裁员回避 ·· 095
- 第三十四条　仲裁员替换 ·· 099
- 第三十五条　多数仲裁员继续仲裁程序 ······························ 101

第六章　审理 ·· 104
- 第三十六条　审理方式 ·· 104
- 第三十七条　开庭通知 ·· 111
- 第三十八条　开庭地点 ·· 113
- 第三十九条　当事人缺席 ·· 115
- 第四十条　庭审声明 ·· 117

第四十一条　庭审记录 …… 119
　　第四十二条　举　证 …… 121
　　第四十三条　质　证 …… 124
　　第四十四条　仲裁庭调查 …… 126
　　第四十五条　专家报告 …… 127
　　第四十六条　程序中止 …… 130
　　第四十七条　撤回申请和撤销案件 …… 132

第七章　调解与和解 …… 135
　　第四十八条　仲裁庭主持的调解 …… 135
　　第四十九条　和解、调解及谈判促进 …… 138

第八章　裁决 …… 143
　　第 五 十 条　作出裁决的期限 …… 143
　　第五十一条　裁决的作出 …… 145
　　第五十二条　部分裁决 …… 149
　　第五十三条　裁决书草案的核阅 …… 151
　　第五十四条　裁决书补正 …… 152
　　第五十五条　重新仲裁 …… 154

第九章　快速程序 …… 158
　　第五十六条　快速程序的适用 …… 158
　　第五十七条　答辩和反请求 …… 160
　　第五十八条　仲裁庭的组成 …… 161
　　第五十九条　审理方式 …… 162
　　第 六 十 条　开庭通知 …… 163
　　第六十一条　程序变更 …… 164
　　第六十二条　其他规定 …… 166

第十章　附则 …………………………………………………… 168
第六十三条　仲裁费用 …………………………………… 168
第六十四条　费用承担 …………………………………… 171
第六十五条　期限的计算 ………………………………… 174
第六十六条　保　密 ……………………………………… 175
第六十七条　信息技术应用 ……………………………… 177
第六十八条　选择性复裁程序 …………………………… 178
第六十九条　异议权的放弃 ……………………………… 183
第 七 十 条　责任的限制 ………………………………… 186
第七十一条　规则的解释 ………………………………… 187
第七十二条　规则的施行 ………………………………… 188

附录一　深圳国际仲裁院仲裁规则修正案 ……………………… 191

附录二　深圳国际仲裁院仲裁规则 ……………………………… 193

附录三　文书样式 ………………………………………………… 229

附录四　法律文件简全称对照表 ………………………………… 253

第一章 总 则

总则是仲裁规则的总纲,是对仲裁规则所涉及的原则性和方向性问题作出的概括性规定,具体包含"仲裁机构""受案范围""规则适用""仲裁地""仲裁语言""送达""诚信合作"七条内容。对于仲裁程序的诸多原则性规定均体现在这一章。

第一条 仲裁机构

(一)深圳国际仲裁院(又名深圳仲裁委员会、华南国际经济贸易仲裁委员会,曾用名中国国际经济贸易仲裁委员会华南分会、中国国际经济贸易仲裁委员会深圳分会,下称"仲裁院")是在中国深圳设立的仲裁机构。

(二)当事人在仲裁协议中约定争议由仲裁院仲裁,或约定的仲裁机构名称为仲裁院曾用名的,或可推定为仲裁院的,均可向仲裁院申请仲裁。

【条文主旨】

本条是对仲裁机构基本情况的介绍,规定了仲裁院的名称和曾用名,明确了可推定由仲裁院管辖案件的多种情形。

【理解与适用】

本条第(一)款首先列明了仲裁院的现用名和曾用名,规定了深圳国际仲裁院的机构性质。

1983年,为了适应中国改革开放的需要,华南国际经济贸易仲裁委员会(即"深圳国际仲裁院",原称"中国国际经济贸易仲裁委员会华南分会""中国国际经济贸易仲裁委员会深圳分会")创设于中国第一个经济特区——深圳,成为粤港澳地区第一个仲裁机构,也是中国改革开放之后各省市设立的第一个仲裁机构。

1995年,根据当年实施的《仲裁法》的规定,深圳仲裁委员会在深圳设立。

2017年12月25日,根据《深圳市机构编制委员会关于优化资源配置整合设立仲裁机构的通知》(深编〔2017〕78号)的规定,华南国际经济贸易仲裁委员会(深圳国际仲裁院)和深圳仲裁委员会合并,开创了中国仲裁机构合并的先例。根据全国人大常委会特别授权的深圳经济特区立法——2020年8月26日深圳市第六届人民代表大会常务委员会第四十四次会议通过的《深圳国际仲裁院条例》,以及2019年1月7日深圳市人民政府六届一百五十七次常务会议修订的《深圳国际仲裁院管理规定》(深圳市人民政府令第322号)的规定,深圳国际仲裁院同时使用华南国际经济贸易仲裁委员会和深圳仲裁委员会的名称。

基于历史原因,根据《仲裁法》的规定,经过司法登记的"中国国际经济贸易仲裁委员会深圳分会"和"中国国际经济贸易仲裁委员会华南分会"作为独立仲裁机构是仲裁院的曾用名,最高人民法院的司法解释和深圳经济特区法规也对此予以明确。

本条第(二)款规定了当事人约定争议提交"仲裁机构"的情形。《仲裁法》第十六条规定,仲裁协议应当具有的内容包括请求仲裁的意思表示、仲裁事项和选定的仲裁机构。三个要件缺一不可,而仲裁机构的确定性和唯一性是判断仲裁协议效力的重要因素,故本规则采用了列举式的方式进行规定。根据本款规定,在下列情况下均可认定当事人选定了仲裁院为仲裁机构:

(1)当事人约定争议提交仲裁院(深圳国际仲裁院、华南国际经济贸易仲裁委员会、深圳仲裁委员会)仲裁的,约定的仲裁机构为仲裁院曾用名(中国国际经济贸易仲裁委员会华南分会、中国国际经济贸易仲裁委员会深圳分会)的,均可以向仲裁院申请仲裁。其中,关于约定的仲裁机构为仲裁院曾用名"中国国际经济贸易仲裁委员会华南分会"的仲裁案件,最高人民法院于2015年6月23日通过、7月15日公布的《最高人民法院关于对上海市高级人民法院等就涉及中国国际经济贸易仲裁委员会及其原分会等仲裁机构所作仲裁裁决司法审查案件请示问题的批复》(法释〔2015〕15号)明确了仲裁院的管辖权限,当事人可向仲裁院申请仲裁,仲裁院按照当事人意思自治原则和最高人民法院上述文件的规定受理。

(2)当事人约定争议提交的仲裁机构可以推定为仲裁院的,也可以向仲裁院申请仲裁。《仲裁法解释》第三条规定:"仲裁协议约定的仲裁机构名称不准确,但能够确定具体的仲裁机构的,应当认定选定了仲裁机构。"此规定所确定的解释方法可适用于本款规定。

【要点提示】

一、关于机构合并后仲裁规则的适用

2017年12月25日,华南国际经济贸易仲裁委员会(深圳国际仲裁院)与深圳仲裁委员会合并,开创了中国仲裁机构合并的先例。合并之后,深圳国际仲裁院理事会修订2016年版《深圳国际仲裁院仲裁规则》,通过新的《深圳国际仲裁院仲裁规则》并于2019年2月21日开始施行,统一适用于合并后的仲裁院。

二、关于仲裁院曾用名的问题

"中国国际经济贸易仲裁委员会深圳分会"和"中国国际经济贸易仲裁委员会华南分会"是仲裁院在国家事业单位登记管理部门和司法行政管理部门依法登记的事业单位和仲裁机构的名称,是仲裁院的曾用名。其他任何机构和个人不得非法使用上述机构名称。

关于当事人约定由中国国际经济贸易仲裁委员会华南分会仲裁的案件,《最高人民法院关于对上海市高级人民法院等就涉及中国国际经济贸易仲裁委员会及其原分会等仲裁机构所作仲裁裁决司法审查案件请示问题的批复》明确规定当事人在中国国际经济贸易仲裁委员会华南分会更名为华南国际经济贸易仲裁委员会之前签订仲裁协议约定将争议提交"中国国际经济贸易仲裁委员会华南分会"仲裁的,由仲裁院管辖。《深圳国际仲裁院条例》第三十六条第二款规定:"当事人在仲裁院原使用中国国际经济贸易仲裁委员会华南分会、中国国际经济贸易仲裁委员会深圳分会名称期间约定由其进行仲裁的,由仲裁院受理。"深圳经济特区立法的上述规定,坚持当事人意思自治原则,进一步稳定了中外当事人多年以来约定特区国际仲裁机构解决商事纠纷的预期。

第二条 受案范围

(一)仲裁院受理当事人之间发生的合同争议和其他财产权益争议仲裁案件,包括:

1. 国际或涉外仲裁案件;
2. 涉及中国香港特别行政区、澳门特别行政区或台湾地区的仲裁案件;
3. 中国内地仲裁案件。

(二)仲裁院受理一国政府与他国投资者之间的投资争议仲裁案件。

【条文主旨】

本条从争议属性和争议所涉地域两个方面规定了仲裁院受理案件的范围。

争议符合有关"受案范围"的规定,是仲裁院对案件行使仲裁管辖权的"前提"之一,同时"受案范围"也与仲裁程序的适用规则相关,影响本规则或其他规则的具体适用。本条第(二)款为仲裁院受理一国政府与他国投资者之间发生的投资争议提供了规则依据。2016年版规则率先如此规定,这在中国仲裁规则发展史上属于首创,本版规则继续沿用。

【理解与适用】

本条第(一)款首先根据争议属性将可受理争议类型归纳为"合同争议和其他财产权益争议"。

该款规定与《仲裁法》第二条"平等主体的公民、法人和其他组织之间发生的合同纠纷和其他财产权益纠纷,可以仲裁"的规定保持一致,系对仲裁机构受案范围(可仲裁事项)的正面表述。此处所指的"其他财产权益纠纷"可以理解为非因合同关系引起的财产权益纠纷,包括因侵权行为或不当得利引起的财产权益纠纷。例如,因知识产权侵权引发的损害赔偿争议,如果当事人能够达成仲裁协议,也是可以仲裁的。《仲裁法》第三条对不能仲裁的纠纷类型进行了列举:婚姻、收养、监护、扶养、继承纠纷以及依法应当由行政机关处理的行政争议。劳动争议和农业集体经济组织内部的农业承包合同纠纷的仲裁途径,法律有另行规定。因此,尽管本规则没有列明案件类型,但如果当事人之间的争议属于《仲裁法》规定的"不能仲裁"或"另行规定"的情形,则应被排除在仲裁院受理案件范围之外。

本条第(一)款所规定的争议属性,与《联合国国际贸易法委员会国际商事仲裁示范法》第1条第(1)款脚注关于"商事"一词的定义相契合:"对'商事'一词应作广义解释,使其包括不论是契约性或非契约性的一切商事性质的关系所引起的事项。商事性质的关系包括但不限于下列交易:供应或交换货物或服务的任何贸易交易;销售协议;商事代表或代理;保理;租赁;建造工厂;咨询;工程;使用许可;投资;筹资;银行;保险;开发协议或特许;合营和其他形式的工业或商业合作;空中、海上、铁路或公路的客货载运。"

本条第(一)款还根据争议所涉地域对受案范围进行了归纳分类,即国际或涉外的仲裁案件,涉港澳台的仲裁案件,以及中国内地的仲裁案件。其中涉及港澳台地区的争议,参照涉外案件办理。而对于是否为涉外案件,通常由仲裁院在受理案件时作出判断。判断标准参考《最高人民法院关于适用〈中华人民共和国涉外民事关系法律适用法〉若干问题的解释(一)》第一条的规定,即"民事关系具有下列情形之一的,人民法院可以认定为涉外民事关系:(一)当事人一方或双方是外国公民、外国法人或者其他组织、无国籍人;(二)当事人一方或双方的经常居所地在中华人民共和国领域外;(三)标的物在中华人民共和国领域外;(四)产生、变更或者消灭民事关系的法律事实发生在中华人民共和国领域外;(五)可以认定为涉外民事关系的其他情形"。近年来法院判决和司法意见表明,最高人民法院对"可以认定为涉外民事关系的其他情形"有适度从宽的解释倾向①,此趋势值得注意。对于案件所涉地域的判断,影响到本规则其他有关条款的适用。

截至2019年12月底,仲裁院受理的仲裁和调解案件的当事人,遍及全球119个国家和地区。

本条第(二)款沿袭2016年版规则的创新安排,为仲裁院受理一国政府与他国投资者之间的投资争议提供规则依据。

投资条约项下产生的一国政府与他国投资者之间的投资争议仲裁案件是国际仲裁领域近年来的新热点。该款规定意味着,仲裁院除受理普通商事仲裁案件外,还受理一国政府与他国投资者之间的投资争议仲裁案件。这是一项具有前瞻性的规定。仲裁院受理投资争议案件,将适用《联合国国际贸易法委员会仲裁规则》及《深圳国际仲裁院关于适用〈联合国国际贸易法委员会仲裁规则〉的程序指引》(参见本规则第三条)。

【要点提示】

一、关于侵权纠纷是否可仲裁的问题

以侵权为由提起的纠纷并非不能以仲裁的方式解决。如果双方当事人在发生侵权行为之后达成仲裁协议,与侵权有关的财产权益纠纷可以进行仲裁;如果当事人提出的侵权赔偿请求系与既有合同相关

---

① 参见西门子国际贸易(上海)有限公司诉上海黄金置地有限公司申请承认与执行外国仲裁裁决案[(2013)沪一中民认(外仲)字第2号];《最高人民法院关于为自由贸易试验区建设提供司法保障的意见》(法发〔2016〕34号)。

且既有仲裁条款已经约定与本合同相关或因本合同引起的争议通过仲裁解决,则当事人可以提起仲裁。因此,侵权行为与违约行为竞合的案件,或者名为侵权实为合同纠纷的案件,或者虽以侵权名义提出,但依据仲裁协议的具体内容可以进行仲裁的案件,都属于可以仲裁的案件。

二、关于仲裁院在受理案件时如何判断某项争议是否具有涉外因素

通常情况下,境外公司在中国境内的子公司或者投资公司,若为在中国内地注册的法人主体,涉及该子公司或投资公司与其他中国内地法人或自然人之间的争议,如无其他涉外因素,则该争议属于国内争议。买卖的标的物在保税区内,并不构成涉外因素。交易支付的货币为外币,也不构成涉外因素。但是实践中仲裁院或法院也可能会综合考虑案件争议的所有"涉外"情形,以及是否存在"禁反言"情况,对是否具有涉外因素进行综合判断。

需要特别说明的是,随着我国多个自由贸易区的设立,涉外因素的认定范围也在逐步扩展。例如上海市第一中级人民法院在西门子公司申请承认与执行新加坡国际仲裁中心仲裁裁决一案中作出的裁定,就突破了长期以来司法实践对涉外因素识别的限制,在尊重当事人意思自治等原则基础上,认定注册于中国(上海)自由贸易试验区内的两家外商独资企业间的纠纷具有涉外因素,进而支持了申请人要求承认与执行由新加坡国际仲裁中心作出的仲裁裁决的申请。《最高人民法院关于为自由贸易试验区建设提供司法保障的意见》第九条进一步规定:"在自贸试验区内注册的外商独资企业相互之间约定商事争议提交域外仲裁的,不应仅以其争议不具有涉外因素为由认定相关仲裁协议无效。一方或者双方均为在自贸试验区内注册的外商投资企业,约定将商事争议提交域外仲裁,发生纠纷后,当事人将争议提交域外仲裁,相关裁决作出后,其又以仲裁协议无效为由主张拒绝承认、认可或执行的,人民法院不予支持;另一方当事人在仲裁程序中未对仲

裁协议效力提出异议,相关裁决作出后,又以有关争议不具有涉外因素为由主张仲裁协议无效,并以此主张拒绝承认、认可或执行的,人民法院不予支持。"

三、关于行政机关能否作为仲裁当事人的问题

应当注意并非行政机关作为主体的争议均属于不能仲裁的行政争议。行政机关作为商事合同的一方主体,履行其合同约定的权利义务而引发的争议,与其依职权作出的具体行政行为并不相关,属于可仲裁的争议。至于行政机关作为主体签订的何种合同属于商事合同,需要根据具体情况在案件受理或审理过程中由仲裁院或仲裁庭予以判断。

第三条 规则适用

(一)当事人同意由仲裁院进行仲裁的,除非另有约定,应视为同意按照本规则进行仲裁。

(二)当事人约定按照本规则或者仲裁院制定的特别规则进行仲裁,即视为同意将争议提交仲裁院仲裁。

(三)当事人约定适用其他仲裁规则,或约定对本规则有关内容进行变更的,从其约定。但其约定无法实施或与仲裁程序所适用法律的强制性规定相抵触的除外。当事人约定适用的其他仲裁规则规定由仲裁机构履行的职责,由仲裁院履行。

(四)当事人约定第二条第(一)款第1项或第2项案件适用《联合国国际贸易法委员会仲裁规则》的,仲裁院按照该规则及《深圳国际仲裁院关于适用〈联合国国际贸易法委员会仲裁规则〉的程序指引》管理案件。

(五)当事人将第二条第(二)款投资仲裁案件交付仲裁院仲裁的,仲裁院按照《联合国国际贸易法委员会仲裁规则》及《深圳国际仲裁院关于适用〈联合国国际贸易法委员会仲裁规则〉的程序指引》管理案件。

(六)仲裁院制定的特别规则或指引的规定与本规则不一致的,以特别规则或指引的规定为准。特别规则或指引未规定的,适用本规则。

(七)本规则未明确规定的事项,仲裁院或者仲裁庭有权按照其认为适当的方式处理。

【条文主旨】

有关规则适用的内容,实际上是为规则本身设定的"规则"。确定适用规则的原则和方法,是拟定和应用具体规则条文的基础。

本条规定了适用仲裁规则的基本原则,明确了选择仲裁规则与选择仲裁机构的一致性和规则适用的灵活性;同时还明确了本规则与仲裁院相关特别规则、指引以及《联合国国际贸易法委员会仲裁规则》的交叉适用问题。

【理解与适用】

本条第(一)款明确了在约定仲裁院仲裁前提下本规则的推定适用,即除非当事人有特别约定,约定将争议提交仲裁院即视为选择适用本规则。

本条第(二)款明确了仲裁规则与仲裁机构的一致性,即当事人约定适用本规则的情况下即视为当事人选择将争议提交仲裁院。《仲裁法解释》第四条规定:"仲裁协议仅约定纠纷适用的仲裁规则的,视为未约定仲裁机构,但当事人达成补充协议或者按照约定的仲裁规则能够确定仲裁机构的除外。"因此,在仲裁规则中明确选择本规则即视为选定仲裁院作为仲裁机构,有助于避免仲裁协议归于无效的情况发生,更好地保障当事人将争议提交仲裁的合意。

本条第(三)款进一步明确仲裁规则适用的当事人意思自治原则,以及对当事人意思自治原则的适度限制:(1)当事人可以约定将争议提交仲裁院,并适用其他仲裁规则。此做法已经获得了中国司法判例的承认。① 当事人约定适用的其他仲裁规则中由仲裁机构履行的职责,由仲裁院履行。(2)当事人可以变更本规则的内容,例如约定送达方式、约定延长或缩短答辩期或反请求提出期限、约定排除适用合并仲裁、约定仲裁员指定程序等。(3)当事人意思自治原则不是没有边界的。如果当事人的约定在实践中无法操作,或者与仲裁程序适用法律的强制性规定相抵触(例如约定仲裁员必须是外国公民并取得中华人民共和国律师执照,或者约定仲裁庭可以作出查封、冻结、扣押财产等保全措施)的,当事人的约定可能因违反法律的强制性规定或客观上无法实施而不得适用。

本条第(四)款规定了涉外、涉港澳台仲裁案件当事人约定适用《联合国国际贸易法委员会仲裁规则》的情形。在目前的司法实践中,对于涉外仲裁案件和涉港澳台仲裁案件,当事人关于适用《联合国国际贸易法委员会仲裁规则》的约定有效②;但没有涉外因素的国内仲裁案件约定适用《联合国国际贸易法委员会仲裁规则》的仍存在法律效力上的不确定性。国内案件的当事人应当避免约定适用《联合国国际贸易法委员会仲裁规则》。当事人约定在涉外仲裁案件和涉港澳台仲裁案件中适用《联合国国际贸易法委员会仲裁规则》的,仲裁院将依照该规则以及《深圳国际仲裁院关于适用〈联合国国际贸易法委员会

---

① 参见《最高人民法院关于宁波市北仑利成润滑油有限公司与法莫万驰公司买卖合同纠纷一案仲裁条款效力问题请示的复函》([2013]民四他字第 74 号),该复函确定"任何各方之间所产生的或有关的建设、意义和操作或违反本合同效力的所有争议或分歧应通过仲裁在北京解决,国际商会(ICC)的仲裁规则和依据其所作的裁决对双方当事人具有约束力。仲裁庭应依据中华人民共和国法律,并应以华语进行……"的仲裁协议有效。又见《最高人民法院关于浙江逸盛石化有限公司申请确认仲裁条款效力一案请示的复函》([2013]民四他字第 60 号),该复函确定了案涉仲裁条款有效:"仲裁应当在中国北京中国国际经济贸易仲裁中心(CIETAC)进行,并适用现行有效的《联合国国际贸易法委员会仲裁规则》[The arbitration shall take place at China International Economic Trade Arbitration Centre (CIETAC), Beijing, P. R. China and shall be settled according to the UNCITRAL Arbitration Rules as at present in force]."

② 参见《最高人民法院关于浙江逸盛石化有限公司申请确认仲裁条款效力一案请示的复函》。

仲裁规则〉的程序指引》来管理该类案件。

2016年,深圳国际仲裁院在中国率先制定了《关于适用〈联合国国际贸易法委员会仲裁规则〉的程序指引》。关于约定适用《联合国国际贸易法委员会仲裁规则》案件的两种管理形式,2019年版程序指引延续了2016年版的规定:一种是由仲裁院按照《联合国国际贸易法委员会仲裁规则》管理案件的整体仲裁程序,此类仲裁属于机构仲裁;另一种是仲裁机构仅行使指定仲裁员、就仲裁员回避作出决定和仲裁案件财务管理等有限协助职能,此类仲裁类似于临时仲裁。两种方式如何适用,需要仲裁机构根据当事人之间的具体约定以及仲裁地的具体法律规范来决定。[①]

本条第(五)款规定了投资仲裁案件自动适用《联合国国际贸易法委员会仲裁规则》,仲裁院将依据该规则以及《深圳国际仲裁院关于适用〈联合国国际贸易法委员会仲裁规则〉的程序指引》来管理案件。

本条第(六)款规定了本规则与仲裁院制定的其他特别规则、指引之间的关系。特别规则、指引类似于"特别法",本规则类似于"一般法"。存在"特别法"时适用"特别法","特别法"没有规定的适用"一般法"。

本条第(七)款赋予仲裁院和仲裁庭在推进仲裁程序方面的自由裁量权。实践中,仲裁程序推进过程中遇到的问题或事项层出不穷,纷繁复杂,仲裁规则既不可能也不需要对所有程序事项作出规定。对于本规则未规定的事项,仲裁院或仲裁庭有权根据案件具体情况决定,从而灵活推进仲裁程序,以促使争议得以高效、公平解决,凸显仲裁区别于诉讼的灵活优势。

[①] 2016年12月30日发布的《最高人民法院关于为自由贸易试验区建设提供司法保障的意见》第九点中规定:"在自贸试验区内注册的企业相互之间约定在内地特定地点、按照特定仲裁规则、由特定人员对有关争议进行仲裁的,可以认定该仲裁协议有效。"据此,仲裁院可以按照《联合国国际贸易法委员会仲裁规则》以及《深圳国际仲裁院关于适用〈联合国国际贸易法委员会仲裁规则〉的程序指引》协助管理自贸区内企业间的临时仲裁。

【要点提示】

关于当事人约定了仲裁规则后是否还需要选择仲裁机构的问题

虽然本条中规定"当事人约定按照本规则或者仲裁院制定的特别规则进行仲裁,即视为同意将争议提交仲裁院仲裁",同时结合《仲裁法解释》第四条的规定可以确定仲裁机构,但在仲裁地为中国内地的仲裁程序中,实践中经常适用《仲裁法》第十六条的规定,即约定明确的仲裁机构是仲裁协议有效的重要条件之一。为了避免法律风险,减少不必要的程序障碍,建议当事人在仲裁协议中明确约定仲裁机构的名称。

第四条 仲裁地

(一)当事人对仲裁地有约定的,从其约定。

(二)当事人对仲裁地没有约定的,以仲裁院所在地为仲裁地。仲裁院也可视案件的具体情形确定其他地点为仲裁地。

(三)仲裁裁决应视为在仲裁地作出。

【条文主旨】

仲裁地对于仲裁协议的效力、仲裁程序的适用、仲裁裁决的性质、法院对仲裁的司法支持以及对仲裁裁决的撤销等问题都具有重要的意义,本条针对仲裁地的相关问题作出了相应规定。

【理解与适用】

本条第(一)款明确当事人可以根据意思自治原则约定仲裁地。需要明确的是,仲裁地与仲裁开庭地点是两个不同的概念。仲裁地是个法律概念,其含义包括:(1)根据《仲裁法解释》第十六条的规定,对涉外仲裁协议效力的审查,当事人没有约定适用的法律但约定了仲裁地的,适用仲裁地法;(2)除非当事人另有约定,仲裁程序法为仲裁地法;(3)仲裁地决定仲裁裁决的籍属;(4)撤销仲裁裁决的申请仅能向仲裁地的法院提交,仲裁地的法院对仲裁裁决的撤销之诉有排他管辖权。仲裁开庭地点是个事实概念,当事人可以随意约定仲裁开庭地点,甚至每次开庭都可以选择不同的开庭地点。因此,仲裁地只能有一个,而开庭地点可以有多个。

依据现行的法律规范和国际惯例,当事人可以约定世界上的任何地点作为仲裁地。当事人约定以中国域外地点为仲裁地的,仲裁院也可以依据本规则管理仲裁案件,此类仲裁裁决被视为域外仲裁裁决。

本条第(二)款明确在当事人没有约定时仲裁地的确定问题。当事人对仲裁地没有约定的,默认的仲裁地是仲裁院所在地,即中国深圳为仲裁地,中华人民共和国法律为仲裁协议的准据法,仲裁程序法适用中华人民共和国法律。但是,仲裁院也可以视案件的具体情况确定其他地点为仲裁地,例如确定中国域外其他合适的地点为仲裁地。仲裁院确定域外地点为仲裁地的,仲裁地的法律为仲裁协议的准据法和仲裁程序适用法,除非当事人另有约定。

关于仲裁地,深圳国际仲裁院有一个十分独特的安排:对于适用《联合国国际贸易法委员会仲裁规则》的仲裁案件,《深圳国际仲裁院关于适用〈联合国国际贸易法委员会仲裁规则〉的程序指引》第三条规定,当事人没有约定的,默认的仲裁地为香港,除非仲裁庭另有决定。香港法既允许机构仲裁,也允许临时仲裁。在符合条件的情况下,仲裁院将仲裁地确定为香港,不仅可以满足当事人希望由深圳国际仲裁院对仲裁进行管理或协助的要求,而且以香港为仲裁地的仲裁裁决被视为香港特别行政区裁决,可以依据《最高人民法院关于内地与香港特别行政区相互执行仲裁裁决的安排》的规定在内地法院得到认可和执行。在特定情况下以香港为默认仲裁地的这个安排,极具独创性,与深圳毗邻香港的独特区域关系叠加,立足粤港澳大湾区为中外当事人提供更加灵活而独具特色的国际仲裁服务。

本条第(三)款从规则层面明确了仲裁裁决的籍属。仲裁裁决书虽有可能在不同于仲裁地的地点发出,但本规则明确规定仲裁裁决一律视为在仲裁地作出,仲裁地成为确定仲裁裁决籍属的唯一联系地点,仲裁裁决具有仲裁地所在国的籍属。仲裁裁决的籍属被确定后,很多问题就会迎刃而解。例如,仲裁地的法院是对仲裁裁决的撤销具有管辖权的法院,执行仲裁裁决的法律依据可以按照裁决的籍属确定。属于《承认及执行外国仲裁裁决公约》(1958年《纽约公约》)裁决的,依照该公约承认和执行;属于香港特别行政区、澳门特别行政区仲裁裁决的,分别依照《最高人民法院关于内地与香港特别行政区相互执行仲裁裁决的安排》《最高人民法院关于内地与澳门特别行政区相互认可和执行仲裁裁决的安排》的规定认可或执行;属于台湾地区仲裁裁决的,依照《最高人民法院关于认可和执行台湾地区仲裁裁决的规定》的相关规定认可和执行;属于非公约裁决的,按照双边条约或互惠原则承认和执行;属于内地仲裁裁决的,按照《民事诉讼法》《仲裁法》和相关司法解释的规定执行。根据《仲裁法》第五十八条的规定,在当事人对仲裁地没有另行约定,将仲裁案件提交仲裁院的一般情况下,对于由仲裁院作出的仲裁裁决,当事人可以向其所在地的深圳市中级人民法院申请撤销。

需要特别指出的是,深圳国际仲裁院是被最高人民法院首批纳入"一站式"国际商事纠纷多元化解决机制的国际商事仲裁机构,也是目前粤港澳大湾区唯一一家被纳入该机制的国际商事仲裁机构。根据《最高人民法院关于设立国际商事法庭若干问题的规定》第十一条第一款①和第十四条第二款②、《最高人民法院办公厅关于印发〈最高人

---

① 《最高人民法院关于设立国际商事法庭若干问题的规定》第十一条第一款规定:最高人民法院组建国际商事专家委员会,并选定符合条件的国际商事调解机构、国际商事仲裁机构与国际商事法庭共同构建调解、仲裁、诉讼有机衔接的纠纷解决平台,形成"一站式"国际商事纠纷解决机制。

② 《最高人民法院关于设立国际商事法庭若干问题的规定》第十四条第二款规定:当事人向国际商事法庭申请撤销或者执行本规定第十一条第一款规定的国际商事仲裁机构作出的仲裁裁决的,国际商事法庭依照民事诉讼法等相关法律规定进行审查。

民法院国际商事法庭程序规则(试行)〉的通知》第三十五条①以及《最高人民法院办公厅关于确定首批纳入"一站式"国际商事纠纷多元化解决机制的国际商事仲裁及调解机构的通知》的规定,对深圳国际仲裁院就争议金额为人民币3亿元以上或有重大影响的国际商事案件作出的仲裁裁决,当事人可以直接向最高人民法院国际商事法庭申请撤销或者执行。而且最高人民法院第一国际商事法庭就设在深圳经济特区,方便深圳国际仲裁院仲裁案件当事人申请司法审查。

【要点提示】

关于仲裁规则与仲裁地法的关系问题

仲裁规则和仲裁地法同为管理仲裁程序的依据,两者之间的关系可以概括为:在仲裁规则与仲裁地法不相冲突的情况下,原则上优先适用仲裁规则;如果仲裁地法中存在强制性规定且与仲裁规则相冲突,则适用仲裁地法的强制性规定;如果仲裁规则的内容存在缺失,则由仲裁地法予以补充适用。

第五条 仲裁语言

(一)当事人对仲裁语言有约定的,从其约定。

(二)当事人对仲裁语言没有约定的,在仲裁庭组成前,仲裁院可以考虑案件所涉合同的语言等因素决定仲裁程序初步适用的仲裁语言;在仲裁庭组成后,由仲裁庭决定仲裁程序最终适用的仲裁语言。

(三)当事人约定两种或两种以上仲裁语言的,仲裁庭在征得当事人同意后可以确定适用其中一种语言。如果当事人无法达成一致意

---

① 《最高人民法院办公厅关于印发〈最高人民法院国际商事法庭程序规则(试行)〉的通知》第三十五条规定:"当事人依照《规定》第十四条第二款的规定,对国际商事仲裁机构就标的额人民币三亿元以上或其他有重大影响的国际商事案件作出的仲裁裁决向国际商事法庭申请撤销或者执行的,应当提交申请书,同时提交仲裁裁决书或者调解书原件。国际商事法庭应当立案审查,并依法作出裁定。"

见,仲裁程序可以按当事人约定的多种语言进行,由此增加的相关费用由当事人承担。

(四)仲裁庭开庭时,当事人或其代理人、证人需要语言翻译的,当事人应自行提供或请求仲裁院提供翻译服务。

(五)当事人提交的各种文书和证明材料,仲裁庭或仲裁院认为必要时,可以要求当事人提供仲裁程序适用的仲裁语言的译本或节译本。

(六)仲裁裁决应当以本条第(一)、(二)或(三)款确定的仲裁语言作出。

【条文主旨】

仲裁语言问题在国际仲裁中越来越受到当事人的关注。仲裁语言的选择和决定,往往对仲裁过程甚至仲裁结果产生重要影响。

本条是有关仲裁语言的规定。当事人意思自治原则在本条得到充分体现,本规则根据当事人的不同约定对仲裁语言进行了相应规定。此外,与2016年版规则一样,2019年版规则明确了在当事人没有约定的情况下仲裁院和仲裁庭对于仲裁语言的决定权,避免产生"语言僵局"。

【理解与适用】

本条第(一)款规定了确定仲裁语言的基本原则,即当事人约定优先。当事人只约定了一种仲裁语言的,从其约定。

本条第(二)款规定了在当事人没有约定仲裁语言的情况下,如何确定仲裁语言。有权确定仲裁语言的主体,因仲裁进行的阶段不同而有变化。本款沿用2016年版规则的规定,明确在仲裁庭组成之前仲裁院可以决定仲裁程序初步适用的语言。仲裁院决定的仲裁语言,很可能是争议合同所适用的语言,也有可能是当事人交易中惯用的语言或者仲裁院认为适当的语言。为协助仲裁院确定初步适用的仲裁语言,申请人在提交仲裁申请时,可以提出确定仲裁语言的请求和相应的理由。仲裁院在决定了初步适用的语言后,仲裁通知等程序性文件均以该种语言发出,除非仲裁庭之后另有决定。

仲裁机构及早决定仲裁程序初步适用的语言,对仲裁程序的开始和推进具有重要意义,对于法院在司法监督程序中认定仲裁程序是否正当也有一定的影响。美国法院在2016年作出的拒绝承认与执行中国某仲裁机构裁决的判例中,拒绝承认与执行该仲裁裁决的重要理由是,仲裁机构在未决定仲裁语言的情况下,径行以中文发出仲裁通知而外国当事人不懂中文,不知道文件内容,影响其后续程序的参与,尤其使该外国当事人失去指定仲裁员的权利,构成程序瑕疵。[①] 该案件折射出在仲裁程序初始阶段以适当的语言发出仲裁通知的必要性。为了预防可能的撤裁、拒绝承认与执行裁决的风险,本款特别对仲裁程序初期如何决定适用的语言作出了规定。

仲裁庭组成后,由仲裁庭决定仲裁程序最终适用的仲裁语言。该决定可能会与仲裁院作出的初步决定不同。自仲裁庭作出有关仲裁语言的最终决定后,仲裁庭、各方当事人及仲裁机构均应适用该种语言进行后续的仲裁程序。在决定最终适用的仲裁语言时,仲裁庭考虑的因素可能包含:当事人的国籍、当事人的工作地点、当事人的工作语言、当事人签订的主合同语言、当事人约定的合同准据法、当事人之间往来沟通使用的语言以及当事人实际争议的性质等。

本条第(三)款明确了当事人约定两种或两种以上仲裁语言的情形。为减少仲裁语言争议,提高仲裁效率,本规则鼓励当事人在仲裁程序中最好适用一种语言。当事人约定了两种以上仲裁语言的,从效率原则和合理原则出发,仲裁庭可以与当事人协商,在征得当事人同意后确定适用其中一种语言作为仲裁语言。如果当事人无法达成一

---

① 美国科罗拉多联邦地区法院(the United States District Court of Colorado)和美国第十巡回上诉法院(the United States Court of Appeals for the Tenth Circuit)在 *CEEG (Shanghai) Solar Science & Technology Co., Ltd. v. LUMOS LLC* 案中拒绝承认和执行我国仲裁裁决的两份判决。
CEEG (Shanghai) Solar Science & Technology Co., Ltd. v. LUMOS LLC, judgment of the United States District Court, District of Colorado, Civil Action No. 1:14-CV-03118-WYD-MEH, judgment delivered on May 29, 2015; judgment of the United States Court of Appeals for the Tenth Circuit, case No. 15-1256, judgment delivered on July 19, 2016.

致意见,从尊重当事人意思自治原则出发,仲裁程序将继续以当事人约定的多种语言进行,但由此增加的相关费用应由当事人承担。如果当事人坚持其原有的关于使用数种仲裁语言的约定,仲裁庭不宜强行更改当事人的约定。

本条第(四)款规定了庭审中的翻译问题。在适用的仲裁语言不是当事人、当事人代理人或者证人的母语时,为了保证仲裁程序的正常和有效进行,当事人应该自行提供翻译或者提前请求仲裁院提供翻译服务,有关翻译服务的费用由当事人承担。

本条第(五)款明确了对于书面仲裁文书和证明材料的翻译问题。如果书面仲裁文书和证明材料的书写语言与仲裁庭或仲裁院确定的仲裁语言不一致,当仲裁庭或者仲裁院认为必要时,可以要求当事人提供译本或者节译本。是否要求当事人仅对部分书面仲裁文书和证明材料提供译本或者节译本,通常要考虑相关仲裁文件和材料对于案情的相关性和重要性,以及提高仲裁程序效率、节约当事人仲裁成本等因素。

本条第(六)款明确了仲裁裁决所适用的语言。除审理过程中适用的语言外,仲裁裁决适用的语言也需与当事人约定、仲裁院或仲裁庭决定的语言一致。由于仲裁裁决所适用的语言有可能影响到仲裁裁决的效力和执行效果,因此有必要在仲裁规则中予以明确。

【要点提示】

一、关于仲裁院和仲裁庭对于适用仲裁语言的决定权

在仲裁庭组成之前,仲裁院可以对适用的仲裁语言作出初步决定,可以依据当事人的申请或者依职权作出决定,采用一种语言或者以两种语言进行组庭前的仲裁程序。仲裁院的决定并不是终局的。仲裁庭组成之后,可以再次根据当事人的请求或者依职权对于此后仲裁程序所适用的语言作出决定。仲裁庭的决定是终局的。实践中,在仲裁程序的后续进行中,仲裁庭也可以根据案件审理的具体情况和需要,变更适用的语言,但这种变更应当在符合案件审理的实际需要和正当程序原则的基础上进行。

二、关于仲裁语言之争

仲裁语言的确定,已经成为各国商事主体在争夺国际仲裁话语权过程中面临的重要问题。当事人都希望能够适用己方熟悉的或对己方有利的语言进行仲裁程序,对语言的选择可能影响到仲裁审理的效率,甚至可能影响到仲裁庭对案件实体问题的判断。在越来越多的案件中,有关适用何种仲裁语言问题逐渐成为当事人在仲裁之初的争议事项。

实践证明,仲裁程序适用两种或者两种以上仲裁语言,有可能使仲裁成本成倍增加,并加大仲裁裁决被撤销或不予执行的风险。因此,当事人在仲裁协议中预先约定一种语言为仲裁语言是明智之举。

第六条 送达

(一)当事人对送达方式有约定的,从其约定。

(二)除非当事人另有约定,有关仲裁的文书、通知、材料等可以当面送达或者以邮寄、传真、电子邮件、其他能提供记录的电子数据交换方式或者仲裁院认为适当的其他方式送达。

(三)仲裁院向当事人或者其代理人发送的仲裁文书、通知、材料等,有以下情形之一的,视为送达:

1. 送达至受送达人的营业地、注册地、居住地、户籍登记地址、身份证地址、口头或书面向仲裁院确认的地址、对外使用的任何有效地址、当事人协议中列明的地址或者仲裁院认为适当的其他通讯地址中的任意一个地址;

2. 经合理查询不能找到上述任一地点而以邮寄的方式或者能提供投递记录的其他任何方式投递给受送达人最后一个为人所知的通讯地址;

3. 当事人或者其代理人收到仲裁院送达的仲裁文书、通知、材料后变更地址而未通知仲裁院的,仲裁院将后续仲裁文书、通知、材料等投递给受送达人原送达地址。

（四）送达时间以上述送达方式中最先送达到受送达人的时间为准。

（五）除非当事人另有约定，仲裁院或仲裁庭可以决定当事人在提交仲裁文书和证明材料时直接发送给其他当事人或发送至仲裁院网络仲裁服务平台，并将送达记录提交仲裁院。送达时间由仲裁院或仲裁庭根据送达记录确定。

【条文主旨】

仲裁中的送达有两方面的重要意义：第一，仲裁文件的送达关系到仲裁机构及仲裁庭是否适当履行了对当事人的通知义务；第二，仲裁文件的送达也关系着当事人能否正常行使其参与仲裁程序的相应权利，尤其是当事人陈述和发表意见的权利。因此，在审查送达的有效性及其对仲裁裁决的影响时，应当依次从以上两方面加以判断。如果仲裁院或仲裁庭已经适当履行了通知义务，未剥夺当事人的程序权利，则仲裁裁决的效力不应受送达结果的影响。

与2016年版规则不同，2019年版规则把送达条款从附则调整到总则作为第六条，并新增了第（五）款规定。2020年8月14日，深圳国际仲裁院第二届理事会第十四次会议对本条第（五）款进行了修正。

本条规定了送达方式、可以视为送达的情形、当事人地址变更情形下的送达、送达时点的确定以及当事人间的直接送达。本条还适当参考了其他主要国际仲裁机构仲裁规则的新变化，明确了视为送达的认定标准，对于解决实践中出现的送达难问题具有重要意义。本条对当事人之间直接送达的规定，在中国传统的机构送达之外丰富了送达方式，对提高仲裁参与人之间的透明度、提高仲裁效率、节约资源乃至提升中国仲裁诚信环境都具有积极意义。

【理解与适用】

根据本条第（一）款，当事人可以自行达成关于送达方式的合意。这体现了对当事人意思自治的尊重。

本条第(二)款是关于送达方式的规定。考虑到现代通讯技术的发展,除了传统的送达方式,本规则也允许通过电子邮件或其他能提供记录的电子数据交换方式送达。除了本款所列举的送达方式,仲裁院可以决定采取其他适当的送达方式,除非当事人另有约定。

本条第(三)款规定了可以视为送达的情况。送达可以分为事实送达和拟制送达。事实送达是指向当事人或其代理人送达有关仲裁文件,而当事人或其代理人也确实收到了仲裁文件。拟制送达是指在满足相关法定的或仲裁规则规定的条件下,无论当事人或其代理人是否实际收到仲裁文件,都视为已经达到了法律或规则拟制的有效送达的效果。本款规定的可以视为送达的情况其实属于拟制送达。拟制送达也是国际仲裁界普遍认可的一种方式。诉讼中通常采取公告方式进行拟制送达,但考虑到仲裁的保密性和效率性要求,公告送达一般不适用于商事仲裁。

本条第(三)款第 1 项是关于向受送达人的哪些地址送达视为送达的规定。尤其值得注意的是,按照本规则,向受送达人"口头或书面向仲裁院确认的地址、对外使用的任何有效地址、当事人协议中列明的地址或者仲裁院认为适当的其他通讯地址"进行送达都可以视为送达。需特别指出的是,受送达人向仲裁院确认的电子地址和当事人协议中列明的电子地址,属于本项所规定的送达地址。

本条第(三)款第 2 项是关于无法查找到受送达人当前有效的地址时应当如何处理的规定。适用本款第 2 项的前提条件是,经合理查询不能找到本款第 1 项规定的送达地址。"合理查询"不仅意味着应当进行查询,也意味着应当在查询时履行合理的注意义务。但此处的注意义务衡量的标准不宜过高,达到一般注意义务即可。进行合理查询的主体可以是仲裁院,也可以是受送达方的对方当事人。在无法查找到本款第 1 项规定的地址的情况下,送达地点是受送达人最后一个为人所知的通讯地址。该地址的具体内容应当由受送达人的对方当事人予以确认。所谓"能提供投递记录",即能够记录发件时间、签收时间或者退回时间等有关信息的记录。

本条第(三)款第 3 项规定了当事人在仲裁中变更送达地址却未通知仲裁院时的送达。如果当事人在收到仲裁文书、通知、材料后,变更了送达地址却未通知仲裁院,仲裁院将仲裁文书等送达原地址的仍属有效送达。

本条第(四)款是关于如何确定送达时间的规定。送达时间以本条规定的送达方式中最先送达到受送达人的时间为准。

本条第(五)款为当事人之间互相直接送达提供了规则依据,并将当事人上传文件至仲裁院提供的网络仲裁服务平台认可为仲裁文书和证明材料送达的一种有效方式。

本款在 2020 年 8 月 14 日深圳国际仲裁院第二届理事会第十四次会议作出修正之前的内容为:"经当事人同意,仲裁院或仲裁庭可以决定当事人在提交仲裁文书和证明材料时直接发送其他当事人或发送至仲裁院网络仲裁服务平台提供的在线存储系统,并将送达记录提交仲裁院。送达时间由仲裁院或仲裁庭根据送达记录确定。"尽管上述送达方式符合国际趋势,在 2020 年新冠肺炎疫情发生之后越来越受到中国内地当事人的青睐,但是在争议发生之后,双方当事人往往难以达成一致意见。

因此,修正案将本款修正为:"除非当事人另有约定,仲裁院或仲裁庭可以决定当事人在提交仲裁文书和证明材料时直接发送给其他当事人或发送至仲裁院网络仲裁服务平台,并将送达记录提交仲裁院。送达时间由仲裁院或仲裁庭根据送达记录确定。"本款规定有利于促成当事人从反向达成意思自治:仲裁院或仲裁庭有权决定适用本款规定的方式送达,但若各方当事人明确约定或一致表示不同意采用本款规定的方式送达材料,仲裁庭应当尊重当事人的意思自治。当然,仲裁院或仲裁庭在决定采用本款规定的送达方式时需根据案件的具体情况考虑以该方式送达的适当性,重点考虑是否会造成一方当事人未接获适当通知的情形。

适用本款规定的方式直接送达的,文件发送方应当为其发送的文件保留记录,记载有关文件发送的具体事实和情况。送达时间由仲裁院或仲裁庭根据送达记录予以确定。

【要点提示】

关于实践中仲裁机构及仲裁庭如何处理"送达难"问题

仲裁中的送达与民事诉讼程序中的送达存在诸多不同,《民事诉讼法》及相关司法解释中关于诉讼文书送达的规定不能直接适用于仲裁中的送达,但相关司法解释中关于送达的规定可以为仲裁中解决某些送达问题提供一定的参考。例如,参考《最高人民法院关于向外国公司送达司法文书能否向其驻华代表机构送达并适用留置送达问题的批复》(法释〔2002〕15号),仲裁中查询不到外国当事人的有效地址时,如果对方当事人请求,仲裁院也可以考虑向外国当事人的驻华代表机构送达仲裁文件。

需要注意的是,实践中作为仲裁申请人的当事人有义务对受送达人的地址进行合理查询。如申请仲裁前被申请人在工商登记机关登记的住所地已经变更,而申请人未向工商登记机关查询被申请人变更后的地址,申请仲裁时也未向仲裁机构提供被申请人变更后的地址,则可能导致送达程序的瑕疵进而影响最终裁决的效力。

在电子信息技术迅速发展的情况下,电子送达已成为趋势,"线上送达为主+线下送达为辅"日益受到欢迎。在这一过程中,当事人相互之间的直接送达也会越来越多,这不仅能大大提高仲裁效率、降低争议解决成本,也有利于提高仲裁参与人之间的透明度及仲裁当事人之间的诚信度。

第七条　诚信合作

(一)当事人及其代理人应当遵循诚实信用和善意合作的原则参加仲裁。

(二)当事人或其代理人违反本规则规定、当事人之间的约定或仲裁庭的决定而导致程序拖延或费用增加等问题的,仲裁庭有权决定该当事人承担相应的后果。

（三）当事人及其代理人应确保其所作陈述和提交材料的真实性，否则该当事人应承担相应的后果。

【条文主旨】

本条沿袭2016年版规则的规定，在总则部分规定了仲裁当事人及其代理人参加仲裁应该遵守的基本原则：诚实信用和善意合作。本条没有止步于笼统地规定仲裁过程中的诚信合作，而是进一步细化了当事人对于诚信合作原则的关切点以及违反该原则的后果，使得诚信合作原则具有了可操作性。

【理解与适用】

本条第（一）款明确规定了当事人有义务本着诚信合作的原则进行仲裁程序，避免当事人对程序权利的滥用。随着当事人、当事人代理人对仲裁机制从陌生到了解再到熟知，仲裁所赋予当事人的更为灵活多样的权利，也在一定程度上面临被滥用的风险。其中，比较典型的非诚信行为主要表现为：恶意拖延或者破坏仲裁程序、仲裁欺诈（虚假仲裁）等。

目前，《仲裁法》以及《仲裁法解释》都没有明确针对仲裁中的非诚信行为及恶意行为制定相关条款。2018年3月1日起施行的《最高人民法院关于人民法院办理仲裁裁决执行案件若干问题的规定》第九条规定："案外人向人民法院申请不予执行仲裁裁决或者仲裁调解书的，应当提交申请书以及证明其请求成立的证据材料，并符合下列条件：（一）有证据证明仲裁案件当事人恶意申请仲裁或者虚假仲裁，损害其合法权益……"其主要是在虚假仲裁事后执行阶段向合法权益遭受损害的案外人提供申请不予执行的救济途径。而在仲裁规则中规定相应行为的后果，能够更好地提高仲裁程序的效率、节约仲裁成本、提高仲裁公信力，也能对当事人或其代理人的非诚信行为起到一定的威慑作用。

本条第(二)款规定了当事人违反诚信合作原则的后果。实践中,有些当事人或其代理人违反本规则规定、当事人之间的约定或仲裁庭的决定。例如,有证据显示一方已经签收相关通知和书面材料,却谎称从未收到;某些当事人采取"游击战术"拖延程序;当事人约定由第三方机构进行鉴定,一方无正当理由拒绝配合鉴定;仲裁庭决定相关证据于特定日期前提交,一方无正当理由拖延提交等。这些行为导致的共同后果,可能是仲裁程序拖延或者费用增加。结合本规则第六十四条的规定,仲裁费用承担的基本原则是由"败诉方承担"。在此基本原则之上,本条款使得仲裁庭在面临"技术化考量"的难题时拥有相应权力,使其有权决定由导致仲裁程序迟延、费用增加的非诚信、不合作一方来承担因其不当行为导致的有关费用的增加。本款规定使得诚信合作原则更加具有可操作性,诚信合作原则也将成为仲裁庭用以惩戒仲裁过程中非诚信、不合作行为的有效工具。

本条第(三)款规定主要针对当事人及其代理人虚假陈述或者提供材料不真实等行为。虚假陈述表现方式有多种,例如编造事实、出具虚假的当事人证词、当庭作出虚假陈述等。提交材料的真实性要求不仅包括对材料本身真实性的要求,也包括一定情况下对材料中所记载内容的真实性要求。

如果当事人及其代理人作出虚假陈述或者提供材料不真实,则当事人应当承担相应的后果。可能的后果包括:仲裁庭对于当事人的虚假陈述或其提供的虚假材料不予采信;针对虚假陈述/虚假材料所涉及的某项争议所产生的费用,由该方当事人承担;当事人造假情节严重的,仲裁庭甚至有权直接裁决该方当事人败诉。因此,当事人在向其代理人陈述案件事实和提供案件相关证明材料时,应当清楚,诚信合作也是其在选择仲裁时共同接受的原则,违反该原则的行为,无论是其直接作出,还是通过代理人的言行作出,其不利的结果都需要由当事人自身承担。

第二章 仲裁协议和管辖权

仲裁协议是仲裁机构以及仲裁庭对争议案件行使仲裁管辖权的核心基础。仲裁协议被视为独立于主合同的协议,有关仲裁协议的性质、效力、异议和决定等事项,是仲裁程序开始后的常见争议事项。在大多数情况下,仲裁机构和仲裁庭需要对仲裁协议的效力和仲裁管辖权作出决定。本章围绕仲裁协议和管辖权问题展开,对当事人的权利及仲裁院和仲裁庭的职责作了规定。

第八条 仲裁协议

(一)仲裁协议是指在合同中订明的仲裁条款或者以其他方式达成的约定仲裁的协议。

(二)仲裁协议可以由当事人在争议发生之前达成,也可以在争议发生之后达成。

(三)仲裁协议应当采取书面形式。书面形式包括但不限于合同书、信件和数据电文(包括电传、传真、电子邮件和电子数据交换)等可以有形表现所载内容的形式。

(四)有下列情形之一的,视为存在书面仲裁协议:

1. 在仲裁申请书和仲裁答辩书的交换中,一方当事人声称有仲裁协议而另一方当事人不作否认表示的;

2. 一方当事人向仲裁院申请仲裁而另一方当事人作出同意仲裁的书面意思表示的;

3. 一方当事人作出愿意将争议提交仲裁院仲裁的书面承诺,另一方向仲裁院申请仲裁的;

4. 当事人在仲裁过程中共同签署的庭审笔录等文件载明当事人同意在仲裁院仲裁的。

【条文主旨】

仲裁协议是当事人通过仲裁程序解决争议的基础,也是仲裁院和仲裁庭行使管辖权的依据。因此,本规则对于与仲裁协议有关的问题进行了专门规定。

本条明确了仲裁协议的定义、形式要件、达成时间,并进一步明确了可以视为当事人之间存在书面仲裁协议的特殊情形。

【理解与适用】

本条第(一)款明确了仲裁协议的定义。《仲裁法》第十六条第一款规定:"仲裁协议包括合同中订立的仲裁条款和以其他书面方式在纠纷发生前或者纠纷发生后达成的请求仲裁的协议。"仲裁协议的本质为"(当事人)请求仲裁的协议",其表现形式为合同中订立的仲裁条款和以其他书面方式达成的请求仲裁的协议。本款以《仲裁法》第十六条为基础,重述了仲裁协议的定义。

本条第(二)款明确了仲裁协议的达成时间。仲裁协议的达成可以在争议发生之前,也可以在争议发生之后。本规则将仲裁协议的达成时间单独列为一款,以提醒当事人在争议发生之后仍然可以尝试达成仲裁协议,以仲裁作为争议解决的方式。仲裁院 2015 年受理的迄今为止中国标的额最大的仲裁案件(争议金额为人民币 134 亿元)中,中美两国三方当事人就是在争议发生之后达成仲裁协议的。

本条第(三)款明确仲裁协议应当采用书面形式。《仲裁法》第十六条规定了仲裁协议应以"书面方式"达成。《仲裁法解释》第一条进一步指明,《仲裁法》第十六条规定的其他书面方式包括"合同书、信件和数据电文(包括电报、电传、传真、电子数据交换和电子邮件)"等形式。

本条结合《仲裁法》及《仲裁法解释》的规定,同时考虑到未来科技发展,在列举了已经由《仲裁法解释》予以确定的若干具体"书面形式"后,还增加了"可以有形表现所载内容的形式"这一兜底性表述。

本条第(四)款规定了视为存在书面仲裁协议的若干具体情形。在当事人没有提交书面仲裁协议的情况下,当事人作出特定行为,表达了当事人之间达成仲裁合意,可视为当事人之间存在书面仲裁协议。

本款第一种情形类似于仲裁开始阶段的"自认"。在仲裁程序的开始阶段,即仲裁申请书和仲裁答辩书的交换中,一方不否认另一方声称存在仲裁协议的主张,或直接进行实体答辩,这种情况下视为其认可当事人之间存在仲裁协议。

本款第二种情形类似于"追认"。一方当事人向仲裁院申请仲裁,而另一方作出同意仲裁的书面意思表示。该"同意仲裁的书面意思表示"可以向仲裁院作出,也可以向提起仲裁的另一方作出。在一方已经提起仲裁申请的情况下,另一方作出同意仲裁的书面表示,类似于追认一方提起仲裁申请的行为,视为当事人间已经达成仲裁协议。

本款第三种情形是一方作出同意仲裁的书面承诺,另一方向仲裁院申请仲裁。这种模式类似于《民法典》第四百八十条规定的一方以实际行为作出承诺,接受另一方书面合同要约。一方作出同意仲裁的书面承诺类似于发出了仲裁要约,而另一方直接向仲裁院申请仲裁类似于以实际行为开始履行"仲裁合同",相当于用实际行为接受了仲裁要约,视为当事人达成了仲裁协议。仲裁院从2007年开始在广交会合同争议解决机制中创造性地实践该模式已有13年,并扩展到其他一些创新机制中,有效地解决了大量国际贸易和资本市场纠纷。

本款第四种情形是仲裁过程中同意仲裁,即双方在庭审中作出同意仲裁的陈述并且在记录其陈述的庭审笔录上签署姓名。共同签署包含仲裁合意的庭审笔录可视为当事人间达成了书面仲裁协议。

本款列举了四种可以视为当事人之间存在书面仲裁协议的情形,为当事人提供了更明确的指引。

本条没有规定仲裁协议效力延伸适用于仲裁协议非签字方的特殊情形。仲裁协议是否对非签字方有约束力,很大程度上取决于仲裁协议的适用法律。例如,在美国法下,美国判例法针对非仲裁协议缔约方被动参与仲裁的情况,发展、归集出五种理论,包括:行为应诉、代理、援引并入、刺破公司面纱以及禁反言原则下的直接获益理论。依据以上任一理论,在符合条件的情况下,当事人即便没有签署包含仲裁条款的合同,也将受到仲裁协议的约束,被法院视为接受仲裁管辖。在中国法下,有关仲裁协议对非签字方效力的规定主要体现为《仲裁法解释》第八条和第九条,即当事人订立仲裁协议后合并、分立、债权债务全部或部分转让等情形下仲裁协议对继受人、受让人的效力。① 至于提单、担保、代位或委托等特殊情形下仲裁协议对非签字人的效力,虽然理论界仍存在争论,但实践中基本被认可,相信在倡导多元化解纷机制的大背景下,法院也大多会采支持仲裁的态度。

此外,在司法实践中,最高人民法院通过个案从反面确定了何种情况下不能"视为当事人之间存在书面的仲裁协议"。例如,在一起海事仲裁案件中,申请人向被申请人发律师函提出将案涉纠纷提交在北京的中国海事仲裁委员会仲裁,并提出若3日内不回复意见,视为其默示同意将仲裁机构确定为中国海事仲裁委员会。被申请人未答复。最高人民法院就此认为当事人之间未达成补充的仲裁协议。② 在另一起商事仲裁案件中,合同订立有仲裁条款,一方当事人向某法院起诉,在该法院对另一方当事人依法送达诉讼文书并合法传唤后,其未到庭参加诉讼,也未应诉答辩。最高人民法院认为,人民法院在受理案件后发现有仲裁条款的,应先审查确定仲裁条款的效力。如仲裁条款有

---

① 《仲裁法解释》第八条规定:当事人订立仲裁协议后合并、分立的,仲裁协议对其权利义务的继受人有效。当事人订立仲裁协议后死亡的,仲裁协议对承继其仲裁事项中的权利义务的继承人有效。前两款规定情形,当事人订立仲裁协议时另有约定的除外。《仲裁法解释》第九条规定:债权债务全部或者部分转让的,仲裁协议对受让人有效,但当事人另有约定、在受让债权债务时受让人明确反对或者不知有单独仲裁协议的除外。

② 参见《最高人民法院关于申请人番禺珠江钢管有限公司与被申请人深圳市泛邦国际货运代理有限公司申请确认仲裁协议效力一案的请示的复函》(〔2009〕民四他字第7号)。

效,被告经合法传唤未答辩应诉,不能据此认为其放弃仲裁并认定人民法院取得管辖权。如果本案所涉及仲裁条款有效、原告仍坚持起诉,人民法院应驳回原告的起诉。① 上述司法案例体现出,仲裁协议的本质为"当事人合意",在当事人间缺少明确有形的书面仲裁协议的情况下,只有当事人作出的特定行为满足了"当事人合意仲裁"这一核心要件,才能认定视为存在书面仲裁协议。

第九条 仲裁协议的独立性

合同中的仲裁条款或附属于合同的仲裁协议相对于合同独立存在。合同的成立与否、未生效、无效、失效、被撤销、变更、解除、中止、终止、转让或不能履行,均不影响仲裁协议的效力。

【条文主旨】

本条规定了仲裁协议的独立性,明确了仲裁协议的效力与合同效力相互独立。含有仲裁条款的合同无效或其状态发生变化,不影响其中仲裁条款的效力。

【理解与适用】

仲裁协议的独立性是得到广泛认可的一项基本法律原则,为大多数国家立法所确认,也得到大多数国家法院的支持。仲裁协议独立性原则是指,仲裁协议与主合同是可分的,互相独立,它们的存在和效力,以及适用于它们的准据法都是可分的。《仲裁法》第十九条第一款规定,"仲裁协议独立存在,合同的变更、解除、终止或者无效,不影响仲裁协议的效力",明确了仲裁协议效力与合同效力可分的基本原则。《仲裁法解释》第十条第一款规定了"合同成立后未生效或者被撤销的",不影响仲裁协议的效力。

---

① 参见《最高人民法院关于订有仲裁条款的合同一方当事人不出庭应诉应如何处理的复函》(〔2008〕民四他字第3号)。

本条坚持仲裁协议独立性原则,结合《仲裁法》和《仲裁法解释》的有关规定,采用列举的方式,将不影响仲裁协议效力的情形逐项列明。对于《仲裁法》和《仲裁法解释》尚未列举的情形,本条也补充作了规定:合同的成立与否、失效、中止、转让或不能履行,均不影响仲裁协议的效力。

司法实践中,最高人民法院曾于 2003 年在对广东省高级人民法院的复函中明确肯定了仲裁协议的独立性,认定载有仲裁条款的股权转让合同无效不影响其中仲裁条款的效力①;最高人民法院也曾于 2000 年在个案裁定中认定,债权转让人与受让人签订债权转让协议,并书面通知了债务人,因该债权是基于原合同产生的,且需依附于原合同实现,受让人接受债权转让协议,其中应包括争议解决的条款②;2009 年最高人民法院在另一复函中认定,原经有关部门批准的合资合同约定了有效的仲裁条款,后双方另行订立了一份新的协议书修改了争议解决方式,改由法院管辖,尽管该协议书未经有关部门批准,但该协议书中对于争议解决方式的修改是成立的。③

尽管如此,对于如何理解和把握仲裁协议的独立性,包括仲裁条款能否完全独立于合同而成立,《仲裁法》的规定并不是特别清晰。司法实践中,合同是否成立与其中的仲裁条款是否成立这两个问题常常纠缠在一起,出现了一些地方法院以合同未成立从而认定仲裁条款亦不成立的案例。

2019 年 9 月 18 日,最高人民法院就国际商事法庭(CICC)受理的第一案,即运裕有限公司(Luck Treat Limited)与深圳市中苑城商业投

---

① 参见《最高人民法院关于王国林申请撤销中国国际经济贸易仲裁委员会华南分会(2012)中国贸仲深裁字第 3 号仲裁裁决一案的请示的复函》(〔2013〕民四他字第 8 号)。
② 参见中国有色金属进出口河南公司与辽宁渤海有色金属进出口有限公司债权转让协议纠纷上诉案民事裁定书[(2000)经终字第 48 号]。
③ 参见《最高人民法院关于刘硕阳与青岛正荣食品有限公司中外合资经营企业合同纠纷一案仲裁条款效力问题的请示的复函》(〔2009〕民四他字第 26 号)。

资控股有限公司申请确认仲裁协议效力一案作出裁定①,对这一问题作了厘清。在该案中,最高人民法院国际商事法庭(CICC)确认了当事人选择深圳国际仲裁院管辖的仲裁协议效力。该案裁定书明确了以下具体问题:仲裁条款与主合同是可分的,它的存在和效力以及适用的准据法均独立于主合同;在确定仲裁条款效力时,可以先行确定仲裁条款本身的效力,在确有必要时,才考虑对整个合同的效力包括合同是否成立进行认定;仲裁条款是否成立,主要是指当事人双方是否有将争议提交仲裁的合意,即是否达成了仲裁协议,对此应当适用《民法典》合同编关于要约、承诺的规定;合同是否成立,不影响其中已成立的仲裁条款的效力。最高人民法院在深圳设立第一国际商事法庭,直接审查国际仲裁机构重大国际商事案件仲裁协议效力,并通过案例厘清了实践中关于仲裁条款独立性的不同认识,进一步明确了仲裁协议的独立性原则,对于促进中国国际仲裁的发展具有现实意义和重大价值。

第十条　管辖权异议及管辖权决定

(一)当事人就仲裁协议的存在、效力或者其他问题对仲裁案件的管辖权有异议的,可以向仲裁院提出。

---

① 参见(2019)最高法民特1号民事裁定书。在该案中,最高人民法院国际商事法庭组成了以张勇健为审判长,以高晓力、奚向阳、丁广宇、沈红雨为审判员的合议庭。最高人民法院认为,当事人以仲裁条款未成立为由要求确认仲裁协议不存在的,属于申请确认仲裁协议效力案件,人民法院应当予以立案审查。在确定仲裁条款效力包括仲裁条款是否成立时,可以先行确定仲裁条款本身的效力,在确有必要时,才考虑对整个合同的效力包括合同是否成立进行认定。而仲裁条款是否成立,主要是指当事人双方是否有将争议提交仲裁的合意。本案中,当事人双方一直认可将争议提交仲裁解决,虽然运裕公司没有在最后的合同文本上盖章,其法定代表人也未在文本上签字,但双方已通过要约和承诺就仲裁条款达成合意,根据《仲裁法解释》第十条第二款的规定,即使合同未成立,仲裁条款的效力也不受影响。最高人民法院据此认定运裕公司关于与中苑城公司之间就涉案合同不存在有效仲裁条款的主张不成立,裁定驳回运裕公司的申请。

(二)管辖权异议应当在首次开庭前以书面形式提出;书面审理的,应当在首次答辩期限届满前或在收到书面审理通知之日起 10 日内以书面形式提出。当事人未依照上述规定提出管辖权异议的,视为承认仲裁院对仲裁案件的管辖权。

(三)仲裁院或者仲裁院授权的仲裁庭有权就仲裁案件的管辖权作出决定。仲裁庭的决定可以在仲裁程序进行中作出,也可以在裁决书中作出。

(四)当事人向仲裁院提出管辖权异议不影响仲裁程序的进行。

(五)仲裁院或者仲裁院授权的仲裁庭对仲裁案件作出无管辖权决定的,案件应当撤销。在仲裁庭组成前,撤销案件的决定由仲裁院作出;在仲裁庭组成后,撤销案件的决定由仲裁庭作出。

【条文主旨】

管辖权是仲裁程序的基础,提出管辖权异议是当事人在仲裁中的重要程序权利。有关当事人如何行使提出管辖权异议的权利,以及该权利的行使受到哪些限制的问题,不仅影响到仲裁程序的进行,甚至会影响到最终裁决的效力。

本条就当事人提出管辖权异议的范围、期限,管辖权异议的决定主体以及管辖权决定的作出等问题进行了规定与说明。

【理解与适用】

本条第(一)款说明了管辖权异议的类型。最为常见的管辖权异议是对仲裁协议的存在和效力的异议,除此之外还包括对于仲裁协议约定的仲裁事项范围或者对当事人主体身份存在异议的情况。为避免遗漏可能的情形,本款以"其他问题"作为管辖权异议类型的兜底描述。对仲裁协议的存在提出异议,常见情形为一方当事人否认当事方曾就将争议提交仲裁达成书面协议。对仲裁协议效力的异议,常见情形为一方当事人主张当事人间约定的仲裁协议根据仲裁协议的准据法无效。在中国法下,仲裁协议的效力问题集中规定于《仲裁法》第三章第十六条和第十七条。① 本款明确了针对仲裁协议的存在和效力的异议,当事人可以向仲裁院提出;在实践中,对于仲裁协议效力的异议,当事人也可以选择向法院提起确认仲裁协议效力的诉讼。②

本条第(二)款明确规定了提出管辖权异议的时间,即应当在首次开庭前提出。本款的法律依据为《仲裁法》第二十条第二款,即"当事人对仲裁协议的效力有异议,应当在仲裁庭首次开庭前提出"。本款将《仲裁法》的规定进一步细化,明确了:(1)在提出的时间上,对于开庭审理的案件,管辖权异议应当在首次开庭前提出;对于仲裁通知(本规则第十三条)已写明书面审理的案件,管辖权异议应当在首次答辩期限届满前提出;对于仲裁通知发出后当事人约定或仲裁庭决定书面审理的案件,管辖权异议应当在收到书面审理通知之日起 10 日内提出。(2)在提出的形式上,管辖权异议应当以书面形式提出。

如果当事人未能在管辖权异议提出的时间和形式上满足规则要求,则视为承认仲裁院对案件的管辖权。本款规定与《仲裁法解释》第十三条第一款的规定相契合,该款规定,"当事人在仲裁庭首次开庭前没有对仲裁协议的效力提出异议,而后向人民法院申请确认仲裁协议无效的,人民法院不予受理"。同时本款也呼应了本规则第八条第(四)款对于应视为存在仲裁协议情形的规定。

---

① 《仲裁法》第十六条规定:仲裁协议包括合同中订立的仲裁条款和以其他书面方式在纠纷发生前或者纠纷发生后达成的请求仲裁的协议。仲裁协议应当具有下列内容:(一)请求仲裁的意思表示;(二)仲裁事项;(三)选定的仲裁委员会。《仲裁法》第十七条规定:有下列情形之一的,仲裁协议无效:(一)约定的仲裁事项超出法律规定的仲裁范围的;(二)无民事行为能力人或者限制民事行为能力人订立的仲裁协议;(三)一方采取胁迫手段,迫使对方订立仲裁协议的。

② 在前述最高人民法院国际商事法庭受理的第一案中,最高人民法院直面仲裁协议是否存在的问题。关于仲裁管辖权所涉及的仲裁协议的存在和效力问题,《联合国国际贸易法委员会国际商事仲裁示范法》均有明确规定,但《仲裁法》只在第二十条规定了当事人对仲裁协议的效力有异议的,可以申请确认仲裁协议效力,而没有涉及仲裁协议是否存在的问题。对于这个问题,最高人民法院国际商事法庭受理的第一案通过司法裁判的方式,提供了解决路径。

本条第(三)款明确了管辖权决定作出的主体及决定形式。首先本款明确仲裁院或者仲裁院授权的仲裁庭均有权就仲裁案件的管辖权作出决定。根据《仲裁法》第二十条第一款的规定,当事人对仲裁协议的效力有异议的,可以请求仲裁机构作出决定或者请求人民法院作出裁定。从该规定可以看出,在中国现行仲裁法律体系下,对管辖权异议作出决定的主体可以是仲裁机构。仲裁实践中,按照本规则规定,经仲裁机构授权的仲裁庭也可以对管辖权作出决定。仲裁庭作出管辖权决定时,通常要在其书面决定上加盖仲裁院印章,作为仲裁庭已经获得仲裁院授权的证明。

实践中,管辖权问题复杂程度不一。有些复杂的管辖权异议,可以由仲裁院根据表面证据作出决定,但这并不妨碍仲裁庭对案件事实进行审理查明后对管辖权异议作出相反的决定。如果管辖权的决定由仲裁庭作出,则仲裁庭可以根据案件的具体情况,在审理过程中对管辖权作出单独的决定,或者将决定结果体现在裁决中。

本条第(四)款明确管辖权异议不影响仲裁程序的进行。例如,仲裁程序开始后当事人提出管辖权异议的,其依据本规则选择仲裁员、答辩以及举证等期限并不因此而中止或中断。同时本款规定在一定程度上可以防止当事人利用提出管辖权异议这一权利拖延仲裁程序的进行。例如,某些当事人故意选择在开庭前一天或当天提出管辖权异议,企图拖延仲裁程序。为避免这种权利滥用行为,仲裁院授权的仲裁庭可以依据本款规定决定仲裁程序继续进行,在不损害当事人正当权利的前提下对管辖权异议及案件实体问题一并进行审理。

本条第(五)款明确了管辖权决定对仲裁案件的影响。如果仲裁院或者仲裁院授权的仲裁庭驳回了管辖权异议,仲裁程序继续进行;如果仲裁院或者仲裁院授权的仲裁庭对案件作出无管辖权的决定,则仲裁院无管辖权,案件应当撤销。

需要注意的是,《仲裁法解释》第十三条第二款规定:"仲裁机构对仲裁协议的效力作出决定后,当事人向人民法院申请确认仲裁协议效力或者申请撤销仲裁机构的决定的,人民法院不予受理。"一旦仲裁机构对仲裁协议的效力作出决定,当事人将不能向人民法院申请提起确认仲裁协议效力之诉或者申请撤销仲裁机构的决定。因此,当事人如果希望将有关仲裁协议效力的争议提请法院裁定,则必须在仲裁庭首次开庭之前提出,而且必须在仲裁院或仲裁院授权的仲裁庭对管辖权作出决定之前向法院提出申请。

【要点提示】

一、关于涉外仲裁协议效力适用法律的问题

仲裁协议的适用法律有可能不同于主合同的适用法律。《仲裁法解释》第十六条规定了确定仲裁协议适用法律的基本原则:"对涉外仲裁协议的效力审查,适用当事人约定的法律;当事人没有约定适用的法律但约定了仲裁地的,适用仲裁地法律;没有约定适用的法律也没有约定仲裁地或者仲裁地约定不明的,适用法院地法律。"本规则第四条规定了仲裁地的识别方法。当事人约定适用本规则的,按照本规则第四条的规定可以便捷地确定仲裁地。

二、关于中国采用的管辖权异议的解决办法与国际通用模式的区别

国际上普遍使用的解决管辖权异议的原则是仲裁员"自裁管辖"(Competence-competence)原则,即由仲裁员决定仲裁庭对案件的管辖权。目前,中国的做法整体上正在趋向于"自裁管辖",但实践中仍保有自己的特色。国际仲裁中对于仲裁协议的效力也存在法院与仲裁庭的平行管辖问题,整体上更倾向于赋予仲裁庭第一顺位的决定权,通常只有在当事人怠于向仲裁庭提出或仲裁庭出于种种原因未能作出决定时,才由法院作出决定。而中国的平行管辖原则规定,当事人可以选择向仲裁机构提出,也可以选择向人民法院提出,并以先作出的结果作为终局结果。

需要注意的是,中国法院在审理确认仲裁协议效力的案件时,正

逐步限制和缩小审查范围,对仲裁采取宽容和支持的政策,通常情况下仅针对仲裁协议的有效性,即《仲裁法》第十六条、第十七条、第十八条的规定进行审理。这种做法实际上是对仲裁员"自裁管辖"原则的进一步肯定。

第三章 仲裁程序的开始

在进入正式审理程序之前的一系列程序可以称为仲裁程序的开始阶段,包括仲裁请求及仲裁反请求的提出、受理、答辩以及仲裁费的预缴、文件的提交等。本章主要规定了当事人在仲裁程序开始阶段所享有的程序性权利和应当履行的程序性义务,以及仲裁院或仲裁庭(如果已经组成)在仲裁程序的开始阶段管理案件的方式和权限。

第十一条 申请仲裁

(一)当事人申请仲裁应提交仲裁申请书。
(二)仲裁申请书应包括以下内容:
1. 各方当事人及其代理人的名称和地址、电话号码、传真号码、电子邮箱及其他联络方式;
2. 申请仲裁所依据的仲裁协议;
3. 仲裁请求;
4. 仲裁请求所依据的事实和理由;
5. 申请人或申请人授权的代理人的签名或印章。
(三)仲裁申请书应当附具仲裁请求所依据的证明材料以及申请人的主体资格证明材料。
(四)仲裁程序自仲裁院收到仲裁申请书之日开始。

【条文主旨】
当事人申请仲裁是仲裁程序的开始,是争议进入仲裁程序的标志,使得本规则的具体条款有了现实的适用对象。

本条以仲裁申请书的内容为重点,对申请人在申请仲裁时所需提交的材料作出了规定,并明确了仲裁程序开始的时间节点。

【理解与适用】

本条第(一)款指明,当事人申请仲裁时需要提交书面的仲裁申请,即仲裁申请书。提交仲裁申请书是启动仲裁程序的重要条件,也是仲裁院受理仲裁案件、决定适用的仲裁程序以及预收仲裁费的重要依据。

本条第(二)款是对当事人提交的仲裁申请书(参见附录三文书样式1.1)内容的具体要求。

第1项是当事人在仲裁申请书中应列明各方当事人的具体信息及联络方式。要求当事人提供的信息准确、充分,一方面便于仲裁院在受理案件时明确当事人的主体身份,另一方面便于仲裁院完成相关送达工作。如果当事人在提供信息和联络方式时出现错漏,将有可能导致送达瑕疵、仲裁程序的拖延甚至无法进行。值得注意的是,各方当事人及其代理人的电子邮箱作为联络方式也是本款规定的仲裁申请书应包括的内容,2016年版仲裁规则就有规定,本规则继续强调之。考虑到电子送达的需要,当事人在提交仲裁申请书时应尽量提供相关电子邮箱(参见附录三文书样式1.2、1.3)。

第2项是申请仲裁所依据的仲裁协议。仲裁协议是仲裁院受理仲裁案件的核心依据。基于《仲裁法》第十六条第一款的规定,仲裁协议的表现形式为合同中订立的仲裁条款或以其他书面方式在纠纷发生前或者纠纷发生后达成的请求仲裁的协议。至于书面形式,包括但不限于协议书、数据电文、电子邮件等多种形式。[①] 对于视为存在书面仲裁协议或仲裁协议效力延伸的情形,非仲裁协议直接签订人作为申请人申请仲裁时,应就此进行必要说明并提供相应证明材料,由仲

[①] 根据本规则第八条第(三)款的规定,仲裁协议的书面形式包括但不限于合同书、信件和数据电文(包括电传、传真、电子邮件和电子数据交换)等可以有形表现所载内容的形式。《仲裁法解释》第一条也有类似规定。

院予以审查,以决定是否能够受理。

第3项是仲裁请求。涉及金钱请求的,应列明金额或包含计算周期在内的明确的计算方法;涉及非金钱请求的,应列明具体行为或诉求的效果。由于仲裁庭系根据当事人的仲裁请求作出裁决,因此仲裁请求实际上划定了将来裁决主文的范围,而裁决主文的范围又划定了将来执行裁决的内容。所以,当事人在仲裁申请书中提出的仲裁请求应当是具体、明确、可执行的。

第4项是仲裁请求所依据的事实和理由。写明事实和理由的基本要求是能够体现其与仲裁请求的关联性,在介绍争议产生背景的同时,可以围绕请求权基础作出陈述。

第5项是当事人或其代理人的签章。该项要求主要用于证明当事人提起仲裁申请这一意思表示的真实性。如仲裁申请书上是代理人的签章,则务必附以当事人签署的真实有效的授权委托书(参见附录三文书样式1.5)。

本条第(三)款要求申请人在申请仲裁时应提交相应的证据材料以及主体证明材料。其中,证据材料的提交应与仲裁申请书的内容相匹配,以能够证明所提交的案件达到仲裁院的受理条件为标准。证据材料可以以纸质形式提交,可以以电子形式提交,也可以以纸质和电子相结合的形式提交,取决于当事人之间的约定,或者仲裁院的指引。至于主体证明材料,是指能够证明申请人身份的文件,如申请人为自然人,则需要提交护照,或中国内地居民身份证,或港澳台居民专属的身份证明文件等材料;如申请人为法人或其他组织,则需要提交营业执照副本、商业登记证、公司注册证书、事业单位法人证书,以及法定代表人(负责人)证明等文件。通常情况下,为便于识别被申请人的身份,申请人在申请仲裁时还应尽量提交被申请人的相关主体证明材料。

本条第(四)款是对仲裁程序开始时点的规定。从该时点起,仲裁机构开始行使管理仲裁程序的职权。该时点的确认在三个方面具有程序法上的意义:其一,通常情况下,当事人诉权的诉讼/仲裁时效在此时点中断。基于《民法典》和《最高人民法院关于审理民事案件适用诉讼时效制度若干问题的规定》的规定,当事人"提起仲裁"被作为诉讼时效中断的时点,仲裁庭可以参照适用该规定。其二,《仲裁法》规定,申请撤销或不予执行仲裁裁决时,可以以"仲裁庭的组成或者仲裁的程序违反法定程序"为理由。此处所指"仲裁的程序"所包含的区间范围,以仲裁规则中规定的"仲裁程序开始"的时点为起点。其三,该时点同时也是仲裁机构行使管辖权的起点,在个别情况下,仲裁机构相互之间、仲裁机构和人民法院之间可能会存在管辖权的重叠和冲突,通过对该时点的确认和各程序开始时间的先后排序,可以有效厘清管辖权的最终归属。

【要点提示】

关于仲裁请求与仲裁协议的对应问题

在提出仲裁请求时,当事人应当注意仲裁请求是否涵盖在其提交的仲裁协议所约定的争议范围之内。例如,虽然争议合同中含有仲裁条款,但仲裁申请书中某项请求的依据有可能不属于合同之债(或者与合同竞合的侵权之债);再如,依照本规则第十七条规定进行的多份合同的单次仲裁,争议是由于一系列交易引发,而可能由于当事人提交的合同不全,导致部分请求的款项实际是未提交的仲裁协议项下的欠款。

第十二条 受理

申请人提交仲裁申请书及其附件并按照本规则第二十二条的规定预缴仲裁费后,仲裁院确认申请仲裁的手续已完备的,予以受理。手续不完备的,仲裁院可以要求申请人在一定期限内予以完备;逾期不完备的,视为申请人未提出仲裁申请。

【条文主旨】

仲裁院受理仲裁申请,是仲裁程序的另一个重要节点。在这个节点上,当事人之间的纠纷正式成为一个可供当事人查询的具有案件编号的仲裁案件。

本条规定了仲裁院受理仲裁申请的条件和过程,与本规则第十一条申请仲裁所需提交材料的规定相呼应。

【理解与适用】

本条规定了仲裁院受理仲裁申请的两个条件:其一为"预缴仲裁费",其二为"手续已完备"。

"预缴仲裁费",意味着申请人需要向仲裁院预缴在申请立案阶段根据申请人的仲裁请求和仲裁院制定的仲裁费用表可以计算出的全部仲裁费。

需要特别指出的是,本规则沿用了2012年版和2016年版规则的创新做法,依据本规则附件《仲裁费用规定》第三点"关于分期预缴仲裁费"的规定,对于仲裁费用金额较大或存在其他特殊情况的,根据当事人的请求,仲裁院可以同意当事人分期预缴仲裁费用。具体可分为以下三期:(1)在提起仲裁申请时,当事人预缴的仲裁费用不应少于全部仲裁费用的三分之一;(2)在仲裁庭组成之前,不应少于二分之一;(3)在开庭前,应当缴足全部仲裁费用。允许分期缴费的规定体现了仲裁院在为当事人提供专业高效的仲裁服务的同时,还更为人性化地关注到当事人对于争议解决成本的考虑。

为了尽可能帮助当事人降低纠纷解决的成本,仲裁院在实践中还采取了一些措施,例如,仲裁院于结案后可向已交仲裁费的当事人开具"仲裁费专用发票",当事人凭发票可以抵扣3%的增值税。

国际、涉外、涉港澳台案件当事人应当注意,根据《仲裁费用规定》第六点的规定,当事人可以采用协议方式确定仲裁员的报酬,前提是各方当事人都同意仲裁庭所有成员的报酬均采取该方式确定。在这种情况下,仲裁院对于当事人预缴的仲裁费有权根据案件具体情形作出调整。

仲裁费用的预缴属于费用保证,与仲裁费用的承担不同。关于仲裁费用的最终承担问题,仲裁庭将依据本规则第六十四条的规定在裁决中作出决定。

"手续已完备",意味着仲裁院经过对申请人提交的申请仲裁材料的表面审查,一是认为其已经符合本规则第十一条规定的对于申请仲裁提交材料的要求;二是认为该争议符合《仲裁法》关于争议可仲裁性的要求;三是认为符合本规则第二条规定的受案范围。当仲裁院认为其中任何一项没有达到要求时,如果是可以补正的,例如主体材料缺失、仲裁请求不明确、缺乏受理阶段所需的必要证明材料、文件编辑形式混乱等,会要求申请人在一定时间内予以完善;如果是不具备补正可能的,例如申请材料已明确显示争议不具有可仲裁性或不属于仲裁院受案范围的,仲裁院将根据具体情况部分或全部退回申请材料或通知申请人不予受理。

申请人申请仲裁的手续不完备,在仲裁院规定的期限内仍然不能完备的,将产生相应的后果。本条规定,逾期不完备的,视为申请人未提出仲裁申请。申请人的仲裁申请被视为未提出,自然就不会产生仲裁程序开始或诉讼/仲裁时效中断的效果。

【要点提示】

关于提交立案材料不全的后果

对于仲裁院通知申请人补正必需材料的情况,申请人应在仲裁院要求的时间内予以补正,否则视为申请人未提出仲裁申请。这意味着当事人以后重新提出仲裁申请的时候,需要重新提交所有材料,且当事人的诉讼权利特别是时效权利也有可能受到影响。

第十三条　仲裁通知

仲裁院受理案件后,将仲裁通知、适用的仲裁规则和仲裁员名册发送各方当事人,申请人的仲裁申请书及其附件同时转发被申请人。

【条文主旨】

本条是关于仲裁院受理案件后向当事人发送仲裁通知及文件义务的规定。

【理解与适用】

在仲裁院正式受理案件后,会向当事人发送仲裁通知及附随文件。仲裁通知可理解为向申请人和被申请人发送的"案件受理通知",是仲裁院受理案件后,向各方当事人发送的第一份正式书面通知。附随文件是指仲裁规则、仲裁员名册等与仲裁程序相关的文件。由于发送对象不同,仲裁通知的内容及其所附文件亦有所区别。

对于申请人,仲裁院通常会在仲裁通知中向其确认其已提交仲裁申请的情况以及预缴仲裁费的情况,告知仲裁案件得到正式受理,并告知其在此后仲裁程序中的权利义务,特别是有关选定仲裁员的事宜。

对于被申请人,仲裁院通常会在仲裁通知中告知,申请人已经向仲裁院就被申请人提起仲裁申请以及仲裁院已经受理的情况,并告知其在此后仲裁程序中所享有的包括答辩、反请求等在内的权利及应履行的义务,特别是有关选定仲裁员的事宜。同时,仲裁院还会将申请人提交的仲裁申请书及附件、证据材料等转交被申请人,以便其提出答辩或反请求。

除仲裁通知,仲裁院还会向各方当事人送达本规则或案件适用的其他仲裁规则,以及涉及的仲裁员名册各一份,以便当事人依据仲裁规则的规定行使权利和履行义务,且能够在选定仲裁员之前充分了解仲裁员的基本情况。

至于仲裁通知及附随文件的送达方式,参看本规则第六条的规定。

【要点提示】

关于仲裁通知对当事人及整个仲裁程序的意义

当事人应特别注意,依据本规则第十四条、第三十条的规定,被申请人提交答辩书的期限以及各方当事人选定仲裁员的期限,自其收到仲裁通知之日起开始计算。因此,当事人应当重视其收到仲裁通知的日期,以免影响在规定期限内其正当程序权利的行使。

另外,仲裁通知中包含案件编号信息以及对当事人的权利义务的告知内容。仲裁机构送达仲裁通知后,就已经履行了相应的保障当事人程序权利的义务。因此,对仲裁通知进行送达的过程会对日后针对仲裁程序的司法审查产生重要影响。

第十四条　答辩

(一)被申请人应在收到仲裁通知之日起30日内提交答辩书。

(二)答辩书应包括以下内容:

1. 被申请人及其代理人的名称和地址、电话号码、传真号码、电子邮箱及其他联络方式;

2. 答辩意见及所依据的事实和理由;

3. 被申请人或被申请人授权的代理人的签名或印章。

(三)答辩书应当附具答辩意见所依据的证明材料以及被申请人的主体资格证明材料。

(四)被申请人申请延期答辩,且仲裁庭认为有正当理由的,可以适当延长答辩期限。仲裁庭尚未组成的,由仲裁院决定是否延长答辩期限。

(五)被申请人不答辩或者答辩不符合本规则规定的,不影响仲裁程序的继续进行。

【条文主旨】

答辩是被申请人在仲裁中的一项重要程序权利,是其在仲裁程序开始阶段向仲裁庭阐述观点和主张的重要途径。答辩分为书面答辩和口头答辩。

本条规定了被申请人提交答辩书的期限;对答辩书的内容和所附

材料作出了要求;对于延期答辩作出了相关规定;明确了不提交答辩书、不进行口头答辩或答辩不符合本规则规定,均不影响仲裁程序的继续进行。

【理解与适用】

本条第(一)款指明了被申请人提交答辩书的期限,即在其收到仲裁通知之日起 30 日内。需要说明的是,该时限系被申请人提交答辩书的期限,并非被申请人发表答辩意见的期限。若被申请人没有在本款规定的期限内提交答辩书,亦未按照本条第(四)款的规定提出延期申请,也不意味着其答辩权利的丧失,被申请人仍然可以在庭审中口头陈述其答辩意见或是以其他形式提交答辩意见。但如果由于被申请人故意不在规定期限内提交答辩书,从而导致仲裁程序出现拖延或产生额外的费用,那么仲裁庭有权依据本规则第七条第(二)款和第六十四条第(三)款的规定,就额外产生的费用作出对被申请人不利的决定。

本条第(二)款是对被申请人提交答辩书内容的具体要求。

第 1 项要求被申请人在答辩书中列明其本人(自然人、法人或其他组织)及其代理人的具体信息及联络方式,包括地址、电话号码和电子邮箱等,以便仲裁院予以记录并在后续程序中向被申请人顺利送达相关材料和通知。

第 2 项是答辩意见所依据的事实和理由。写明事实和理由的基本要求是能够体现答辩意见与仲裁请求的关联性,以便仲裁庭能够从中归纳出争议焦点。

第 3 项是当事人或其代理人的签章。如若答辩书上是代理人的签章,则务必附以当事人签署的真实有效的授权委托书。

本条第(三)款要求被申请人在提交答辩书的同时应提交相应的证据材料以及主体证明材料。其中证据材料的提交应与答辩书的内容相匹配。证据材料可以以纸质形式提交,可以以电子形式提交,也可以以纸质和电子相结合的形式提交,取决于当事人之间的约定,或者仲裁院/仲裁庭的指引。主体证明材料是指能够证明被申请人身份的文件,如被申请人为自然人,则需要提交护照、或中国内地居民身份证、或港澳台居民专属的身份证明文件等材料;如被申请人为法人或其他组织,则需要提交营业执照副本、事业单位法人证书、法定代表人(负责人)证明等文件。

本条第(四)款规定了当事人有权利申请延期答辩,并且明确了不同阶段谁可以作为决定是否延期的主体。实践中,当事人如若申请延期答辩,应当提前向仲裁院或仲裁庭提出正式申请,如果申请不合理,或过分迟延,或影响仲裁程序的正常进行,则有可能被仲裁院/仲裁庭拒绝。

本条第(五)款规定,如被申请人不答辩或答辩不符合本规则规定,不影响仲裁程序的继续进行。表明:其一,答辩书提交与否,不影响仲裁程序的正常进行。答辩书并非仲裁程序中的必要文件,如果被申请人不提交答辩书,并不影响其当庭进行口头答辩的权利。实践中,由于各种主客观原因,被申请人未能在限期内提交答辩书的情况时有发生,如果因此影响仲裁程序的正常进行,将有损于案件其他当事人正当权益的实现。其二,被申请人不答辩,系对其答辩权利的自行处分,仲裁庭有权依据现有材料和证据继续审理案件并作出裁决。当然,仲裁庭仍应遵循独立和公平原则,不能简单地仅因被申请人不进行答辩的行为就作出对被申请人不利的裁决。

【要点提示】

一、关于答辩书是否需要在期限内提交的问题

尽管答辩期过后,当事人仍然没有失去答辩的权利,但如果有答辩书却没有按期提交,还是可能对当事人权益产生不良后果。由于迟延提交答辩书涉及当事人是否诚信合作的问题,因此仲裁庭有权给予违反诚信合作原则的当事人以必要的费用制裁。

二、关于实践中提交答辩书应注意的事项

答辩书的内容应仅限于被申请人对于申请人仲裁请求的答辩意见,应尽量避免包含其他诸如管辖权异议、反请求等内容,以避免使仲

裁庭或仲裁程序的其他参与方对该文件的性质产生混淆。如果被申请人有管辖权异议或反请求，以单独提交管辖权异议申请书或仲裁反请求申请书为宜。

即使被申请人因各种原因已决定不提交答辩书，也应当在本条规定的期限之内向仲裁院提交其主体资格证明材料及联系方式，以便仲裁院管理案件并及时准确地将有关仲裁事项通知被申请人。

第十五条　反请求

（一）被申请人如有反请求，应当自收到仲裁通知之日起 30 日内以书面形式提出。逾期提交的，仲裁庭组成前由仲裁院决定是否受理，仲裁庭组成后由仲裁庭决定是否受理。

（二）反请求的提出和受理，参照本规则第十一条和第十二条的规定办理。

（三）仲裁院认为被申请人提出反请求的手续已完备的，向当事人发出反请求受理通知。

（四）申请人对反请求的答辩，参照本规则第十四条的规定办理。

【条文主旨】

反请求，是仲裁程序中由被申请人向申请人提出的、与申请人提出的仲裁本请求存在事实上或法律上牵连关系的请求，类似于诉讼程序中的"反诉"。反请求与本请求当事人相同、法律关系相同，但争议事项不同，彼此立场对立，需要仲裁员居中裁判。被申请人在仲裁程序中拥有提出反请求的权利。

本条规定了提出反请求的期限、对于反请求的受理以及对反请求的答辩等内容。

【理解与适用】

本条第（一）款规定了反请求的提出时限，即被申请人收到仲裁通知之日起30日内。尽管该期限与被申请人提交答辩书的期限相同,但意义却有所区别。对于被申请人而言,如果没有在期限之内提交答辩书,并不影响被申请人进行答辩的权利;但如果没有在规定期限之内提交反请求申请书,则即使该反请求符合受理条件,也有可能被仲裁院或者仲裁庭基于过分迟延或其他理由拒绝受理。

对于逾期提交的反请求申请,组庭之前由仲裁院决定是否受理,组庭之后由仲裁庭决定是否受理。仲裁院或仲裁庭在决定是否受理逾期提交的反请求申请时,通常考量的因素包括:第一,反请求是否有必要与本请求一并审理,如另案审理是否会影响当事人的利益;第二,提出反请求的时间是否过迟,以及对反请求的受理是否会造成仲裁程序不必要的拖延,以至于损害他方当事人的权益;第三,对于反请求的审理和裁决是否有助于"案结事了",是否有助于全面彻底地解决双方之间的争议。除以上考量因素,仲裁院或仲裁庭还会结合案件具体情况以及各方当事人的意见作出最终的决定。

值得注意的是,本款规定并没有给予被申请人申请延期提交反请求的权利,而是规定只要超期,一律交由仲裁院或仲裁庭直接决定是否受理。这一规定有助于提高仲裁程序的效率,避免不必要的拖延。如若准许当事人申请延期,则仲裁院或仲裁庭需要先就是否准予延期作出判断,然后又会在当事人超期提交申请后就是否受理作出判断,如此势必造成仲裁程序的拖延。

本条第(二)款规定了反请求的提出与受理程序,即参照适用本规则第十一条和第十二条对于仲裁请求的提出与受理的规定。这意味着,即便被申请人在本条第(一)款规定的期限内提出了反请求申请,如果该项反请求申请不符合仲裁院对于提出仲裁请求的基本要求或超出了仲裁院受理请求的范围,该反请求申请依然不能得到仲裁院的受理,抑或在补正后才予以受理。

本条第(三)款规定了仲裁院发送反请求受理通知的条件,即被申请人提出反请求的手续已完备。需要注意的是,除参照本规则第十一条、第十二条的规定审查被申请人所需提交的材料是否完备外,提出反请求申请的当事人还需要按照仲裁院的通知,在一定期限内预缴反请求仲裁费。只有当反请求材料齐备、反请求仲裁费预缴完毕之后,仲裁院才会向双方当事人发送反请求受理通知。

本条第(四)款是对于反请求进行答辩的规定,即参照适用本规则第十四条对于仲裁请求进行答辩的规定。实践中,并不需要当事人重复提交主体证明材料,但可以针对仲裁请求与反请求分别组织和提交证据材料。

【要点提示】

一、关于实践中处理反请求申请的惯常做法

由于被申请人提交答辩书的期限与提交反请求的期限相同,均为收到仲裁通知之日起 30 日内,所以经常出现被申请人同时提交答辩材料与反请求材料的情况。被申请人需要注意的是,有必要将仲裁答辩书与仲裁反请求申请书进行区分。如果被申请人在答辩书中同时提出仲裁反请求,则仲裁院通常会要求被申请人单独提交一份反请求申请书,且仲裁院将该答辩书转交申请人的事实,并不一定意味着仲裁院对于反请求的受理,除非仲裁院作出明确的受理反请求的通知。

对于被申请人当庭提出反请求的情形,仲裁庭为提高仲裁效率,可以当庭决定是否受理,并当庭通知双方当事人。被申请人需要预缴的反请求仲裁费,可以根据仲裁院的通知在庭后一定期限内补缴。未按期补缴的,视为当事人撤回该反请求申请。

二、关于律师费是否属于反请求,是否受提出期限限制的问题

原则上,被申请人的律师费请求属于反请求的范畴。即使仅有一项律师费请求,也应当单独提出,而不宜混入答辩内容中。但考虑到律师费产生的时间和特定原因,在一定情况下,仲裁庭也可以允许当事人在仲裁程序后期对律师费请求予以明确。仲裁院有权要求被申请人就其律师费请求预缴仲裁费。

第十六条　变更仲裁请求或反请求

（一）当事人可书面申请变更仲裁请求或反请求。

（二）是否同意变更，仲裁庭组成前由仲裁院决定，仲裁庭组成后由仲裁庭决定。仲裁院或仲裁庭认为变更会造成仲裁程序过于延迟、对另一方不公平或导致任何其他情况而不宜变更的，有权拒绝变更。

（三）变更仲裁请求或反请求不影响仲裁程序的继续进行。

（四）变更仲裁请求或反请求的提出、受理和答辩，参照本规则第十一条至第十四条的规定办理。

【条文主旨】

变更仲裁请求或反请求，是当事人在仲裁程序中处分自己的实体权利和程序权利的重要体现。仲裁的对象是当事人可以自由处分的财产权益，当事人自然有权在仲裁程序中处分自己的权利，该原则已在《仲裁法》中予以规定。

本条明确了当事人具有变更仲裁请求与反请求的权利，规定了决定是否接受变更请求的主体及考量因素，指明了变更程序对整个仲裁程序的影响以及管理具体变更请求程序所适用的规则条文。

【理解与适用】

本条第（一）款明确了当事人有权利在仲裁程序进行中变更仲裁请求或反请求，同时限制了提出变更申请的方式，即以书面形式提出。

实践中，当事人当庭口头申请变更仲裁请求或反请求的情况时有发生。面对这种情况，仲裁庭可以选择将当事人口头陈述的变更申请记入笔录，并当庭决定是否同意当事人提出的变更申请，将决定内容口头通知各方当事人。提出变更申请的一方当事人需要根据仲裁庭的要求在庭后补充提交与当庭陈述内容一致的书面变更申请。

如果变更申请得到仲裁院或仲裁庭的同意并将产生额外的仲裁费,则提出变更申请的一方当事人应当在仲裁院或仲裁庭要求的期限内缴齐增加的仲裁费,否则将被视为未提出该变更申请。

本条第(二)款首先规定了决定是否同意变更的主体,即仲裁庭组成前由仲裁院决定,仲裁庭组成后由仲裁庭决定。其次,本款还重点指出了可能导致当事人的变更申请被拒绝的情形。

实践中,变更请求(包括仲裁请求和反请求)可以是增加某一个请求事项,可以是撤回某一个请求事项,也可以是调整某一个请求事项的具体内容。这三种情况原则上都属于变更仲裁请求。

对于增加某一个请求事项或者调整某一个请求事项的具体内容的情形,有必要给予对方当事人进行补充答辩和说明的机会,这也可能导致案件争议焦点的变更以及仲裁庭审理思路的调整。因此,面对增加或调整仲裁请求的申请,通常仲裁院或仲裁庭需要判断增加或调整的请求是否适合在本案中一并审理。如果仲裁程序尚未深入进行,仲裁院或仲裁庭可以基于提高效率、彻底解决当事人之间争议的原则同意该变更申请;如果仲裁程序已经接近终结,增加或者调整的请求很可能使仲裁程序出现不必要的过分迟延,则仲裁院或仲裁庭有权予以拒绝。此外,仲裁庭通常还会结合已经进行的仲裁程序的情况,结合诚信合作原则(本规则第七条)和公平合理原则(本规则第二十七条和第五十一条),判断增加或调整请求是否对另一方当事人不公平;如果确实存在不公平的可能,即使仲裁程序尚未临近终结,仲裁庭也可以拒绝该申请。

对于撤回某一个请求事项的情形,如果撤回不影响其他方当事人的利益,也不会对仲裁程序造成迟延或造成新的讼累,通常仲裁院或仲裁庭会在征求各方当事人意见后予以准许。但基于撤回的请求事项已经产生的仲裁费,原则上由提出撤回请求的一方承担。如果撤回请求会不适当地影响他方当事人的权益,且他方当事人提出合理的反对意见,仲裁庭有权拒绝撤回请求,继续审理(本规则第四十七条)。

本条第(三)款明确规定,变更仲裁请求或反请求不影响仲裁程序的继续进行。需要强调的是,提出变更仲裁请求或反请求的申请,不影响本规则规定的已经开始的期限的持续计算。例如,申请人收到仲裁通知后,选择仲裁员的期限并不因变更仲裁请求而中止或中断。

本条第(四)款规定了变更仲裁请求或反请求程序中具体适用的程序条文,即参照适用本规则第十一条至第十四条对于仲裁请求的提出、受理和答辩的相关规定。实践中,当事人需要根据仲裁院或仲裁庭在个案中的具体指示行事。

【要点提示】

一、关于实践中处理变更仲裁请求的惯常做法

仲裁请求或反请求的变更是指仲裁申请书或反请求申请书上请求事项的变更,需要区别于事实与理由的变更或证据材料的变更。如果当事人对于合同效力、合同状态或请求所依据的关键主张有所变更,虽然不属于变更仲裁请求或反请求,但通常仲裁庭也会给予各方当事人充分陈述意见的机会。

任何仲裁请求或反请求的变更都有可能造成仲裁程序的拖延和当事人仲裁成本的增加。因此,当事人在提出仲裁请求或反请求之前应当尽量充分地规划好仲裁思路和方案,避免无谓地变更仲裁请求或反请求,造成仲裁资源的浪费。仲裁庭对于不专业的仲裁行为导致的程序拖延或资源浪费,有权在确定仲裁费用分担时予以适当考虑。

二、关于变更请求与仲裁庭行使释明权、当事人提出替代性仲裁请求的关系

如果变更请求实质上是对原请求的否定,或过于迟延,或存在"突袭",或超出仲裁管辖的范围,仲裁庭有可能不接受变更请求的申请。必要时,仲裁庭可以行使释明权。因此,当事人应当特别重视仲裁庭的释明。

如果当事人有多项救济的可能,原则上需要一次性提出。因此,

仲裁中不排斥当事人提出替代性的仲裁请求，或称选择性仲裁请求、备位仲裁请求。

第十七条　多份合同的单次仲裁

（一）当事人之间因多份合同、主从合同或其他关联合同引起的争议，如果多份合同、主从合同或关联合同的仲裁协议都约定由仲裁院仲裁，且相关争议源于同一交易或同一系列交易，申请人可以在单次仲裁中就多份合同、主从合同或关联合同争议一并提出仲裁申请。

（二）被申请人提出异议的，由仲裁院或仲裁院授权的仲裁庭作出决定。

【条文主旨】

当事人之间因同一交易、同一系列交易或一定期间内的同类交易，分别或依次订立多份合同是常见现象。允许申请人在一次仲裁申请中就多份合同争议同时提出仲裁申请，符合经济、方便和效益原则，有助于减少当事人讼累，节省仲裁费用。

本条规定了申请人依据多份合同同时提起仲裁的条件以及被申请人的异议权等内容。

【理解与适用】

本条第（一）款明确了适用本款进行多份合同单次仲裁必须同时满足三项基本条件：(1)当事人之间签订有多份合同；(2)多份合同中的仲裁条款均约定由仲裁院仲裁；(3)相关争议源于同一交易或同一系列交易。

第一，当事人之间签订的多份合同、主从合同或其他关联合同，意味着存在多个仲裁条款即多个仲裁协议。这些仲裁协议具有各自的独立性。本条款为当事人意图通过一个仲裁程序一揽子解决争议，减少讼累提供了规则依据。

第二，多份合同中的仲裁条款均约定由仲裁院仲裁，且彼此可以相互兼容。多份合同中仲裁条款所约定的仲裁机构应当均指向仲裁院，这是对多份合同仲裁条款的基本要求。如果此合同约定由仲裁院仲裁，而彼合同约定由其他仲裁机构仲裁，则容易导致管辖权冲突或管辖权异议，从而减损本条设置的便捷经济仲裁的目的。除此之外，仲裁院或仲裁院授权的仲裁庭还需要考虑多份合同中的仲裁条款之间是否可以兼容适用，如多份合同的仲裁条款中对于仲裁程序的进行是否具有特殊约定、对于仲裁庭的组成方式是否兼容等。如多份合同中的仲裁条款所约定的内容不完全相同，则仲裁院或仲裁庭还需要考虑各方当事人的进一步意见作出决定。

第三，相关争议源于同一交易或同一系列交易。例如，交易各方对于同一交易中的不同部分或环节分别签订合同，或相同主体之间长期合作依次签订了具有相似内容或交易模式的多份合同，等等。

如果上述三个必要条件只满足其一或其二，在被申请人提出异议的情况下，仲裁院或其授权的仲裁庭可以作出不同意多份合同单次仲裁的决定。

本条第(二)款赋予了被申请人对于申请人提出的多份合同单次仲裁申请的异议权。尽管本条没有规定被申请人提出异议的期限，但考虑到被申请人对于多份合同单次仲裁的异议类似于管辖权异议，因此原则上不应迟于在首次开庭前提出；书面审理的，不应迟于在首次答辩期限届满前或在收到书面审理通知之日起10日内提出。仲裁院可以在被申请人提出异议后直接作出决定，也可以授权仲裁庭作出决定。仲裁庭的决定可以在仲裁程序进行中作出，也可以在裁决书中作出。

【要点提示】

关于是否可以同时依据主合同和保证合同提起仲裁的问题

主合同与保证合同能否作为多份合同在单次仲裁中由申请人一并主张，是实践中经常遇到的问题。

依据《民法典》的有关规定,保证合同属于主债权债务合同的从合同,但很多情况下,主合同由债权人和债务人签署,而作为从合同的保证合同则由债权人与保证人签署。若主合同与保证合同均约定有仲裁条款,且均指向仲裁院,且两合同的内容能够证明其主从关系,事实上保证人对于主合同的内容明知,甚至保证合同应当属于主合同的一部分(区别于独立保函),则此时虽然形式上主合同与保证合同的签订主体并不一致,仲裁院或仲裁庭仍然有可能认定主从合同系当事人之间的一致意思表示,并决定对主合同与保证合同适用多份合同单次仲裁。

第十八条　合并仲裁

(一)经当事人书面同意,仲裁院可以决定将已经进入仲裁程序的两个或两个以上的关联案件合并为一个仲裁案件,由同一仲裁庭进行审理。

(二)除非当事人另有约定或者仲裁院另有决定,合并的仲裁案件应合并于最先开始仲裁程序的仲裁案件。

(三)仲裁案件合并后,在仲裁庭组成前,由仲裁院对程序事项作出决定;在仲裁庭组成后,由仲裁庭对程序事项作出决定。

(四)仲裁案件合并后,仲裁庭有权就当事人之间的争议分别或一并作出仲裁裁决。

【条文主旨】

合并仲裁,是指将已经开始仲裁程序的两个或两个以上的仲裁案件合并为一个仲裁案件,也就是将正在进行的两个或两个以上的仲裁程序合并到一个仲裁程序中,使得原本互相关联但分散进行的几个仲裁程序得到整合,以达到同一个仲裁庭查明争议事实和作出裁决、提高解纷效率和效果的目的。

本条规定了合并仲裁的适用条件、基本原则以及合并后的裁决作出方式。

【理解与适用】

本条第(一)款表述了合并仲裁的适用条件,包含以下三个方面:

第一,合并仲裁的前提条件是须经各方当事人书面同意。这意味着拟合并的若干仲裁程序中的所有当事人均同意合并仲裁,才有可能进行合并。而且各方当事人同意合并仲裁的意思表示须以书面形式作出,即各方之间达成同意合并仲裁的书面协议,或部分当事人书面提出合并仲裁的申请,其他各方当事人书面答复表示同意。实践中,不排除由仲裁院提出合并仲裁的建议,各方当事人书面表示同意。

第二,被合并的仲裁案件须为两个或两个以上的关联案件。这意味着被合并的仲裁案件之间需要具有一定的关联性,而这些案件之间的关联性是否能够使得合并仲裁的结果有利于仲裁庭查明争议事实、提高争议解决的效率,由仲裁院进行判断。

第三,由仲裁院而非仲裁庭决定是否进行合并仲裁。即便各方当事人均已经书面同意进行合并仲裁,仲裁院仍然有权结合争议具体情况,作出拒绝合并的决定。仲裁院在决定是否进行合并仲裁时,通常考虑的因素包括:相关仲裁案件所依据的仲裁协议之间的兼容性、案件之间的关联性强弱、案件程序进行的阶段以及已经组成仲裁庭的案件中仲裁员的具体情况等。

本条第(二)款规定了合并仲裁的具体做法,即除非当事人另有约定或仲裁院另有决定,合并的仲裁案件应合并于最先开始仲裁程序的仲裁案件。通常情况下,最先开始的仲裁案件,其仲裁程序进行得最为深入。将后案合并到进行得最为深入的前案仲裁程序,意味着其他参与合并的仲裁案件中部分尚未进行的仲裁程序将予以省略,这种结果可以通过当事人放弃相应的程序性权利来实现;如果将先开始的仲裁案件合并到后案仲裁程序中,意味着已经进行的部分程序归于无效,极易造成合并过程的混乱并可能导致程序瑕疵。当然在个别情况下,程序先开始的仲裁案件,其仲裁程序还没有后开始的仲裁案件进行得深入,对此,仲裁院可以根据具体情况另行决定先开始仲裁程序的案件合并于后开始仲裁程序的案件。总之,将程序进行较浅的仲裁案件合并于程序进行较为深入的仲裁案件,既符合案件管理的需要,也有利于当事人利益的最大化。

本条第(三)款规定了合并仲裁之后仲裁程序如何进行的问题。合并仲裁的结果,对于合并之前的各个仲裁案件而言,都是程序安排上的重大转折点。因此在合并仲裁之后,需要对今后的仲裁程序事项,包括仲裁程序从何处开始进行、各方当事人放弃了何种程序权利与仍然具有何种程序权利、此后仲裁程序的时间安排等问题作出决定并告知各方当事人。如果合并后的仲裁案件尚未组成仲裁庭,则决定以上事项的权力属于仲裁院;如果合并后的仲裁案件已经组成仲裁庭,则该权力属于合并后的仲裁庭。

本条第(四)款规定了合并仲裁后仲裁裁决的作出方式,即仲裁庭有权就当事人之间的争议分别或一并作出仲裁裁决。仲裁庭在作出裁决的方式方法上享有酌定权。仲裁庭可以结合案件具体情况,在合并后的同一个仲裁案件中就不同的仲裁事项或请求作出一份或多份仲裁裁决书。

【要点提示】

合并仲裁在实践中的意义

尽管合并仲裁这一仲裁制度在仲裁理论界仍然存有争议,但其确实具有重要的实践意义。合并仲裁的规则也可以配合本规则第二十条、第二十一条的有关规定进行适用。

在当事人由于种种原因未能及时提出追加当事人的申请时,其只能选择另立新案;同样,在当事人未能在原仲裁案件中及时提出多方当事人之间的仲裁请求时,也只能选择另立新案。在这两种情况下,合并仲裁可以弥补由于未能及时行使本规则第二十条、第二十一条规定的权利所带来的程序上的不便。如各方能达成一致意见,将新旧案件合并,则客观上实现了本规则第二十条、第二十一条规定的目的,达到了追加当事人或多方当事人之间提出仲裁请求的效果。因此,合并仲裁的适用,使仲裁程序更为灵活,也更为便捷。

第十九条　合并开庭

两个或者两个以上仲裁案件所涉法律或事实问题相同、相类似或相关联，且仲裁庭组成人员相同的，经当事人同意，可以合并开庭审理。

【条文主旨】

合并开庭，指仲裁庭将两个或两个以上的仲裁案件进行合并开庭审理，从而达到经济、高效解纷和便利当事人的目的。

【理解与适用】

本条规定了合并开庭的适用条件，包括以下三个方面：

第一，案件所涉法律或事实问题相同、相类似或相关联。这项要求与"合并开庭"设置的目的即便利仲裁庭查清事实、便利当事人参与仲裁、提高解纷效率息息相关。实践中，常见的情形如：建设工程施工合同案件中，总包方与发包方、分包方与总包方分别就工程款、工程质量或工期延误等问题发生争议；房地产买卖合同案件中，同一个房地产开发公司与多个买房人分别就延期交房或办理产权证书发生争议；基金合同案件中，多个投资人与同一基金管理人就无法如约兑付的基金产品合约发生争议。

第二，各方当事人均同意。由于合并开庭审理涉及不同的仲裁案件，当事人也可能不完全相同。基于正当程序原则，需要所涉案件当事人均同意。

第三，仲裁庭组成人员相同，即不同的仲裁案件，其仲裁庭的组成人数、人员以及人员的身份均相同。

上述三个前提条件，每一项都是合并开庭的必要条件，缺一不可。

需要注意的是，决定是否合并开庭的主体是仲裁庭。即使本条规定的合并开庭的三个适用条件均满足，仲裁庭仍然有权选择是否进行合并开庭审理。仲裁庭通常会尊重当事人在程序问题上的合意,结合争议具体情况以及审理效率作出决定。从这一点可以推出,欲适用本条规定进行合并开庭审理的案件均已完成组庭。至于合并开庭审理的具体审理程序,仲裁庭可以结合本规则第三十六条的规定,根据案件具体情形,按照其认为适当的方式确定或进行,从而体现仲裁灵活、高效的优势。

第二十条 追加当事人

(一)已经进入仲裁程序的任何一方当事人可以依据相同仲裁协议书面申请追加当事人。是否接受,由仲裁庭作出决定;仲裁庭尚未组成的,由仲裁院作出决定。

(二)经当事人和案外人一致同意后,案外人可以书面申请加入仲裁程序。是否接受,由仲裁庭作出决定;仲裁庭尚未组成的,由仲裁院作出决定。

(三)仲裁庭尚未组成,仲裁院接受追加当事人请求的,各方当事人应按照本规则第二十八至三十一条的规定指定仲裁员组成仲裁庭,其所规定的期限从同意追加当事人的决定送达之日起算。仲裁庭已组成,仲裁庭接受追加当事人请求的,由仲裁庭继续审理。任何未参与仲裁庭组成程序的当事人视为放弃此项权利,但不影响该当事人根据本规则第三十三条的规定申请仲裁员回避的权利。

【条文主旨】

追加当事人包括现有当事人提出追加案外人为当事人和案外人提出加入现有仲裁程序两种情况。当事人在特定情况下意图追加一个或多个案外人进入仲裁程序,这种主张越来越多地出现在仲裁实践中。尽管仲裁中追加当事人的程序可能受到来自仲裁约定管辖原则和正当程序原则的挑战,但实践表明,恰当地适用追加程序,有助于仲裁庭查明案情,一次性解决争议,提高定分止争的效率和效果。

本条是有关追加当事人的规定,该规定为当事人提出追加当事人的主张和案外人提出加入现有仲裁程序的主张提供了规则依据,并明确了相关的程序安排。

【理解与适用】

本条第(一)款规定了现有当事人提出追加案外人为当事人的适用条件。

第一,对于提出追加当事人申请的主体,本款要求为"已经进入仲裁程序的任何一方当事人"。这意味着,仲裁案件的申请人、被申请人均可以提出追加当事人的请求。而"已经进入仲裁程序"则意味着需要一个已经存在的、已经开始的仲裁程序。值得注意的是,本规则没有对同一案件中申请追加当事人的次数作出限制,因此被追加的当事人在进入仲裁程序后,亦有权利提出追加当事人的请求。

第二,追加当事人的请求必须依据相同的仲裁协议提出。这意味着本款所规定的追加当事人程序仍然受到仲裁协议的限制,并没有违背当事人约定管辖原则。

第三,追加当事人的请求应以书面形式提出。通常情况下,一方当事人提出追加当事人的书面申请时,往往作为权利人向被追加的当事人提出明确的仲裁请求,使得追加之后的效果类似于本规则第二十一条规定的多方当事人之间提出仲裁请求。如果提出追加申请的当事人与被追加的当事人之间没有利益冲突,则提出追加申请的当事人可能与被追加的当事人作为共同的一方。对于追加当事人的申请,组庭前由仲裁院决定是否接受,组庭后由仲裁庭决定是否接受。

本条第(二)款规定了案外人申请加入仲裁程序的规定。案外人的加入需要取得各方当事人的同意,并且最终由仲裁院或仲裁庭作出决定。案外人可能是既有案件仲裁协议的一方,也有可能原本不受既有仲裁案件仲裁协议的约束。追加的效果相当于在各方包括案外人之间重新确认原仲裁协议,或者达成了新的仲裁协议,进而将他们之间的争议纳入既有仲裁案件中一并予以解决。

本条第(三)款规定了不同阶段追加当事人之后的相应程序安排。本规则没有对被追加当事人的仲裁地位进行单独的定义,这意味着在仲裁院或仲裁庭接受追加当事人的申请时,需要同时决定被追加当事人进入仲裁程序中的身份。如前所述,被追加的当事人既可以是提出申请的一方当事人的相对方,也可以是提出申请的一方当事人的共同方。在此基础上,仲裁院或仲裁庭辨别被追加的当事人归于申请人一方或被申请人一方。在一些特殊案件中,鉴于追加当事人之后各方当事人的利益指向各不相同,仲裁院或仲裁庭不一定以简单的"两造"来明确各方当事人在仲裁程序中的身份,各方当事人在仲裁程序中的地位各自独立。

如果追加当事人的程序发生在仲裁庭组成之前,则包括被追加当事人在内的各方当事人应当结合仲裁院的通知,在一定期限内按照本规则第二十八条至第三十一条的规定选定仲裁员;如果追加当事人的程序发生在仲裁庭组成之后,由仲裁庭继续审理并决定此后的仲裁程序如何进行,而无须重新组庭,以保证仲裁效率不过度地受到追加当事人的影响。未参与组庭程序的当事人视为放弃此项权利,但其仍有权依照本规则第三十三条的规定申请仲裁员回避。当事人约定适用本规则,视为当事人知道或应当知道本款的规定,并一致同意接受该规定。因此,当事人事后以没有给予指定仲裁员的权利为由挑战程序和裁决的,不能成立。

【要点提示】

关于追加当事人情况下仲裁员的选择问题

适用追加当事人程序,经常会影响到当事人选择仲裁员的权利。例如,当被申请人申请追加当事人,而其提出的具体仲裁请求与事由都与申请人原有的仲裁请求没有明显的关联性,另案仲裁更为适宜,则被申请人可能存在恶意利用追加当事人程序的嫌疑,以此意图阻却申请人行使独立选择仲裁员的权利。为规避类似情况的发生,本规则将最终决定是否同意追加当事人的权力赋予仲裁院和仲裁庭。如果仲裁院或仲裁庭认为追加当事人有可能造成仲裁程序有失公平或有违正当程序原则,则有权拒绝当事人提出的追加当事人申请。

第二十一条　多方当事人之间的仲裁请求

(一)案件有两个或者两个以上的申请人或被申请人,或者存在追加当事人的情况下,任何当事人均可以依据相同的仲裁协议针对其他任意一方当事人提出仲裁请求。在仲裁庭组成前,由仲裁院决定是否受理;在仲裁庭组成后,由仲裁庭决定是否受理。

(二)上述仲裁请求的提出、受理、答辩、变更等事项参照本规则第十一条至第十六条的规定办理。

【条文主旨】

在仲裁程序中,申请人可以针对被申请人提出仲裁请求,被申请人也可以针对申请人提出反请求。除此之外,对于存在多方当事人的仲裁程序,还有可能出现申请人相互之间和被申请人相互之间提出仲裁请求的情形,因为申请人相互之间或被申请人相互之间也有可能存在利益冲突。将多方当事人之间的请求在同一仲裁案中一并审理和解决,能够尽可能便捷高效地解决当事人之间的争议,减少讼累。

本条是关于多方当事人之间仲裁请求的规定,明确了多方当事人之间仲裁请求的提出条件、受理程序以及其他程序事项的参照规定。

【理解与适用】

本条第(一)款规定了多方当事人之间仲裁请求的提出条件和作出受理决定的主体。

多方当事人之间仲裁请求的提出条件可以概括为两个方面:(1)存在多方当事人;(2)请求依据相同的仲裁协议。

第一,案件中存在多方当事人,意味着当事人的人数大于或等于3,或申请人为多方当事人,或被申请人为多方当事人,或申请人和被申请人均为多方当事人。被追加的当事人在进入仲裁程序后通常会由仲裁院或仲裁庭确定为申请人或被申请人,所以被追加当事人的加入可以视为增加了申请人或被申请人的数量。类似于本规则第二十条,在一些特殊案件中,鉴于多方当事人的利益指向各不相同,请求事项也各不相同,仲裁院或仲裁庭不一定以简单的"两造"来明确多方当事人在仲裁程序中的身份,多方当事人在仲裁程序中的地位各自独立。

第二,依据相同的仲裁协议,意味着提出多方当事人之间仲裁请求的一方当事人在提出申请时必须依据相同的仲裁协议,以此来保证多方当事人之间仲裁请求的关联性,从而使得仲裁程序中的各方当事人的权益不会受到不合理的损害,亦可避免仲裁程序过分拖延。

需要注意的是,如果案件是依据本规则第十七条的规定进行的多份合同的单次仲裁,而多方当事人之间的仲裁请求仅以其中部分合同中的仲裁条款为依据提出,那么也应该视为其满足了"相同的仲裁协议"的要求。

关于决定是否受理的主体,仲裁庭组成前为仲裁院,仲裁庭组成后为仲裁庭。由于影响因素比较复杂,且个案情况不一,因此,本规则将最终决定受理与否的权力赋予仲裁院和仲裁庭,并由其在个案中作出决断。仲裁院或仲裁庭进行判断的基本原则为:受理多方当事人之间的仲裁请求是否确实有助于提高争议解决的效率,节省仲裁成本,减少讼累;是否会对正当程序产生不利影响。

本条第(二)款指明了多方当事人之间仲裁请求的提出、受理、答辩、变更等事项的具体程序,应当参照本规则对于仲裁本请求和反请求的有关规定进行。需要提示一点,涉外案件的仲裁费缴付,立案费人民币1万元只在最初立案时收取,之后不再重复收取。

【要点提示】

一、关于多方当事人之间提出仲裁请求后各方的称谓问题

尽管多方当事人之间提出仲裁请求,但在整个仲裁程序中,各方当事人或者称申请人,或者称被申请人,其称谓一般不会发生改变。被追加的当事人进入仲裁程序后,其地位一经确认后一般也不会发生改变。多方当事人之间提出仲裁请求,不会产生当事人身份和称谓的混淆,因此也就不会造成仲裁程序的混乱和无序。

但在一些特殊案件中,由于多方当事人的利益指向各不相同,请求事项也各不相同,仲裁院或仲裁庭不一定以简单的"两造"来明确多方当事人在仲裁程序中的身份,而可能以"当事人一、当事人二、当事人三……"来确定不同当事人的称谓。

二、关于多方当事人之间提出仲裁请求后选定仲裁员的问题

多方当事人之间提出仲裁请求后,原则上选定仲裁员的方式并不因此发生改变。

第二十二条 预缴仲裁费

(一)当事人提出仲裁请求或反请求,变更仲裁请求或反请求,应当按照仲裁院的通知在规定的时间内预缴仲裁费。

(二)当事人要求抵销任何仲裁请求,且该要求需要仲裁庭考虑额外事项的,该抵销按单独的请求计算仲裁费。

【条文主旨】

每一项仲裁请求的发生和变更原则上都会产生相应的仲裁费,当事人有必要在其相应的请求进入审理程序之前预缴仲裁费。

本条对仲裁费的预缴办法进行了明确,同时对于如何处理有关抵销仲裁请求的收费进行了规定。

【理解与适用】

本条第(一)款明确了需要预缴仲裁费的情形以及预缴程序。提出仲裁请求或反请求、增加仲裁请求或反请求,都会产生相应的仲裁费,需要预缴。

提出反请求,通常情况下会造成仲裁费的增加;而变更仲裁请求或反请求,则需要仲裁院对于变更仲裁请求或反请求的具体情况进行评估,以决定增加、减少或维持预缴仲裁费的数额。

仲裁院会以通知的形式向需要预缴仲裁费的当事人告知预缴的期限和数额,当事人如果未按期预缴相应的仲裁费,则视为没有提出或没有变更相应的仲裁请求或反请求。

确有客观困难无法在期限之内缴纳全部仲裁费的,可以向仲裁院申请分期预缴,但仍然需要在仲裁院确定的相应程序节点之前完成全部仲裁费用的预缴。

本条第(二)款对于仲裁院如何处理当事人主张抵销对方仲裁请求的问题作出了规定。如果当事人提出的抵销主张是需要仲裁庭考虑额外事项的,则需要按照单独的请求计算仲裁费,即相当于当事人提出了一项独立的仲裁请求或反请求。至于如何判断是否存在需要仲裁庭考虑的"额外事项",应结合被请求抵销的仲裁请求的范围来确定。

一方当事人提出抵销的主要目的在于对冲对方当事人的索赔金额或实质性地降低将要赔付给对方当事人的金额。为此目的,一方当事人提出要求仲裁庭考虑的事项,有可能属于下列三种情况中的一种:(1)当事人相同,法律关系相同,争议事项相同,当事人观点对立,其中一方当事人要求抵销;(2)当事人相同,法律关系相同,争议事项不同,当事人观点对立,其中一方当事人要求抵销;(3)当事人相同,法律关系不同,争议事项不同,当事人观点对立,其中一方当事人要求抵销。

在上述三种情况中,第(1)种情况为传统意义上的实体答辩,不构成抵销,仲裁庭不需要考虑额外事项,提出抵销的当事人无须为此预缴仲裁费;第(2)种情况构成反请求,仲裁庭需要考虑额外事项,提出抵销的当事人应当为此预缴仲裁费;第(3)种情况已经超出了反请求的范畴,但仍属于意义更加宽泛的抵销之诉,它需要仲裁庭在确定有管辖权的前提下考虑额外事项,提出抵销的当事人也应当为此预缴仲裁费。因此,本条所规定的需要仲裁庭考虑的"额外事项",主要是以仲裁本请求或反请求中要求仲裁庭考虑事项的范围为原点进行界定的。用于支持抵销请求的事项如果超出原请求考虑事项的范围,则为需要仲裁庭考虑的"额外事项",提出抵销请求的当事人需要为此预缴仲裁院核定和通知的仲裁费用。

【要点提示】

关于如何处理预缴仲裁费发票的问题

对于预缴的仲裁费,仲裁院会为预缴方开具收据。然而由于仲裁费通常由一方当事人预缴,预缴时并不确定最终仲裁费的承担比例。因此,仲裁院会在结案后,根据当事人的申请,将之前为当事人开具的收据更换为正式发票。故建议仲裁当事人,特别是企事业单位作为仲裁当事人,在仲裁案件结案之前,尽量不要将已收取的预缴仲裁费的收据进行入账处理。

第二十三条 文件的提交

除非当事人另有约定,仲裁院或仲裁庭可要求当事人以电子和/或纸质方式提交仲裁申请书、答辩书、反请求申请书、证明文件以及其他书面文件。

【条文主旨】

提交仲裁文件,几乎是所有参与仲裁程序的当事人都会面临的问题。当事人通过提交书面文件表达自己的立场、观点和主张,以此说服仲裁庭。因此,文件的提交程序需要依据一定的规则,以保证各方当事人在提交文件环节的平等地位。

本条对文件的提交程序作出了规定,经 2020 年 8 月 14 日深圳国际仲裁院第二届理事会第十四次会议修正。

【理解与适用】

本条明确规定了仲裁院或仲裁庭可以根据案件具体情况以及提

交文件的类型要求当事人仅以电子方式,或仅以纸质方式,或以电子和纸质并行方式提交书面文件。实践中,仲裁院或仲裁庭可能会要求当事人以电子方式提交部分书面文件,同时要求以纸质方式提交其他部分书面文件。仲裁院或仲裁庭要求以电子和纸质并行方式提交书面文件的,电子书面文件与纸质书面文件的内容应当一致。当然,如果各方当事人对文件提交方式有特别约定的,仲裁院和仲裁庭应当尊重当事人意愿,从其约定,除非该约定在客观上无法实施。

【要点提示】

关于实践中提交文件的惯常做法

鉴于信息技术的发展和电子文件交换的便利,仲裁院或仲裁庭可以要求当事人在提交申请书、答辩书、反请求申请书、调解申请书、撤回仲裁请求申请书等申请文件或书面陈述时,只需提交电子版。对于书证、证人证言、专家报告等证明文件,仲裁院鼓励仲裁庭视具体情况要求当事人或其他仲裁参与人以电子方式提交文件或材料,以减少纸质材料复制的数量及其成本。

实践中,文件的提交与送达相关联。仲裁院或仲裁庭可能要求当事人在提交仲裁文书和证明材料时直接发送给其他当事人或发送至仲裁院网络仲裁服务平台。①

当事人根据仲裁院或仲裁庭要求提交一式多份的纸质材料时,应当保证各份材料内容完全一致。由于当事人提交的文件内容不一致而导致的包括仲裁程序拖延在内的一切不利后果,均由文件的提交方承担。

第二十四条 代理人

当事人可以委托包括中国内地、香港特别行政区、澳门特别行政区、台湾地区和外国律师在内的人士担任其仲裁代理人。当事人委托

---

① 参见本规则第六条第(五)款。

代理人进行仲裁活动的,应当向仲裁院提交载明具体委托事项和权限的授权委托书。

【条文主旨】

与诉讼程序相似,仲裁程序中当事人有权委托代理人参加仲裁,但仲裁实践中对于代理人的要求与诉讼程序有所区别。

本条明确了当事人委托代理人的权利并对授权文书的内容提出要求。

【理解与适用】

在中国,依据《司法部关于执行〈外国律师事务所驻华代表机构管理条例〉的规定》的规定,外国律师事务所中国代表处及其代表,不得在仲裁活动中,以代理人身份对中国法律的适用发表代理意见。尽管存在这样的限制,但该限制仅针对外国律师事务所中国代表处及其代表,并不限制外国律师的代理行为;同时违反该规定的后果,应为行政机关对相关主体的制裁与处罚,并不构成对法定程序的违反,更不应影响仲裁裁决的效力。商事仲裁充分尊重当事人意思自治,当事人有权利根据自己的意愿委托任何具有完全民事行为能力的自然人进行仲裁活动。因此,本条并未对当事人委托代理人的范围作出任何具体限制。在中国改革开放三十多年来的仲裁实践中,境外律师作为代理人在仲裁院已是常态,且为纠纷解决发挥了很好的作用。而且,如果当事人选择仲裁地为境外,或者适用法律为境外法,境外律师作为代理人的障碍可能会更少甚至不存在。特别值得指出的是,仲裁院处于粤港澳大湾区核心地带,来自香港和澳门特别行政区的律师和大律师作为代理人参加仲裁十分便利,而且早已成为常态。

此外,根据《民事诉讼法》第五十八条第一款的规定,诉讼代理人的人数最多为二人,而仲裁程序并没有对代理人的人数进行限制。仲裁案件具有其特定的专业性和复杂性,对于代理人的专业知识和实践经验具有较高的要求,因此,在很多案件中,由多位代理人共同代理仲裁案件,根据各自的专业特点开展代理工作,才会尽可能地满足当事人的需求。对于代理人的数量不作限制,充分体现了仲裁程序的灵活性,也使得当事人能够在仲裁程序中更充分地行使权利,表达意见。

当事人委托代理人后,需要向仲裁院及仲裁庭提交授权委托书(参见附录三文书样式1.5)。授权委托书中除应载明代理人的具体信息和联系方式,还应当特别写明委托事项和当事人授予代理人的权限。需要注意的是,代理权限非常重要,应当逐项具体列明。例如,代为提出反请求、代为提交证据材料、代为出庭参加庭审等,而不应以"全权代理""一般代理""特别代理"等表述进行简单的概括。

【要点提示】

一、关于授权委托书中有关"和解、调解"的特别授权

经双方同意,仲裁庭可以进行调解。有很多争议经过仲裁庭的调解,可以及时达成一致意见,并以双方签署调解协议、仲裁庭出具调解书或和解裁决书的形式结案。需要注意的是,如果当事人本人未到场参与庭审,而又有意愿通过仲裁庭调解的方式第一时间与对方达成一致,则应当在授权委托书中给予代理人"接受和解、调解"的明确授权,以免无法及时签署调解协议,使原本可以高效解决的争议出现不必要的拖延。

二、关于授权委托书转交给各方当事人的要求

需要注意的是,提交授权委托书的份数应当与其他案件材料的份数相同。因为授权委托书同样需要转交给各方当事人,以方便各方当事人了解对方代理人的情况,进而考察仲裁庭组成人员是否存在需要回避的情形。

三、关于律师能否在其担任仲裁员的仲裁机构代理案件的问题

关于该问题,我国司法部规定前后不一。2010年6月1日施行的《处罚办法》和2016年11月1日施行的《管理办法》对此问题均有规

定,但规定内容差异很大。《处罚办法》第七条第(五)项规定,"曾经担任仲裁员或者仍在担任仲裁员的律师,以代理人身份承办本人原任职或者现任职的仲裁机构办理的案件的",属于《律师法》第四十七条第三项规定的律师"在同一案件中为双方当事人担任代理人,或者代理与本人及其近亲属有利益冲突的法律事务的"违法行为;而《管理办法》有关律师执业行为规范的第二十八条第三款规定,"律师不得担任所在律师事务所其他律师担任仲裁员的案件的代理人。曾经或者仍在担任仲裁员的律师,不得承办与本人担任仲裁员办理过的案件有利益冲突的法律事务"。前者规定全面禁止,后者规定仅部分限制,两个办法在此问题的规定上明显冲突。为解决此问题,司法部律师公证工作指导司于2017年4月答复:在制定《管理办法》时,考虑到《处罚办法》关于律师执业限制的规定过于严格,专门就此条款作了修改,律师担任仲裁员限制问题应以《管理办法》中相关规定为准。这意味着,律师列入仲裁机构仲裁员名册这一事实本身不会构成限制律师在该仲裁机构受理的仲裁案件中担任仲裁代理人的理由,这也符合国际惯例,仲裁院在这个问题上对中外律师一视同仁。

第四章　临时措施

仲裁中的临时措施,指司法机关、仲裁庭或其他有权主体为保障当事人在仲裁前、仲裁中或仲裁后的合法权益能够得到及时有效的保护或实现,而作出的临时的命令或决定。国际仲裁中的临时措施又称中间措施,包含很多种类,大部分由仲裁庭直接作出。基于中国内地法律的规定,临时措施主要体现为保全,而人民法院是实施保全行为的主体。此外,在不涉及强制执行的情况下,仲裁庭也有权就某些事项作出临时性决定。本章主要对保全作出规定,同时在体系上考虑到国际仲裁对于临时措施的需求,对紧急仲裁员制度也作出相应规定。

第二十五条　保全

(一)因情况紧急,不立即申请保全将会使其合法权益受到难以弥补的损害的,或担心因对方的行为或者其他原因可能使裁决不能执行或者难以执行的,当事人可以在申请仲裁前或仲裁程序中申请财产保全或行为保全。

(二)在证据可能灭失或者以后难以取得的情况下,当事人可以在申请仲裁前或仲裁程序中申请证据保全。

(三)如果仲裁地在中国内地,当事人在仲裁程序开始前申请保全的,可以将其申请直接提交有管辖权的法院;当事人在仲裁程序中申请保全的,仲裁院应将其申请提交有管辖权的法院。如果仲裁地在其他国家或地区,当事人申请保全的,应按照适用的法律将其申请提交有管辖权的法院裁定或仲裁庭决定。

【条文主旨】

保全是我国内地典型的司法临时措施,在诉讼程序和仲裁程序中都有广泛应用。2012年修正的《民事诉讼法》中新增了"行为保全"和"仲裁前保全"的相关规定。

本规则结合《民事诉讼法》的修正内容,对于不同时间节点的保全、不同类型的保全如何适用进行了整合说明,并对在中国内地申请保全和在其他国家或地区申请保全的不同情形作了区分。

【理解与适用】

本条第(一)款规定的是有关财产保全与行为保全的内容。本款规定要求的财产保全或行为保全的条件与《民事诉讼法》的规定一致,即在一方当事人的合法权益可能受损且难以弥补,或对方行为可能导致仲裁裁决无法执行,在这种紧急情况下,该方当事人可以依据相关法律和仲裁规则的规定提起保全申请,通过司法机关采取临时措施来保护自身合法权益。

财产保全是对被申请人的财产进行查封、扣押、冻结,主要用于保障未来的仲裁裁决可以得到顺利执行;行为保全是强制被申请人作出一定行为或禁止其作出一定行为,以避免造成进一步的损害。

依据《民事诉讼法》和本规则的规定,当事人可以在申请仲裁前提起财产保全或行为保全,也可以在仲裁程序进行过程中提起。提起财产保全或行为保全的具体程序需要结合本条第(三)款的规定进行。

本条第(二)款规定的是有关证据保全的内容。如因情况紧急,在证据可能灭失或者以后难以取得的情况下,当事人可以申请对相应的证据进行保全,以保证在仲裁中当事人可以直接取得并提供该证据,或仲裁庭可以通过调查取证的方式获得该证据。实践中,证据保全申请既可以在仲裁开始前提起,也可以在仲裁程序中提起。其具体程序需要结合本条第(三)款的规定进行。

本条第(三)款对于申请保全的具体程序及地域差别进行了规定。保全,作为一项临时措施,其执行地及仲裁地如果在中国内地,则依据

《民事诉讼法》的规定,有权对保全申请进行处理并作出保全决定的主体只能是人民法院。因此,在中国内地进行的仲裁,如果其临时措施的执行地也是中国内地,仲裁院在收到当事人提交的保全申请后,应将该申请转交给有管辖权的人民法院,由人民法院针对保全问题作出裁定。仲裁院转交当事人的保全申请时,没有义务就是否应该作出保全的裁定发表倾向性意见。如果当事人在仲裁程序开始前即提起保全申请,则可以直接向有管辖权的人民法院提交申请材料。

需要特别提示的是,根据《最高人民法院关于设立国际商事法庭若干问题的规定》第十一条第一款[1]和第十四条第一款[2]、《最高人民法院办公厅关于印发〈最高人民法院国际商事法庭程序规则(试行)〉的通知》第三十四条[3]以及《最高人民法院办公厅关于确定首批纳入"一站式"国际商事纠纷多元化解决机制的国际商事仲裁及调解机构的通知》的规定,鉴于深圳国际仲裁院是被最高人民法院纳入"一站式"国际商事纠纷多元化解决机制的首批国际商事仲裁机构,对争议金额为人民币3亿元以上或其他有重大影响的国际商事案件,当事人(仲裁前)或仲裁院(仲裁程序开始后)可以将保全申请提交最高人民法院国际商事法庭,由国际商事法庭针对保全问题依法作出裁定。

如果仲裁地及保全措施的执行地在中国内地之外的法域,则由于

---

[1] 《最高人民法院关于设立国际商事法庭若干问题的规定》第十一条第一款规定:最高人民法院组建国际商事专家委员会,并选定符合条件的国际商事调解机构、国际商事仲裁机构与国际商事法庭共同构建调解、仲裁、诉讼有机衔接的纠纷解决平台,形成"一站式"国际商事纠纷解决机制。

[2] 《最高人民法院关于设立国际商事法庭若干问题的规定》第十四条第一款规定:当事人协议选择本规定第十一条第一款规定的国际商事仲裁机构仲裁的,可以在申请仲裁前或者仲裁程序开始后,向国际商事法庭申请证据、财产或者行为保全。

[3] 《最高人民法院办公厅关于印发〈最高人民法院国际商事法庭程序规则(试行)〉的通知》第三十四条规定:当事人依照《规定》第十四条第一款的规定,就标的额人民币三亿元以上或其他有重大影响的国际商事案件申请保全的,应当由国际商事仲裁机构将当事人的申请依照民事诉讼法、仲裁法等法律规定提交国际商事法庭。国际商事法庭应当立案审查,并依法作出裁定。

仲裁程序准据法及该临时措施的执行地法均与中国内地法不同,需要当事人充分考虑仲裁地法和执行地法的要求,向有权主体提出保全申请。不同于中国内地实行的只能由法院依申请采取临时措施,大多数域外法律规定仲裁员和法院都有权依当事人的申请采取临时措施,因此当事人在选择向仲裁机构抑或法院申请临时措施方面享有自主权。

法院采取临时措施系司法机关对仲裁的支持或协助行为,该行为不影响仲裁协议的效力,也不会改变仲裁机构和仲裁庭对具体案件的仲裁管辖权。

【要点提示】

一、关于保全作为一种临时措施所具有的时间性和地域性

保全是临时措施的重要表现形式,在中国内地主要适用于法院协助或支持仲裁的司法活动。

从时间上看,当事人的保全申请有可能发生在仲裁程序的各个阶段,既可以在仲裁庭组成之前提出,也可以在仲裁庭组成之后提出,甚至可以在仲裁程序开始之前提出。

从地域上看,保全申请的提出需要考虑相关法域的不同规定。如果仲裁地在中国内地以外,则仲裁程序不适用中国内地法律,内地人民法院作出的保全裁定,不一定能够得到域外法院的承认和执行。反之亦然。当事人在提出保全申请前,需要全面评估仲裁地和保全决定执行地的法律规定,按其要求向有管辖权的主体提出申请方为适当。

二、关于保全申请错误的救济问题

由于错误的保全申请行为引致的赔偿,在域外国际仲裁中受损害的当事人有可能向同一案件的仲裁庭请求赔偿。但在我国,对于错误保全行为引致的赔偿,一般需要通过向采取保全措施的人民法院提出赔偿的方式予以解决。因此人民法院在受理保全申请人的保全申请时,通常会要求该方当事人提供适当的担保。

第二十六条　紧急仲裁员

（一）在仲裁程序适用法律允许的情况下，从仲裁程序开始后至仲裁庭组成之前，当事人因情况紧急需要申请临时措施的，可以向仲裁院提出指定紧急仲裁员的书面申请。是否同意，由仲裁院决定。

（二）书面申请材料应包含以下内容：

1. 所涉及的当事人及其代理人的名称和地址、电话号码、传真号码、电子邮箱及其他联络方式；

2. 所申请的具体临时措施及理由；

3. 有关紧急仲裁员程序进行地、语言及适用法律的意见。

（三）仲裁院决定适用紧急仲裁员程序的，应在收到申请及申请人按规定预缴的紧急仲裁员费用后2日内指定紧急仲裁员，并将指定情况通知所有当事人。仲裁院应将申请人的申请材料及其附件同时转发被申请人。

（四）紧急仲裁员的信息披露、回避等事项，参照本规则第三十二条和第三十三条的规定办理。当事人若以紧急仲裁员披露的事项为由要求该仲裁员回避，应于收到紧急仲裁员的书面披露后2日内书面提出。逾期没有申请回避的，不得以紧急仲裁员曾经披露的事项为由申请回避。

（五）除非当事人另有约定，紧急仲裁员不担任与该临时措施申请有关的案件的仲裁员。

（六）紧急仲裁员有权采取其认为适当的方式就当事人的临时措施申请进行审查，但应保证各方当事人有合理陈述的机会。

（七）紧急仲裁员应当于指定之日起14日内作出相关决定并说明理由。当事人应当遵守紧急仲裁员作出的相关决定。

（八）当事人对紧急仲裁员作出的相关决定有异议的，有权自收到相关决定之日起3日内向紧急仲裁员提出修改、中止或撤销相关决定的申请，是否同意，由紧急仲裁员决定。

(九)仲裁庭组成后,可以修改、中止或撤销紧急仲裁员作出的相关决定。

【条文主旨】

紧急仲裁员制度是近年来在国际仲裁中得到确认和适用的临时措施制度。

紧急仲裁员的权力,来自法律的许可和当事人的授权。只有在仲裁程序所适用法律和执行地法律均允许或认可仲裁员采取临时措施的情况下,紧急仲裁员的决定才能得到国家强制力的保障;也只有在当事人特别授权或者通过适用的仲裁规则授权的情况下,紧急仲裁员制度才有得以发挥效用的基础。1958年《纽约公约》没有规定临时措施决定的承认和执行问题。司法机关是否承认和执行紧急仲裁员作出的有关临时措施的决定,目前仍取决于各法域的法律规定。

实行紧急仲裁员制度主要有两个益处:其一,采取临时措施可能会对双方当事人的权益产生不同程度的影响。由于紧急仲裁员与该案仲裁庭成员不是同一人,由紧急仲裁员就是否采取临时措施作出决定,不会导致当事人对仲裁庭的中立裁判地位产生质疑。其二,如果出现紧急情况,当事人在仲裁庭组成之前即需要有权主体作出有关临时措施的决定,以及时维护自身的合法权益,如若等待仲裁庭正式组成后再就当事人的临时措施申请进行审理和决定,可能会造成时间上的延误,不利于及时保障申请人的权益。因此,紧急仲裁员制度是针对仲裁庭组成之前如何应对当事人的临时措施申请而作出的规定。

本条全面规定了紧急仲裁员制度的适用条件和适用程序。

【理解与适用】

本条第(一)款规定了当事人申请紧急仲裁员的条件和基本方式。只有在仲裁程序适用法律允许的情况下,紧急仲裁员制度才可以适用。如果仲裁程序适用法律禁止或不予认可,那么紧急仲裁员制度就失去了在个案中适用的基础,当事人亦不得申请启动紧急仲裁员程序。因此,当事人需要熟悉仲裁程序适用法律关于紧急仲裁员制度的规定。

提出紧急仲裁员申请的时间是仲裁程序开始后至仲裁庭组成前,也就是说,最早提出紧急仲裁员申请的时间也就是提交仲裁申请的同时。如果没有一个仲裁申请存在,则不存在提出紧急仲裁员申请的基础。此外,紧急仲裁员申请必须以书面形式向仲裁院提出。

本条第(二)款规定了紧急仲裁员申请书所必须具备的内容。与仲裁申请书相似,紧急仲裁员申请书也需要写明所涉及的当事人及其代理人的基本情况和联系方式,同时必须写明所申请的临时措施的具体内容和理由。最后申请书中还应写明有关紧急仲裁员程序进行地、语言及适用法律的意见,这些内容将帮助仲裁院判断启动紧急仲裁员程序的条件是否成就。

本条第(三)款介绍了仲裁院启动紧急仲裁员程序的基本做法。紧急仲裁员申请是当事人面临紧急情况时所提出的请求,因此仲裁院应当迅速作出反应。在仲裁院同意受理申请的情况下,仲裁院应在收到申请及当事人预缴紧急仲裁员费用后的 2 日内完成紧急仲裁员的指定工作。因此当事人应当提前做好预缴紧急仲裁员费用的准备,避免因为缴费迟延而耽误指定紧急仲裁员的时间。

仲裁院在完成紧急仲裁员的指定工作后,会将指定的情况通知所有当事人,并向被申请人转发有关的申请材料。

本条第(四)款规定了紧急仲裁员的信息披露和回避等事项。除了缩短相关的期限,其他内容均参照适用本规则第三十二条、第三十三条关于一般仲裁员信息披露和回避的规定。由于紧急仲裁员程序系基于紧急情况而启动,对于期限的要求非常严格,因此当事人应当密切关注自己的权利行使期限。

本条第(五)款规定了紧急仲裁员不担任与该临时措施申请有关的案件仲裁员的原则。一方面,紧急仲裁员仅对当事人提出的临时措施申请是否适当进行判断,其采取的判断标准与实体审理案件时所采用的标准存在较大区别;另一方面,紧急仲裁员完全由仲裁院指定。

因此，为了使其后的实体审理保持公正性，避免仲裁员因参与在先的临时措施审理产生先入为主的看法进而影响其独立裁判，除非当事人另有约定，紧急仲裁员不担任与该临时措施申请有关的案件的仲裁员。

本条第(六)款规定了紧急仲裁员审查临时措施申请的基本原则。紧急仲裁员有权决定以适当的方式对临时措施申请进行审查，也就是说，审查临时措施申请的方式具有较大的灵活性。对临时措施申请，紧急仲裁员既可以开庭审查，也可以书面审查，还可以通过网络、电话、视频会议等方式审查。但无论紧急仲裁员采用何种方式进行审查，均应给予各方当事人合理陈述其意见的机会。保证各方当事人的陈述机会，是紧急仲裁员对临时措施申请作出决定的必要前提。一方当事人不利用紧急仲裁员给予的合理机会发表意见，不影响紧急仲裁员的继续审查。

本条第(七)款规定了紧急仲裁员作出有关临时措施决定的期限。由于临时措施申请的紧迫性，紧急仲裁员作出决定的时间被限定在指定之日起14日内，且紧急仲裁员有义务就其决定说明理由。

本条第(八)款规定了当事人对于紧急仲裁员决定的异议权。本款赋予当事人异议权出于两个方面的原因。第一，临时措施的申请和依据都具有临时性，申请临时措施的基础事实和根本原因有可能随时发生改变。一旦这些因素改变，作出临时措施的基础也可能随之变化。第二，由于紧急仲裁员作出决定的时间非常短，对于相关事实的审查很可能不够深入全面，进而可能使得其作出判断的依据不够充分或判断本身出现偏差。因此，本款规定当事人可以在收到决定之后3日内提出修改、中止或撤销的申请，是否同意由紧急仲裁员决定。从另一个角度而言，如果通过当事人的异议程序，紧急仲裁员发现自己最初的决定确实不当，本条款相当于赋予了紧急仲裁员修正自己错误的机会，体现了仲裁制度的灵活性。

本条第(九)款明确了紧急仲裁员的决定不是终局的，只是一种临时措施，其目的是使有关案件的某些状态在一定时间内得到维护，是协助仲裁员而非替代仲裁员对案件实体权利义务进行有最终约束力的裁判。因此,正式组成的仲裁庭对于争议案件的审理和裁判才具有最终决定权。随着仲裁庭审理的深入进行,如果临时措施已经不能够体现上述作用甚至适得其反,则正式组成的仲裁庭有权修改、中止或撤销紧急仲裁员作出的相关决定。

【要点提示】

关于紧急仲裁员制度的适用

紧急仲裁员制度在中国内地法律上尚无明文规定,因此该条规则主要适用于仲裁地在域外的涉外仲裁案件或者紧急仲裁员的临时措施决定能够在域外得到承认和执行的案件。紧急仲裁员作出的临时措施决定在中国香港特别行政区、新加坡和德国等法域具有强制执行力,美国纽约南区法院亦已有承认和执行紧急仲裁员作出的临时措施决定的相关判例,预计将来还会有越来越多法域的法院承认和执行仲裁地在其他法域的紧急仲裁员作出的临时措施决定,也不排除中国内地通过立法或司法解释等方式承认和执行域内外仲裁案件中紧急仲裁员作出的临时措施决定的可能性。

第五章 仲 裁 庭

仲裁庭是审理仲裁案件的主体,负责推进仲裁程序的组织和进行,直至结案。仲裁庭的组成过程体现了当事人在仲裁中所拥有的重要程序权利。本章的内容涉及仲裁员名册的类别及适用、仲裁庭的组成方式、仲裁员的信息披露、仲裁员的回避和替换等事宜。特别是关于首席/独任仲裁员的确定方法,本章充分体现了当事人意思自治原则。

第二十七条 独立和公平原则

仲裁员应当独立于当事人,并应公平地对待当事人。

【条文主旨】

本条规定了仲裁员的基本行为准则。仲裁员应当保证自身的中立性,并且公正公平地对待当事人。

【理解与适用】

仲裁员应当严格遵守独立、公平原则是国际商事仲裁公认的基本原则。独立性包含多层面的要求:首先是仲裁员与当事人或其代理人之间不应当存在利益冲突;其次是仲裁员应当独立、不受当事人影响地裁决案件。公平性指仲裁员对一方当事人或者案件争议不能有偏私,应当严格遵守程序正义的原则,给予当事人公平对待。

针对该基本原则,仲裁院制定了《仲裁员行为规范》,将仲裁员独立、公平对待当事人的要求细化、具体化。

本规则在仲裁庭专章的首要位置明确规定仲裁员需遵守的基本准则,体现了仲裁院对仲裁员的严格要求和当事人的合理期待。

【要点提示】

关于《仲裁员行为规范》的性质

《仲裁员行为规范》(或《仲裁员守则》)是仲裁机构内部制定的仲裁员行为准则,属于机构管理性规定。《仲裁员行为规范》的内容是基于仲裁规则规定的原则和精神制定的,可以说是对仲裁员职业操守的高要求。需要注意的是,尽管很多仲裁机构都对外公布了《仲裁员行为规范》,但《仲裁员行为规范》并不是仲裁规则的组成部分。仲裁员违反《仲裁员行为规范》的行为可能会受到仲裁机构的告诫和处理,但并不构成必然违反仲裁规则或法定程序的事由。

第二十八条 仲裁员名册的适用

(一)当事人应从《深圳国际仲裁院仲裁员名册》中指定仲裁员。

(二)适用《联合国国际贸易法委员会仲裁规则》或《深圳国际仲裁院海事物流仲裁规则》的案件,当事人可以从《深圳国际仲裁院仲裁员名册》中指定仲裁员,也可以在前述名册之外提出仲裁员人选。在前述名册之外提出仲裁员人选的,该人选经仲裁院确认后方可担任该案仲裁员。

(三)适用本规则快速程序、《深圳国际仲裁院金融借款争议仲裁规则》或《深圳国际仲裁院网络仲裁规则》的案件,当事人应从《深圳国际仲裁院仲裁员名册》或《深圳国际仲裁院特定类型案件仲裁员名册》中指定仲裁员。

【条文主旨】

仲裁院理事会制定有仲裁员名册,包括《深圳国际仲裁院仲裁员名册》和《深圳国际仲裁院特定类型案件仲裁员名册》。本条对这两个名册的适用范围作出了规定,也对当事人指定仲裁员划定了范围:《深圳国际仲裁院仲裁员名册》适用于所有类型案件;《深圳国际仲裁院特定类型案件仲裁员名册》主要适用于特定程序和特定规则案件。

本条规定了当事人应当从仲裁院仲裁员名册中指定仲裁员的基本原则,同时也规定了该基本原则的例外情况。

【理解与适用】

仲裁院实行仲裁员名册制度,是仲裁院保证仲裁质量达到高水准的重要举措。仲裁院按照法律规定的要求,从品德高尚、专业精通、经验丰富的中外专业人士中遴选考核,建名立册,以方便当事人的选择。在官方网站上,仲裁院公开了仲裁员名册。

为方便当事人使用仲裁员名册,名册按照仲裁员的居住地进行分类,目前分为中国内地仲裁员、中国香港特别行政区仲裁员、中国澳门特别行政区仲裁员、中国台湾地区仲裁员和外籍仲裁员五个类别。

仲裁员名册中还列出了每个仲裁员的专长领域和居住地。提供专长领域信息是为了方便当事人根据案件争议的类型选择仲裁员。提供仲裁员的居住地信息是为了提醒当事人考虑仲裁员赴异地开庭的费用问题。如果当事人选择的仲裁员居住地与仲裁开庭地点在不同的城市,将导致该仲裁员为参加庭审等事宜产生差旅费用。当事人在选择仲裁员时,应注意仲裁员居住地信息以及由于该因素可能导致的仲裁费用问题。

本条第(一)款规定,当事人应当从仲裁员名册中指定仲裁员。《深圳国际仲裁院仲裁员名册》适用于所有类型的案件。

本条第(二)款规定了仲裁员名册制的例外情况,即对于适用《联合国国际贸易法委员会仲裁规则》或《深圳国际仲裁院海事物流仲裁规则》的仲裁案件,当事人不仅可以从《深圳国际仲裁院仲裁员名册》中指定仲裁员,也可以在该名册之外提出仲裁员人选。因此,在此类案件中,当事人在仲裁员的选定范围上,享有更大的自治权。

需要注意的是,当事人提出的《深圳国际仲裁院仲裁员名册》之外的人选需要经过仲裁院确认,以确保该名被选定的仲裁员具备作为仲裁员的基本条件。当事人提出前述名册之外的仲裁员候选人时,应提供候选人的简历和具体联系方式。仲裁院未予确认的,当事人有权提出新的候选人供仲裁院考察确认。

本条第(三)款规定了适用特定程序或特定规则的仲裁案件及当事人选择仲裁员的名册范围。仲裁院针对特定类型案件,将在特定领域有相关经验的专家收录在册,以满足当事人选择仲裁员的需要。在仲裁案件适用本规则快速程序、《深圳国际仲裁院金融借款争议仲裁规则》或《深圳国际仲裁院网络仲裁规则》的情况下,当事人既可以在《深圳国际仲裁院仲裁员名册》中选择仲裁员,也可以在《深圳国际仲裁院特定类型案件仲裁员名册》中选择仲裁员。这意味着,《深圳国际仲裁院特定类型案件仲裁员名册》适用于本规则快速程序、《深圳国际仲裁院金融借款争议仲裁规则》或《深圳国际仲裁院网络仲裁规则》的案件,而《深圳国际仲裁院仲裁员名册》适用于所有类型案件。

第二十九条 仲裁庭的人数和组成方式

(一)当事人可以约定仲裁庭人数为一名或三名。

(二)除非当事人另有约定或本规则另有规定,仲裁庭由三名仲裁员组成。

(三)当事人可以约定仲裁庭的组成方式,但其约定无法实施或与仲裁程序适用法律的强制性规定相抵触的除外。

【条文主旨】

仲裁庭的组成人数关系到仲裁程序的效率、费用以及能否对当事人之间的争议顺利作出裁决。因此,仲裁院按照国际惯例和国内实践对仲裁庭组成人数作出限定,而对仲裁庭组成方式的规定则趋于灵活,以体现公平、平等和尊重当事人意思自治的原则。

本条是关于仲裁庭的人数和组成方式的基本规定。

【理解与适用】

本条第(一)款规定当事人可以自主约定仲裁庭人数,或者为一人,或者为三人。《仲裁法》第三十条规定:"仲裁庭可以由三名仲裁员或者一名仲裁员组成……"在国际仲裁中,仲裁庭的组成人数一般为奇数,这是为了避免偶数仲裁员容易造成意见平局而无法作出裁决的情形。

本条第(二)款明确了若无特殊约定,仲裁庭的组成人数为三名的基本原则。由三名仲裁员组成仲裁庭审理案件是国际商事仲裁中较为常见的仲裁庭组成方式。该基本原则也允许例外情形,即当事人另有约定或者本规则另有规定。例外之一:如果当事人在仲裁协议中或者另行达成的协议中已经约定仲裁员的人数为一人,则该约定优先,仲裁庭的组成人数应按照当事人的约定。例外之二:在本规则另有规定的情况下,例如按照本规则第五十六条的规定适用快速程序的案件,由一名(独任)仲裁员对案件进行审理。

本条第(三)款明确了在仲裁庭的组成程序中应尊重当事人的意思自治。只要当事人对于仲裁庭组成方式的约定具有可操作性,并且未与仲裁程序适用法律的强制性规定相抵触,则应遵从当事人的约定。当事人的约定"无法实施",通常出现在当事人事先约定了具体人选而该人选在仲裁时不复存在或不能履行仲裁员职责、不存在满足设定条件的仲裁员人选等情况下。当事人的约定"与仲裁程序适用法律的强制性规定相抵触",可能出现在当事人约定的仲裁员条件违反了法定条件导致仲裁员不符合法定资格的情形下。例如,根据我国《仲裁法》第十三条的规定,国内仲裁员须符合"三八两高"资格或同等专业资格①(2017年9月1日,第十二届全国人民代表大会常务委员会

---

① 《仲裁法》第十三条规定:"仲裁委员会应当从公道正派的人员中聘任仲裁员。仲裁员应当符合下列条件之一:(一)通过国家统一法律职业资格考试取得法律职业资格,从事仲裁工作满八年的;(二)从事律师工作满八年的;(三)曾任法官满八年的;(四)从事法律研究、教学工作并具有高级职称的;(五)具有法律知识、从事经济贸易等专业工作并具有高级职称或者具有同等专业水平的。"

第二十九次会议对《仲裁法》中有关仲裁员资格条件的部分条文进行了修改,自 2018 年 1 月 1 日起施行)。国外的仲裁法律制度对担任仲裁员的资格几乎没有类似的限制性规定。

【要点提示】

关于当事人约定内容可操作性的实践经验

当事人可以约定仲裁庭的组成方式,但是需要注意约定和设计的仲裁庭组成程序的可操作性,避免产生僵局的可能。如果当事人约定的仲裁庭组成方式与本规则第二十九条、第三十条的规定不同,则应当尽量明确具体的做法和限制条件,例如在各个步骤约定时间限制(如 10 个工作日内、15 个日历天内),或约定在一方无正当理由不予配合时,另一方可以请求仲裁院代为指定等替代解决机制,以保障仲裁庭能够及时、顺利地组成。实践中,有的案件当事人在合同的仲裁条款中约定首席仲裁员或独任仲裁员由一方当事人单方指定,这很可能被认为与法律的强制性规定相抵触,建议不要如此约定。

此外还需要注意的是,如果当事人对仲裁员任职的资质和职称等作出约定,则应当考虑在符合条件的范围内是否有足够的人选供当事人指定,以免争议发生后由于选定仲裁员的问题出现时间上的延误,抑或客观上无法满足原有约定。

第三十条 三人仲裁庭的组成

(一)除非当事人另有约定,申请人和被申请人应当各自在收到仲裁通知之日起 15 日内指定或委托仲裁院院长指定一名仲裁员;当事人未能按照上述规定指定或委托仲裁院院长指定的,由仲裁院院长指定。如果一方当事人有多个,则该方多个当事人应共同指定或共同委托仲裁院院长指定仲裁员;该方多个当事人无法达成一致的,由仲裁院院长指定。

(二)除非当事人另有约定,首席仲裁员由当事人在被申请人收到仲裁通知之日起 15 日内共同指定或共同委托仲裁院院长指定。当事人未能按照上述规定共同指定或共同委托仲裁院院长指定的,首席仲裁员由仲裁院院长指定;一方当事人书面表示放弃与对方当事人共同指定或共同委托仲裁院院长指定的,首席仲裁员由仲裁院院长指定,并不受上述期限限制。

(三)当事人可以约定,仲裁院院长也可以决定,首席仲裁员由根据本条第(一)款已确定的两名仲裁员共同指定。除非当事人另有约定,在第二名仲裁员确定之日起 10 日内该两名已确定的仲裁员对首席仲裁员人选未达成一致的,首席仲裁员由仲裁院院长指定。

(四)经双方当事人申请或同意,仲裁院院长可以推荐三名以上首席仲裁员候选名单,供双方当事人在收到候选名单之日起 5 日内按照各自意愿作先后排序。在推荐人选中,双方当事人叠加排序名列最前的,为双方当事人共同指定的首席仲裁员;叠加排序有两名或两名以上并列最前的,由仲裁院院长在并列人选中确定一名为双方当事人共同指定的首席仲裁员。

(五)经双方当事人申请或同意,仲裁院院长可以推荐三名以上首席仲裁员候选名单,供双方当事人在收到候选名单之日起 5 日内选择。在推荐人选中,双方当事人的选择有一名相同的,为双方当事人共同指定的首席仲裁员;有两名以上相同的,由仲裁院院长在相同人选中确定一名为双方当事人共同指定的首席仲裁员;没有相同人选的,由仲裁院院长在候选名单之外为双方当事人指定首席仲裁员。

(六)经双方当事人申请或同意,仲裁院院长可以推荐三名以上首席仲裁员候选名单。双方当事人在收到候选名单之日起 5 日内可以各排除一名或若干名候选人。首席仲裁员由仲裁院院长在剩余候选名单中指定;候选人均被排除的,由仲裁院院长在候选名单之外指定。

【条文主旨】

本条详细规定了三人仲裁庭的组成程序和具体规则,特别以当事人意思自治为核心原则明确了三人仲裁庭中首席仲裁员的多种指定方式和具体程序,这是本规则中指引当事人充分实现选择仲裁员的程序权利且具有高度灵活性的条款。

本条向当事人展示了在组成仲裁庭的环节中他们所具有的程序权利和需要注意的事项。

本条体现了仲裁院于1982年筹建时在规则草案中就致力追求的当事人意思自治原则,继承了2012年版和2016年版规则的创新举措,并且为当事人提供了更多的选择(参见附录三文书样式2.1)。

【理解与适用】

本条第(一)款首先规定了俗称"边裁"的指定方式。本款明确:在采用三人仲裁庭的情况下,双方当事人可以各自指定一名仲裁员(也就是俗称的"边裁")。当事人没有特殊约定的,在各自收到仲裁通知之日起15日内,应当各自指定或者各自委托仲裁院院长(仲裁委员会主任)指定一名仲裁员("边裁")。

该15日的期限是连续计算的,起止时间对于申请人和被申请人而言可能存在不同,从他们各自收到仲裁通知之日起算。如果超过该期限,当事人未能指定仲裁员或者未能委托仲裁院院长指定仲裁员的,视为其放弃指定仲裁员的权利,由仲裁院院长代为指定。需要特别注意的是,除非情况特殊,该期限并不因为当事人提出管辖权异议、中止仲裁程序等申请而中止或中断。

当一方当事人或双方当事人有多个主体时,该方多个主体原则上统一视为一方当事人而在整体上拥有共同指定或者共同委托仲裁院院长指定一名仲裁员的权利。如此操作可以避免出现申请人一方或被申请人一方因其有多个主体而指定多位仲裁员的失衡现象。如一方当事人的多个主体内部不能就指定仲裁员达成一致意见,则由仲裁院院长代为指定。需要注意的是,此时由仲裁院院长代为指定的仲裁员仅限于未能达成一致的一方当事人多方主体应共同指定的仲裁员,而非该案全体仲裁员。

本条第(二)款规定了首席仲裁员的一般产生方式。本款规定,当事人可以约定首席仲裁员的产生方式。如无特别约定,以当事人共同指定或者共同委托仲裁院院长指定的方式选定首席仲裁员。当事人应当在收到仲裁通知之日起15日内,共同指定或共同委托仲裁院院长指定首席仲裁员。如果当事人未能在规定期限内共同指定或者共同委托仲裁院院长指定首席仲裁员,则视为放弃了共同指定的权利,由仲裁院院长直接指定首席仲裁员。如果一方当事人以书面形式表示放弃与对方共同指定或者不同意与对方共同委托仲裁院院长指定首席仲裁员的,首席仲裁员直接由仲裁院院长指定,且不受前述15日期限的限制。

实践中,当事人一致选定首席仲裁员的情况并不常见,通常都是当事人就首席仲裁员人选未能达成一致,而由仲裁院院长指定。15日期限的起算时点,通常以最后收到仲裁通知的一方当事人收到仲裁通知之日起算。

尽管有上述第(二)款的规定,在国内外的仲裁实践中还是有相当比例的当事人对于首席仲裁员的确定方式存在顾虑。

为了尽可能消除当事人的顾虑,本条第(三)款至第(六)款规定了首席仲裁员的特殊产生方式,其中多为仲裁院在实践中的经验总结和"以当事人为中心"的创新举措,中心思路是在操作中尽可能把选定首席仲裁员的权利交给当事人,尽可能找到当事人意愿的最大公约数,尽可能帮助当事人实现意思自治。

本条第(三)款规定了首席仲裁员的特殊产生方式之一——边裁推选法,即由双方当事人各自指定的仲裁员共同指定一名首席仲裁员。前提条件是两名"边裁"已经按照本条第(一)款的规定确定。从2012年开始,在本款指引下,双方当事人共同约定由两名"边裁"共同指定首席仲裁员的情形越来越多。实践中,在当事人未能按照本条第(二)款的规定共同指定首席仲裁员的情况下,仲裁院院长也会根据本款规定,决定采取该种方式确定首席仲裁员。

对于当事人而言,采取边裁推选法的好处在于首席仲裁员是经过双方当事人指定的两名仲裁员综合考虑、共同选定的,说明首席仲裁员的业务能力、工作风格和中立性得到了其他两名已确定仲裁员的了解和认可。实践证明,通过两名"边裁"共同指定首席仲裁员,有助于促进仲裁庭内部的充分沟通与合作,更好地推进仲裁程序的顺利进行。

为了提高仲裁效率,在具体操作中,除非当事人另有约定,在第二名仲裁员确定之日起10日内如果该两名已确定的仲裁员不能一致选定首席仲裁员,首席仲裁员将由仲裁院院长指定。

本条第(四)款规定了首席仲裁员的特殊产生方式之二——推荐排序法。前提条件是仲裁院院长经双方当事人申请或者同意而采用该方法。在该方式下,仲裁院院长考虑案件的争议类型、当事人的地域分布、解决纠纷的语言要求等多方面因素,经考虑首席仲裁员业务专长、经验、办案时间以及某些特殊情况下需要与当事人异地异籍等问题,向当事人提供三名以上的推荐首席仲裁员候选名单。双方当事人在收到该推荐的首席仲裁员候选名单之日起5日内,按照自己的意愿对名单上的候选人进行先后排序。在推荐人选中,双方当事人叠加排序名列最前的,即为双方当事人共同指定的首席仲裁员;出现有两名或者两名以上并列最前的,由仲裁院院长在并列人选中确定一名为双方当事人共同指定的首席仲裁员。

举例说明,假设仲裁院院长推荐了四名候选仲裁员甲、乙、丙、丁,申请人的排列顺序为甲、丁、丙、乙,被申请人的排列顺序为乙、丁、丙、甲,排名靠前者表示当事人更希望其成为首席仲裁员。此时四位候选仲裁员获得的排位数相加结果为:甲($1+4=5$);乙($4+1=5$);丙($3+3=6$);丁($2+2=4$)。可见,甲和乙的结果并列,而丁的数字最小,名次最为靠前。所以仲裁院院长将会确认丁为该案中双方当事人共同指定的仲裁员。这种方式比较容易产生当事人意愿的"最大公约数",实践中颇受当事人欢迎。

本条第(五)款规定了首席仲裁员特殊产生方式之三——推荐选择法。前提条件是仲裁院院长经双方当事人申请或者同意而采用该方法。在该方式下,仲裁院院长考虑案件的争议类型、当事人的地域分布、解决纠纷的语言要求等多方面因素,经考虑首席仲裁员业务专长、经验、办案时间以及某些特殊情况下需要与当事人异地异籍等问题,向当事人提供三名以上的推荐首席仲裁员候选名单。双方当事人在收到该推荐首席仲裁员候选名单之日起5日内,按照自己的意愿各自选择一名或若干名候选人。选择结果分为以下三种情况:(1)如果双方当事人选择的仲裁员有一名相同的,为双方当事人共同指定的首席仲裁员。(2)如果双方当事人选择的仲裁员有两名或者两名以上相同的,由仲裁院院长从中确定一名为当事人共同指定的首席仲裁员。(3)如果双方当事人根据仲裁院院长推荐的候选名单而各自选择的人选完全不重合,则视为双方当事人在整个推荐候选名单中没有共同人选,仲裁院院长代为指定的首席仲裁员人选将不在该推荐候选名单中产生,仲裁院院长将在推荐候选名单之外为双方当事人指定首席仲裁员。

实践中,为了提高仲裁效率,在当事人同意采用推荐选择法后,仲裁院可以对双方当事人从名单中选择的仲裁员人数提出要求。例如,院长在推荐名单中推荐五名候选人,则会要求申请人与被申请人各自选择至少三名,如此,则至少会有一名候选人是重合的。在这个过程中,当事人应当遵循诚实信用原则,既然同意采用候选名单重合法,就应当按照仲裁院的要求作出适当人数的选择。

本条第(六)款是2019年版规则新增加的内容,规定了首席仲裁员特殊产生方式之四——推荐排除法。前提条件是仲裁院院长经双方当事人申请或者同意而采用该方法。在该方式下,仲裁院院长根据案件的争议类型、当事人的地域分布、解决纠纷的语言要求等多方面因素,经考虑首席仲裁员业务专长、经验、办案时间以及某些特殊情况下需要与当事人异地异籍等问题,向当事人提供三名以上的推荐首席仲裁员候选名单。双方当事人在收到该推荐首席仲裁员候选名单之日起5日内,按照自己的意愿各自排除一名或若干名候选人,也可以不排除。未被排除的候选人视为双方当事人均同意其可以担任首席仲裁员。排除结果分为以下三种情况：(1)如果未被排除的剩余候选人为一名的，则该候选人为双方当事人共同指定的首席仲裁员。(2)如果剩余候选人为两名以上的，由仲裁院院长从中确定一名为当事人共同指定的首席仲裁员。(3)如果推荐的候选人均被排除的，则视为双方当事人否定了推荐候选名单上的人选，由仲裁院院长在推荐候选名单之外为双方当事人指定首席仲裁员。

由以上规定可知，本条第(三)款至第(六)款规定的首席仲裁员的产生方法是更能体现当事人意思自治的选择方法。通过这些方法，仲裁院院长把《仲裁法》所规定的指定首席仲裁员的事权最大限度地"交回"当事人，在操作程序上帮助当事人形成最大限度的共同意愿，本质上是促进当事人最大限度地共同选定首席仲裁员、最大限度地实现意思自治，能够有效消除当事人的顾虑，促进当事人之间的互信。仲裁院的这些安排，已经在相当大比例的案件中适用，体现了仲裁院"以当事人为中心"的中心思想。

【要点提示】

关于本规则对首席仲裁员产生方式规定的特别之处（相较于其他仲裁机构的规则）

大部分仲裁规则所规定的首席仲裁员产生方式相对比较单一，而本规则的主要亮点之一是规定了选任首席仲裁员的五种不同方式，为当事人提供了多种选项，大大增加了规则的灵活性。首先是传统的各方当事人共同选定法。其次规定了边裁推选法，这种选定方式除了可以由各方当事人约定，还可以由仲裁院院长主动决定适用。此外，本规则还规定了推荐排序法、推荐选择法和推荐排除法，这三种方式都有赖于当事人的申请或同意。这三种方式的适用，均使得首席仲裁员的产生方式更为公平合理，共同指定的成功率大为提高。

第三十一条 独任仲裁庭的组成

仲裁庭由一名仲裁员组成的,按照本规则第三十条第(二)款、第(四)款、第(五)款或第(六)款规定的程序,指定该独任仲裁员。

【条文主旨】

本条参照三人仲裁庭指定首席仲裁员的规定,明确了独任仲裁员的产生方式。

【理解与适用】

独任仲裁员的产生方式参照适用三人仲裁庭首席仲裁员的产生方式。当事人可以按照意思自治原则,选择独任仲裁员的产生方式(参见附录三文书样式2.2)。当事人可以通过共同选定法、推荐排序法、推荐选择法或推荐排除法,来选定独任仲裁员。

关于独任仲裁员产生方式的详细分析可以参考第三十条第(二)款、第(四)款、第(五)款和第(六)款的解析,在此不再赘述。

需要注意的是,独任仲裁员的意见代表整个仲裁庭的意见,因此独任仲裁员的产生对于双方当事人而言尤其重要。如果当事人意图最大限度降低独任仲裁员产生过程中的偶然性,可以在产生独任仲裁员的过程中申请使用推荐名单法。尽管使用推荐名单法可能会占用更多的时间,但更有可能消除当事人的顾虑,促进当事人之间的诚信合作。

第三十二条 仲裁员信息披露

(一)仲裁员被指定后,应签署保证独立公正仲裁的声明书。

(二)仲裁员应当在声明书中披露其知悉的可能引起对其公正性和独立性产生合理怀疑的任何情形。

(三)仲裁员在签署声明书后的仲裁程序中出现应当披露的情形的,应当立即书面披露。

【条文主旨】

本条是关于仲裁员对可能导致利益冲突的信息进行披露的规定。本条规定是本规则第二十七条"独立和公平原则"的具体适用。仲裁员信息披露也是保证仲裁员独立性、公正性的基本措施。

【理解与适用】

本条第(一)款明确了签署保证独立公正仲裁的声明书是仲裁员履行职责前必须履行的义务。仲裁员被指定后,应当签署保证独立公正仲裁的书面声明书。仲裁院收到仲裁员已经签署的声明书之后,会将声明书转交各方当事人,以方便各方当事人了解和监督仲裁员所作出的声明。仲裁员签署信息披露声明书的措施是仲裁院于20世纪90年代末最早引入国内的,实践证明这对促进仲裁的独立和公正发挥了重要作用。①

本条第(二)款明确了被指定仲裁员应当在声明书中披露可能存在的利益冲突信息。首先,该披露是仲裁员的主动披露,仲裁员披露的信息是其已经知晓的信息;其次,需要披露的信息范围应是可能引起对仲裁员的公正性和独立性产生合理怀疑的信息;最后,披露的程度和内容由仲裁员自主把握和裁量,而判断的标准是对仲裁员的公正性和独立性的"合理怀疑"。合理的标准,是在正常情况下一个通情达理的中立第三人可能对仲裁员的独立性和公正性产生疑虑的标准。仲裁地法律、仲裁规则、仲裁院制定的仲裁员行为规范和有关国际组织[例如国际律师协会(IBA)]关于国际仲裁利益冲突指引等提出的利益冲突标准,均可作为考量是否会引发当事人"合理怀疑"的标准。凡是能够引起当事人"合理怀疑"的信息,仲裁员均需披露。实践中,

---

① 参见郭晓文:《商事仲裁中仲裁员的独立性》,载陈安主编:《国际经济法论丛》(第2卷),法律出版社1999年版。

仲裁员应秉持客观、审慎的态度完成披露义务,否则一旦出现应当披露而未披露的情形,不仅在该案仲裁程序进行中有可能被申请回避或替换,也可能对裁决的效力和执行力造成影响。

本条第(三)款明确规定仲裁员对利益冲突的披露义务是一种持续的义务,贯穿于仲裁程序的始终。虽然仲裁员在被指定后已经通过声明书披露了相关信息,如果在签署声明书后的仲裁程序中发现或出现了新的需要披露的情形,仲裁员仍然应当书面披露。按照本规则第三十三条的规定,在新的事项被披露后,当事人将重新被赋予相应的时间以决定是否就新披露的事项对仲裁员提出回避申请。

关于仲裁员披露的规则,可以概括为三项基本原则:第一,主观性披露,即仲裁员认为或在正常情况下一个通情达理的中立第三人认为需要披露的,就应当披露,并且鼓励仲裁员主动披露;第二,全面性披露,即对于存在合理怀疑的事实,均需披露,无论事件发生时间的早晚或事件性质的轻重如何;第三,持续性披露,即随时发现需要披露的事项,仲裁员应当及时予以披露。

第三十三条 仲裁员回避

(一)当事人以仲裁员披露的信息为由要求该仲裁员回避的,应于收到仲裁员的书面披露后10日内书面提出。逾期没有申请回避的,不得以仲裁员曾经披露的事项为由申请该仲裁员回避。

(二)当事人对被指定的仲裁员的公正性和独立性产生合理怀疑时,可以书面提出回避申请,但应说明具体理由,并提供相应证据。

(三)当事人的回避申请应当及时转交其他当事人和仲裁庭所有成员。

(四)如果一方当事人申请回避,另一方当事人同意回避申请,或者被申请回避的仲裁员主动退出仲裁庭,则该仲裁员不再参加本案审理。但上述情形并不表示当事人提出回避的理由成立。

(五)除本条第(四)款规定的情形外,仲裁员是否回避,由仲裁院院长作出决定。在仲裁院院长作出决定前,被申请回避的仲裁员应当继续履行职责。

(六)当事人在收到仲裁庭组成通知之后聘请的代理人与仲裁员构成应当回避情形的,该方当事人无权再就此提出回避申请,但另一方当事人申请回避的权利不受影响。因此而导致仲裁程序拖延的,造成回避情形的当事人应承担相应的后果,包括但不限于由此而产生的费用。

【条文主旨】

申请仲裁员回避是仲裁当事人一项重要的程序性权利。提出回避申请,意味着当事人对仲裁员在个案中的独立性和公正性产生合理怀疑,即不信任其能够就特定案件作出公平公正的裁决。申请仲裁员回避并非由于某一位仲裁员自身道德或能力无法得到当事人的信任,而是基于一些特定的关系,使当事人怀疑其行为和判断可能在个案中受到这些关系的影响。当事人的怀疑不一定正确,因此仲裁员是否回避需要仲裁院院长从中立者的角度进行判断并作出决定。

本条是关于仲裁员回避的规定,明确了当事人提出回避申请的方式、提出期限、决定主体等具体内容。

【理解与适用】

本条第(一)款规定了当事人可以基于仲裁员披露的信息提起回避申请,并规定了时限。当事人收到仲裁员的书面披露(包括声明书和仲裁程序中仲裁员作出的书面披露)后,如果认为仲裁员披露的信息构成申请回避的理由,应当在 10 日内书面提出回避申请。

如果当事人没有在规定的期限内提出回避申请,则不得再依据仲裁员披露的事项为由申请该仲裁员回避。未在规定的期限内提出回避申请,视为当事人已经知晓并接受仲裁员披露的事项不构成申请回避的理由。但是,即便超出 10 日的期限,当事人仍然可以依据仲裁员没有披露的事项申请该仲裁员回避。

本条第(二)款明确了一般情况下当事人提出回避申请的权利和具体程序。如果当事人对被指定的仲裁员的公正性和独立性产生合理怀疑,可以提出回避申请。该回避申请不仅需要以书面形式提出,还需要说明具体理由,并提供相应证据。《仲裁法》第三十五条规定:"当事人提出回避申请,应当说明理由……"同时第三十四条还列举了仲裁员必须回避的具体情形:"仲裁员有下列情形之一的,必须回避,当事人也有权提出回避申请:(一)是本案当事人或者当事人、代理人的近亲属;(二)与本案有利害关系;(三)与本案当事人、代理人有其他关系,可能影响公正仲裁的;(四)私自会见当事人、代理人,或者接受当事人、代理人的请客送礼的。"

除了《仲裁法》第三十四条列举的情形,当事人如果认为仲裁员的某些行为或者事项①将影响其公正地作出裁决,也可以依据本款的规定提出回避申请。

此外,基于非披露事项提出回避申请的期限问题,虽然没有在本款中作出明确规定,但当事人应当遵守诚信仲裁的原则,诚信地行使权利,在合理的期限内提出回避申请。例如,对于仲裁庭组成后即得知的回避事由,没有马上提出,而是根据庭审情况,在裁决作出之前才"伺机"提出,属于有违诚信仲裁原则的行为,其回避申请有可能得不到支持。

本条第(三)款明确了当事人的回避申请应当及时转交其他当事人和仲裁庭所有成员。通常情况下,在仲裁院院长作出是否回避的决定前,对于当事人的书面回避申请需要给予仲裁庭全体成员和各方当事人发表意见的机会。

本条第(四)款明确了在一方当事人提出回避申请,另一方当事人同意回避申请或被申请回避的仲裁员主动退出的情形。前述两种情形下,该仲裁员将不再参加本案审理。回避申请实质上是对仲裁员中

---

① 实践中的先例有,仲裁员对于本案事先已经提供过咨询、知晓案情的;担任过本案或者与本案有关联案件的证人、代理人、专家证人等。

立性和公正性的质疑,在仲裁院没有进行查证的情况下,不能因为另一方当事人同意或者被申请回避的仲裁员主动退出,就当然得出当事人主张的事由真实存在并且确实能够构成回避理由的结论。

本条第(五)款明确了当事人对仲裁员提出回避申请的决定由仲裁院院长作出,并且在决定作出前,该仲裁员应当继续履行职责,以保持仲裁程序的连续性。该款的法律依据是《仲裁法》第三十六条:"仲裁员是否回避,由仲裁委员会主任决定……"在当事人提出回避申请后,仲裁程序并不因此中止,在是否回避的决定最终作出前,被提出回避申请的仲裁员应当继续履行其职责。实践中,仲裁院会及时地处理当事人提出的回避申请,仲裁院院长会尽量在仲裁程序实质性地继续推进之前作出决定。在该决定中,可以说明理由,也可以不说明理由。

本条第(六)款旨在避免当事人滥用申请回避的权利,并明确对恶意滥用申请回避权利的行为适用惩罚机制。通常情况下,当事人对仲裁员提出回避要求不会遭致仲裁庭的制裁。但是,近年来的仲裁实践表明,有的当事人为了达到拖延仲裁程序或者损害裁决效力的目的,故意指定与已经组成的仲裁庭成员有利害关系的人士为仲裁代理人,并且在此后以仲裁员与该代理人有利害关系为由,请求仲裁员回避。对于此种做法,本规则给予否定性评价。当事人在仲裁庭组成之后聘请的代理人与仲裁员构成应当回避情形的,该方当事人无权再以此为由提出回避申请,但另一方当事人申请回避的权利不受影响。因此而导致仲裁程序拖延的,造成回避情形的当事人应承担相应的后果,包括但不限于由此而产生的费用。该规定始于2016年版规则,在2019年版规则中继续采用。

【要点提示】

关于实践中对基于非披露事项提出回避申请的要求

仲裁员回避并非由于某一位仲裁员自身道德或能力无法得到当事人的信任,而是基于一些特定的关系,使当事人怀疑其行为和判断可能在个案中受到这些关系的影响。因此在当事人提出回避申请时，如果不是基于仲裁员主动披露而获知的信息，则需要当事人提供相应的证据证明确实有可能影响仲裁员的独立性和公正性的客观事实存在。

第三十四条　仲裁员替换

（一）仲裁员由于回避、主动退出或其他特定原因不能履行职责的，应当替换。

（二）仲裁员在法律上或事实上不能履行其职责，或者没有按照本规则的要求履行职责的，仲裁院院长有权决定将其替换，并给予各方当事人和仲裁庭全体成员提出书面意见的机会。

（三）被替换的仲裁员原来由当事人指定的，当事人应当按原指定仲裁员的方式自收到通知之日起 5 日内重新指定，逾期未重新指定的，由仲裁院院长指定；原来由仲裁院院长指定的，由仲裁院院长另行指定。

（四）除非当事人另有约定，仲裁员替换后，由仲裁庭决定此前已进行过的全部或部分审理程序是否需要重新进行。仲裁庭决定全部审理程序重新进行的，本规则第五十条规定的裁决作出期限从仲裁庭决定重新进行审理程序之日起计算。

【条文主旨】

仲裁员的回避、仲裁员的主动退出，或者仲裁员因其他原因无法履行其职责时，都会产生仲裁员替换的问题。本规则对于仲裁员的替换程序作出规定，保证了仲裁程序能够顺利进行，不会由于仲裁员个人因素而被搁置。

本条是关于仲裁员替换以及仲裁员被替换后仲裁程序如何进行的规定。

【理解与适用】

本条第(一)款列举了替换仲裁员的若干情形,仲裁员因当事人的回避申请成立、仲裁员主动退出或者仲裁员因其他特定原因而不能履行职责的,应当被替换。

实践中,"其他特定原因"可能包括:仲裁员由于身体健康问题无法继续参与仲裁程序;仲裁员死亡、入狱,事实上不能再履行其职责的;出现仲裁员成为无民事行为能力人、限制民事行为能力人或者成为法官等事由,导致仲裁员在法律上或者事实上无法再履行其职责的。

本条第(二)款赋予仲裁院院长在一定条件下主动作出替换仲裁员决定的权力。除了前款规定的仲裁员应当被替换的情形,如果仲裁员没有按照规则要求履行职责的也可能会被替换。对于仲裁员是否按照规则要求履行职责的判断,应当依据本规则其他相关条款(例如第二十七条、第三十二条、第三十三条)进行,还可以参考仲裁院制定的《仲裁员行为规范》进行。该款还明确了替换仲裁员的必经程序。当仲裁院院长决定替换仲裁员时,应给予当事人以及仲裁庭全体成员提出书面意见的机会。

本条第(三)款规定了仲裁员被替换后,新仲裁员产生的程序。如果被替换的仲裁员是由当事人指定的,则当事人应当在收到重新指定仲裁员通知之日起5日内,按照原来指定仲裁员的方式,重新指定仲裁员。如果被替换的仲裁员是由仲裁院院长指定的,由仲裁院院长另行指定。

本条第(四)款规定了有关仲裁员被替换后仲裁程序是否重新进行的问题。仲裁庭成员替换后,重新指定的仲裁员并没有参与之前的审理,可能会影响其对整个仲裁程序、仲裁案件的理解和仲裁员职责的履行。在此情况下,新组成的仲裁庭将有权决定是否重新进行之前已经进行过的全部或部分审理程序。需要注意的是,通常情况下,尽管新仲裁庭有权决定审理程序是否重新进行,但是原仲裁庭已经作出的生效决定仍然有效,除非重新组成的仲裁庭撤销或修改了原决定。

仲裁程序重新进行可能会影响审限的计算。如果仲裁庭决定全部审理程序重新进行的,审限也将从仲裁庭决定重新进行审理程序之日起重新起算。如果仲裁庭决定部分审理程序重新进行,且此决定对仲裁庭及时裁决不会产生实质影响的,仲裁庭也可以同时决定沿用原有的审限。

【要点提示】

对仲裁员因"其他特定原因"不能履行职责的理解

关于对第三十四条第(一)款中"其他特定原因"的理解,在实践中对于要求仲裁员满足当事人约定的仲裁员任职条件的问题,可能会有争议。举例来说,如果当事人在仲裁协议中约定仲裁员为中国籍,但是在仲裁程序中仲裁员国籍发生了变更;或者说当事人约定仲裁员需要是美国纽约州执业律师,而在仲裁程序中该仲裁员已不再是纽约州执业律师。在这些情况下,是否构成"其他特定原因"在理论和实践中尚未有定论,但该问题背后的争议在于当事人约定的仲裁员条件是否约束仲裁程序的始终,抑或该约定的仲裁员条件只需要在指定仲裁员时满足即可。

更进一步,如果在仲裁程序进行过程中,被指定的仲裁员不再符合当事人约定的相关条件,该仲裁庭作出的裁决是否能够以仲裁庭组成不符合当事人约定而被撤销或者不予执行?这些不确定问题都构成法律上的风险,而这些风险都值得仲裁参与人注意。比较妥善的解决方法是,遇有此等情况时,仲裁庭应及时提请当事人注意和适当发表意见,必要时作出相应的决定。

第三十五条 多数仲裁员继续仲裁程序

最后一次开庭结束后,三人仲裁庭中的一名仲裁员由于特定原因不能继续参加仲裁程序,仲裁院院长可以按照本规则第三十四条的规定替换该仲裁员;但在征得各方当事人及仲裁院院长同意后,其他两名仲裁员也可以继续进行仲裁程序,作出决定或裁决。

【条文主旨】

如果由于回避事项之外的其他特殊原因导致仲裁庭有一位仲裁员客观上不能继续仲裁审理工作,而此时审理工作已经完成或几近完成,则在不影响仲裁结果的情况下,由剩下的两名仲裁员继续完成仲裁程序,可能是最为公平、高效和节省费用的做法。有鉴于此,仲裁规则中有必要进行特别规定,为该种做法提供规则依据。

本条即是关于多数仲裁员继续进行仲裁程序的规定。

【理解与适用】

在最后一次开庭结束后,如果三人仲裁庭中的一名仲裁员由于特定原因[该特定原因可以参见第三十四条第(一)款、第(二)款中的情形],不能继续参加仲裁程序,则仲裁院院长可以按照规定替换该仲裁员。

但是,考虑到最后一次开庭已经结束,如果案件已经在程序上审理完毕或几近审理完毕,且仲裁庭的最终意见已经形成,即将作出最终的裁决或决定,此时若再进行仲裁员的替换,将造成程序重复、结案时间拖延、仲裁成本增加的结果。出于提高仲裁效率、节约当事人仲裁成本和减少讼累的考虑,当事人有权协商决定剩余的仲裁程序由剩下的两名仲裁员继续进行。鉴于此,剩余两名仲裁员可尝试在征得各方当事人和仲裁院院长的同意后,在缺少一名仲裁员的情况下,继续进行仲裁程序,作出仲裁裁决。在本条款下,缺员仲裁庭能够继续进行仲裁程序的前提条件是征得各方当事人和仲裁院院长的同意,否则必须按照原来指定仲裁员的程序指定替代仲裁员以补齐仲裁庭组成人员人数。

【要点提示】

关于适用多数仲裁员继续进行仲裁程序时的考量因素

适用多数仲裁员继续进行仲裁程序,必须在余下的两名仲裁员、各方当事人以及仲裁院院长均同意的情况下才能进行,这体现出仲裁院制定和适用本条款时的审慎态度,仅有限地放开了对于缺员仲裁庭的认可。

剩下的仲裁员同意继续仲裁,往往意味着在第三位仲裁员缺员之前,仲裁庭已经形成了对于案件最终裁决结果的一致意见,没有遗留尚需作出决断的重大事项。各方当事人同意,意味着尽管己方选定的仲裁员缺席了仲裁程序,但当事人认为这不会影响仲裁庭作出公平公正的裁断。当事人一经同意,此后就不得再以此为由挑战仲裁裁决的效力。仲裁院院长同意,体现出仲裁院在管理仲裁案件的程序过程中,认为缺员仲裁庭继续仲裁并不会引致对当事人的不公。

第六章 审 理

审理是仲裁程序的核心环节。仲裁庭通过对案件的审理,实现查明事实、适用法律、作出裁判、解决争议的目的。仲裁庭在审理过程中需要履行的职责、所具有的权限,以及当事人在审理过程中所享有的程序性权利和需要履行的程序性义务,均通过仲裁规则加以展示和规范。本章围绕审理程序,对审理方式、开庭、举证、质证、庭审调查、专家报告、程序中止、撤回申请和撤销案件等内容作出规定。

第三十六条 审理方式

(一)除非当事人另有约定,仲裁庭有权决定程序事项,并按照其认为适当的方式审理案件。在任何情形下,仲裁庭均应保持独立和中立,公平、公正地对待各方当事人,给予各方当事人陈述和辩论的合理机会。

(二)仲裁庭对程序事项意见不一致时,仲裁程序按照仲裁庭的多数意见进行;仲裁庭不能形成多数意见时,仲裁程序按照首席仲裁员的意见进行。

(三)仲裁庭认为必要时,可以发布程序指令、发出问题清单、举行庭前会议、议定审理范围、要求当事人进行庭前证据交换、要求当事人披露相关文件、要求当事人共同拟定争议焦点问题、在适用法律许可的范围内行使释明权。

(四)除非本规则另有规定,仲裁庭应当开庭审理案件;仲裁庭认为不必开庭审理,并经征得当事人同意的,仲裁庭可以依据书面文件进行审理。

(五)当事人约定书面审理的,从其约定;但仲裁庭认为有必要开庭审理的,可以开庭审理。

(六)当事人可以约定采用询问式、辩论式或其他方式开庭审理案件。

【条文主旨】

仲裁程序与法院诉讼程序相比,一个重要的差异就是在审理方式上更为灵活。

根据当事人意思自治原则,当事人有权对案件的程序性事项作出约定,其中包括是否开庭审理以及以何种方式开庭审理,是否采取询问式或辩论式审理,是否需要审计、评估、鉴定,采取何种质证方式,等等。这些事项既可以由当事人在仲裁协议中约定,也可以由当事人在仲裁程序开始后约定。

在当事人没有约定时,仲裁庭有权决定案件的程序事项,并决定案件的审理方式,而无论何种审理方式都必须保证仲裁程序的公平与公正,都应充分考虑各方当事人的共同意愿,并应给予各方当事人陈述与辩论的合理机会。

所谓采取"适当的方式审理案件",是指仲裁庭根据案件的实际情况,在均衡考虑各方当事人的利益和需求后,采取有利于公平、高效和节省费用的争议解决方式进行审理。

【理解与适用】

本条第(一)款规定了仲裁程序事项的处理方式与原则。一个仲裁案件从立案到结案,所涉及的程序事项非常庞杂,而且多种程序事项在整个仲裁程序进行中的作用、意义并不相同。有一些程序性事项是纯粹的管理性事项,比如开庭时间的安排;有一些程序性事项虽然不直接处分实体权利义务,但其实施有可能对实体审理产生影响,比如是否进行鉴定或评估,是否接受逾期提交的证据等。由于仲裁程序的特点在于灵活性,所以,灵活处理程序问题在很多时候能够提高仲裁效率并减少仲裁成本。

本款明确规定了除非当事人另有约定,仲裁庭对于程序事项的处理具有最终的裁量权。这里强调了当事人意思自治的重要性,意味着当事人是仲裁程序的"首席设计师",他们可以设计仲裁程序,只要其约定不违反法律规定,并且具有可操作性。如果当事人没有约定,仲裁庭"有权决定程序事项,并按照其认为适当的方式审理案件"。本款所称"适当的方式",可以是询问式或辩论式,可以是现场方式或网上方式,也可以是书面方式或开庭方式,仲裁庭通常会征询当事人的意见,发出程序指令,对仲裁程序和审理方式做出安排。

本款要求仲裁庭作为中立裁判者,在行使其对于程序的裁量权时,必须公平、公正地对待双方当事人。此系正当程序原则的体现。无论采取什么样的审理方式,仲裁庭必须独立、公正,并给予双方当事人合理机会就其案情和论据作出陈述。仲裁庭需要采取最适合案件特点的程序和方法审理案件,以避免不必要的拖延或资源的浪费。本款要求仲裁庭给予当事人"合理机会"而非"充分机会"陈述意见是因为仲裁庭必须同时兼顾仲裁程序的效率,如果任何事项都要经过当事人的磋商,或者都要给予当事人充分机会而不加节制的话,势必降低审理效率。

本条第(二)款规定了仲裁庭就程序事项作出决定的程序规则。在仲裁庭由三名仲裁员组成的情况下,对于程序事项作出的决定首先应由仲裁庭的三名仲裁员经过讨论达成一致意见;如未能达成一致意见,则按照少数服从多数的原则,仲裁程序按照仲裁庭的多数意见进行;在三名仲裁员意见均不一致、不能形成多数意见的情况下,仲裁程序按照首席仲裁员的意见进行。在实践中,两名边裁也可以授权首席仲裁员独自代表仲裁庭决定程序事项以加快仲裁程序的进行。

本条第(三)款系对仲裁庭运用程序工具安排仲裁程序的概括指引。具体来说,仲裁庭在案件审理过程中享有很大的自由裁量权来组织仲裁程序,进行一系列程序安排,运用多种审理措施,高效解决争议。本款列举了几种仲裁庭常用的审理措施,包括:

(1)发布程序指令(参见附录三文书样式3.1)。主要指仲裁庭在当事人的参与下,确定案件审理的大致流程、日程,以及方式、方法(如哪些环节采取现场方式,哪些环节采取网上方式,哪些环节采取书面方式),为各方共同遵守,从而使得仲裁程序按照既定的规划有序、高效、可预期地推进。

(2)发出问题清单(参见附录三文书样式3.3)。主要指仲裁庭根据案件审理需要,向当事人发出问题清单,由当事人通过纸质方式或电子方式书面回复,从而帮助仲裁庭通过更加便捷的方式了解想要获知的相关信息。问题清单可向双方当事人同时发出,要求双方当事人同时回答;也可只向其中一方当事人发出,要求其中一方当事人回答。但是向一方当事人发出的问题清单,必须同时抄送另一方当事人,让其获知该情形,以确保程序上的对等。

(3)举行庭前会议。主要指仲裁庭在正式开庭前召集当事人,共同讨论确定与案件或者庭审有关的程序事项或者实体问题;庭前会议,又称预备会议,可以以现场会议的方式进行,实践中通常以电话会议或视频会议的方式进行。

(4)议定审理范围(参见附录三文书样式3.2)。主要指仲裁庭可以通过召开预备会议或以其他方式明确当事人的仲裁请求及反请求,确定双方没有争议的事项、争议焦点和待裁决的事项,并由当事人和仲裁庭共同签署一份审理范围书以将上述内容确定下来,供仲裁庭和各方当事人在此后的仲裁程序中遵照执行。各方当事人可以约定在审理范围书一经确定后,任何当事人均不得在审理范围书之外提出新的仲裁请求或反请求,除非当事人另有约定或仲裁庭另有决定。

(5)庭前证据交换(参见附录三文书样式3.5)。主要指仲裁庭可以在庭前组织当事人进行证据交换及对证据真实性的核对、质证工作,以便开庭过程中能够更加集中地进行事实及法律问题的审理,提高庭审效率,减少开庭次数。庭前证据交换可以由仲裁庭全体成员主持,也可以由仲裁庭授权的部分仲裁员或是该案经办秘书主持。

（6）披露相关文件（参见附录三文书样式3.4）。主要指仲裁庭根据一方或者双方当事人的申请，或其认为有必要的情况下，要求当事人围绕特定问题，或者根据特定清单披露相关文件，以便仲裁庭或者当事人进行证据收集，使仲裁庭能够更好地完成查明案件事实的工作。

（7）共同拟定争议焦点问题（参见附录三文书样式3.6）。主要指在实践中，为了提高庭审效率，仲裁庭可以要求当事人在庭前共同协商并拟定案件争议焦点问题，以供庭审中仲裁参与各方就案件争议焦点进行集中且充分的陈述、辩论及审理。仲裁庭也可以要求双方当事人聘请的专家在开庭前举行联席会议，确定双方专家没有争议的问题和存在分歧的问题及各自的观点，以供庭审中仲裁参与各方就双方专家的争议点进行询问和阐述。

（8）在适用法律许可的范围内行使释明权。释明权是指当事人在仲裁过程中的请求、声明、主张、举证等不清楚、不明确、不充分，进而可能影响案件的实质审理结果的，仲裁庭以提问、询问、提醒等方式，使当事人对自己的请求、声明、主张、举证等进行补充、澄清和明确，以促使争议得到公平、公正的解决。2016年版规则明确规定仲裁庭可以在适用法律许可的范围内行使释明权，在境内外仲裁机构中属于首例，该规定在实践中发挥了一定的作用，在2019年版规则中继续沿用。必须注意的是，仲裁庭在行使释明权时，要在适用法律许可的范围之内，而且要本着谨慎、中立、公平合理的原则进行。

当然，本款列举的仲裁庭上述权力并非封闭的或排他的。根据本条第（一）款的规定，仲裁庭有权按照其认为适当的任何方式审理案件。因此，仲裁庭拥有的权力包括但不限于本款列举的情形。

本条第（四）款规定了仲裁庭审理案件的基本方式及例外。该款规定源于《仲裁法》第三十九条："仲裁应当开庭进行。当事人协议不开庭的，仲裁庭可以根据仲裁申请书、答辩书以及其他材料作出裁决。"

仲裁庭对案件的审理一般可以采取开庭审理和书面审理两种方式。由于当事人享有法律赋予的参与直接审理的权利，包括当庭口头陈述、口头辩论和询问证人的权利，因此，仲裁案件以开庭审理为惯例,以书面审理为例外。

如果仲裁庭根据案件的具体情况,认为不需要开庭审理的,需要经过当事人同意。当事人同意不开庭审理的,仲裁庭可以依据书面材料进行书面审理。在书面审理中,仲裁庭可以通过书面方式向双方当事人提出问题,当事人也可以用书面方式陈述事实和意见,进行辩论。仲裁庭在给予双方当事人合理的陈述意见机会后,作出裁决书。

本条第(五)款是对本条第(四)款的进一步补充。当事人可以共同约定书面审理。需要注意的是,即使当事人已经约定了书面审理,但仲裁庭经过审查案件的具体情况,认为有必要开庭审理的,仲裁庭仍然可以决定开庭审理。

需要指出的是,对于适用本规则快速程序的案件,本规则第五十九条规定:"仲裁庭可以按照其认为适当的方式审理案件。仲裁庭可以决定依据当事人提交的书面材料和证据进行书面审理,也可以决定开庭审理。"这与本条第(四)款的规定有所不同。另外,关于开庭审理的形式,采取网络远程方式参加开庭审理的当事人也越来越多。

本条第(六)款是对开庭审理案件时,仲裁庭审理案件的具体方式的规定。本款明确规定了当事人可以约定采用询问式、辩论式或者其他方式开庭审理案件。

"询问式"审理案件,是指在开庭过程中,以仲裁庭为主导,在不偏袒当事人、不引导当事人的情况下,可以就仲裁员需要了解或需要澄清的与本案有关的任何事实和法律问题向双方当事人的出庭人员提问,并对当事人需要提交的证据提出具体的要求,当事人的仲裁代理人也可以代当事人陈述案件的某些事实。"询问式"是大陆法系国家庭审时惯常采用的方式。

"辩论式"审理案件,是指双方当事人及其代理人决定庭审的方向和内容,通常采用"证据发现"和"交叉盘问"的方法来进行庭审程序,仲裁庭在庭审中处于相对"消极"的地位。当事人的仲裁代理人不得代当事人陈述案件事实,案件事实须以证人证言等方式向仲裁庭呈现。"辩论式"是英美法系国家庭审时惯常采用的方式。

本款明确当事人可以约定选用大陆法系的"询问式"或英美法系的"辩论式"审理案件，是为了贯彻仲裁院提出的"当事人中心主义"，使来自不同法律背景的当事人均可以按照自己熟悉的方式来约定程序事项以处理纠纷，提升当事人在仲裁院的仲裁体验。在仲裁程序中，无论采取上述哪一种审理方式，只要当事人进行了约定，且该约定是可以实施的，就应当遵照其约定。

【要点提示】

一、在规则中规定审理方式的意义

对于审理方式的规定，一方面，体现了当事人对于仲裁庭的特别授权，即当事人在选择仲裁机构和仲裁规则时，即视为其已经同意赋予仲裁庭适用特定审理方式的权力；另一方面，对于审理方式的规定也体现了对于仲裁庭权力与仲裁机构职责的隔离，明确了仲裁庭具有哪些权力。同样，对于应当由仲裁庭行使的权力，仲裁机构也不宜越界。

二、仲裁庭行使释明权问题

对于仲裁庭行使释明权，实践中存在争议。在有些国家的司法体系中不允许裁判者行使释明权，因此在适用释明权的时候，仲裁庭必须首先考虑法律适用问题。

对于释明权的行使，可以是对请求的释明，也可以是对其他事项的释明，但无论哪一种释明，仲裁庭在适用的时候都必须谨慎。

对于一些不宜行使释明权但对于当事人最终的仲裁结果会产生重大影响的问题，当事人可以考虑请求仲裁庭作出部分裁决，以避免直接败诉的风险。

典型的行使释明权的例子是，申请人申请仲裁时没有提出解除合同的请求，但其请求的效果是解除合同或以合同解除为前提，此时仲裁庭对于当事人的请求即可以行使释明权。

第三十七条 开庭通知

(一)对于开庭审理的案件,仲裁庭确定第一次开庭时间后,应不迟于开庭前 10 日通知当事人。当事人有正当理由的,可以申请延期开庭,但应不迟于开庭前 5 日以书面形式提出,是否延期,由仲裁庭决定。

(二)当事人有正当理由未能按第(一)款规定的期限提出延期开庭申请的,是否延期,由仲裁庭决定。

(三)第二次和其后各次开庭审理时间及延期后开庭审理时间的通知,不受第(一)款所列期限的限制。

(四)经当事人同意,仲裁庭可以提前开庭。

【条文主旨】

开庭审理是仲裁程序中的重要事项,当事人通过开庭向仲裁庭表达己方的主张,力求通过这一过程说服仲裁庭,获得有利的裁决结果。因此,仲裁庭开庭审理的时间、地点、方式均应在合理时间内以合理的方式通知当事人,以保障当事人有时间为开庭做准备,行使其在庭审中所具有的包括陈述、举证、质证、辩论等重要程序权利。

【理解与适用】

本条第(一)款规定,就需要开庭审理的案件,仲裁庭确定第一次开庭时间后,应不迟于开庭前 10 日通知当事人。开庭审理是仲裁程序中至关重要的环节,为使当事人能够在庭审中行使陈述申辩权,需要给当事人预留一定的准备时间。

如果当事人确有正当事由不能在仲裁庭确定的时间参加开庭审理,则需要提前向仲裁庭提出延期开庭申请。为了便于仲裁庭及其他当事人及时调整开庭时间,延期申请需要在不迟于开庭前 5 日以书面形式提出。是否同意延期开庭的决定权在仲裁庭,仲裁庭将在审查延期开庭申请人提出的理由是否正当后作出决定。

本条第(二)款规定了超期申请延期开庭的后果。如本条第(一)款规定,如果一方当事人有正当理由申请延期开庭,这一申请必须在不迟于开庭前5日以书面形式提出,以便其他当事人和仲裁庭能够另行安排时间。如果当事人未在上述期限内提出延期开庭申请,则是否接受其延期开庭申请由仲裁庭决定。通常情况下,如果仲裁庭同意延期,会通知各方当事人延期事宜及后续开庭时间;如果仲裁庭不同意延期,则原定开庭安排不予变更,当事人必须按照原定时间参加开庭,当事人不参加开庭的,需按照本规则的相关规定承担相应的后果。

本条第(三)款规定了不迟于开庭前10日通知开庭时间的例外。第二次和其后各次开庭审理时间及延期后开庭审理时间的通知,均不再受第(一)款规定的不迟于开庭前10日通知的限制。这一规定主要是出于提高仲裁程序灵活性及审理效率的考量。首先,对于再次开庭审理的案件,经过第一次开庭审理,当事人对于案件情况已经有了较为充分的准备及了解,对于可能的程序安排也有了较为深入的认知,因此仲裁庭在再次开庭审理前合理时间内通知当事人参加开庭审理,不会影响当事人的陈述申辩权,因此不一定需要再提前10日以上进行通知。其次,对于延期后开庭审理的案件,仲裁庭在延期前已经至少提前10日进行了通知,双方在此情况下已经有足够的时间进行庭审准备。此外,实践中导致延期开庭的原因不一而足,在双方当事人均对庭审有预期、有准备的情况下,亦不一定需要再提前10日以上进行通知。当然,出于保障当事人能够及时参加庭审的现实考虑,仲裁庭应在庭审前的合理时间内发出通知。

本条第(四)款是对提前开庭适用条件进行的规定。在确定开庭时间后,如果因为仲裁庭或者当事人的原因需要提前开庭,应征得各方当事人的同意。这一规定符合实践的需求,也体现了仲裁程序对于当事人约定的尊重以及仲裁庭对开庭时间的灵活处置。

【要点提示】

关于仲裁庭安排开庭时间的惯常做法

鉴于开庭审理是仲裁程序中非常重要的一个环节,因此仲裁庭在实践中会尽量做到协调各方当事人的时间安排确定开庭时间,避免当事人仅仅因为时间安排的原因无法参加开庭。但当事人也应本着诚信合作的原则积极参与庭审,不得滥用申请延期开庭的权利,更不得以各种理由恶意拖延仲裁程序的进行。

第三十八条 开庭地点

(一)除非当事人另有约定,应当在仲裁院所在地开庭。如仲裁庭认为有必要,并经仲裁院同意,也可以在其他地点开庭。

(二)当事人约定在仲裁院所在地之外的地点开庭的,应承担相应费用。当事人应当按照约定或者仲裁院确定的比例,在仲裁院通知的期限内预缴上述费用;未预缴的,在仲裁院所在地开庭。

【条文主旨】

开庭地点是事实概念,该地点不决定仲裁程序的适用法律,也不决定仲裁裁决的籍属。开庭地点的确定要以方便当事人和仲裁庭进行开庭为原则。当事人可以自由约定开庭地点,仲裁庭亦有权决定开庭地点。当事人约定在仲裁院所在地之外的地点开庭的,其应当承担由此产生的额外费用。

本条规定了仲裁开庭地点的相关事宜。

【理解与适用】

根据本条第(一)款的规定,关于开庭地点,尊重当事人的约定,在当事人没有约定的情况下,以在仲裁院所在地开庭为原则。这是因为,仲裁院拥有配备先进设施的开庭场所,仲裁院向当事人提供的仲裁管理服务包含了向当事人和仲裁庭免费提供的开庭室、休息室、合议室等服务。在其他地点开庭,一般情况下都会增加当事人的费用负担。尽管如此,仲裁庭也可以在其认为必要的情况下,决定在仲裁院所在地之外的地点开庭。仲裁庭作出此决定时,必须满足两个条件:首先,仲裁庭认为有必要;其次,仲裁院同意。当然,由于双方当事人的约定是可以在任何时间达成的,仲裁庭在决定于其他地点开庭之前,如有必要也可征询并听取双方当事人的意见。

本条第(二)款对于因开庭地点的选择而产生的费用如何承担问题作出了规定。本款规定的是当事人约定在仲裁院所在地之外的地点开庭审理时,所发生的实际费用的缴纳方式。"相应费用"一般包括因在其他地点开庭而产生的场地租赁费,当事人、仲裁员以及案件经办秘书等有关人员产生的差旅费、住宿费等。仲裁院会结合实际情况预估相应费用的金额。当事人可以就该金额的承担比例以及缴纳期限达成协议;未就此进行约定的,仲裁院一般按如下原则预先暂定缴纳比例:如果是双方当事人共同请求仲裁庭在仲裁院所在地之外的地点开庭审理,则可以要求双方当事人在规定的期限内各半预缴;如果该请求由一方当事人提出,另一方当事人同意开庭地点,但不同意预缴费用的,则可要求提出请求的当事人限期全额预缴。至于该笔费用中实际发生部分的最终承担比例,将由仲裁庭在裁决书中决定。若双方当事人均拒绝预缴在外地开庭的实际费用,仲裁庭依照本规则有权决定不在当事人约定的地点开庭。

一个仲裁案件的多次开庭可能不止一个开庭地点,而有多个开庭地点,如果采取网络远程开庭方式,则不需要一个具体的开庭地点。

另外,仲裁院有不止一个办公地点和庭审中心,当事人应当留意仲裁院和仲裁庭的通知。

【要点提示】

关于开庭地点的变更

如果当事人对于变更开庭地点达成了一致,应当及时通知仲裁庭。当一方当事人请求变更开庭地点时,仲裁庭可以征求对方当事人的意见,如果对方当事人同意,仲裁庭通常会同意变更开庭地点,但产生的额外费用应当由双方协商承担或由提出变更开庭地点的一方当事人承担。一般情况下,仲裁庭不会主动变更开庭地点,但会尊重当事人意思自治。

第三十九条 当事人缺席

(一)申请人经通知,无正当理由不到庭的,或未经仲裁庭许可而中途退庭的,视为撤回仲裁申请;被申请人提出反请求的,不影响仲裁庭就反请求进行审理。

(二)被申请人经通知,无正当理由不到庭的,或未经仲裁庭许可而中途退庭的,仲裁庭可以进行缺席审理,并继续仲裁程序;被申请人提出反请求的,视为撤回反请求。

【条文主旨】

当事人出席庭审,对于当事人明确仲裁请求与主张、仲裁庭查明案件事实均具有重要作用。就此问题,《仲裁法》第四十二条规定:"申请人经书面通知,无正当理由不到庭或者未经仲裁庭许可中途退庭的,可以视为撤回仲裁申请。被申请人经书面通知,无正当理由不到庭或者未经仲裁庭许可中途退庭的,可以缺席裁决。"

本条规定了开庭审理时当事人缺席的相关问题,与《仲裁法》的规定保持一致。

【理解与适用】

参与开庭既是当事人的一项权利,也是当事人的一项义务。根据本规则第七条"诚信合作"、第十条第(二)款"管辖权异议的放弃"以及第六十九条"异议权的放弃"等条款的规定,当事人在收到开庭通知后,无正当理由不参加开庭,可以视为对其权利的放弃;同时,这也是对其仲裁义务的违反,应承担由此而造成的对其不利的法律后果。当然，如果当事人确有正当理由不能按时参与开庭审理，可以按照本规则第三十七条的规定，申请延期开庭；当事人在延期开庭申请中应据实说明确实不能参与开庭的正当理由。

本条第（一）款规定了申请人缺席的情形。根据本规则第十一条"申请仲裁"第（四）款的规定，"仲裁程序自仲裁院收到仲裁申请书之日开始"。因此，仲裁程序是基于申请人提出的仲裁申请开始的；同时，根据本规则第七条"诚信合作"原则，当事人及其代理人有义务本着诚信、善意、合作的精神参加仲裁程序。申请人主动提起仲裁程序，但经过通知之后没有正当理由不到庭，或者未经仲裁庭同意中途退庭，违反了诚信合作的义务，应承担相应的不利后果，即应被视为撤回了仲裁请求，仲裁庭因此有权力在被申请人没有提出反请求的情况下，决定仲裁程序终结，撤销该仲裁案件。在被申请人提出了反请求的情况下，案件不能被撤销，仲裁庭应继续对被申请人的反请求进行审理，直至作出裁决。

本条第（二）款规定了被申请人缺席的情形。被申请人经通知后没有正当理由不到庭的，亦违反了诚信合作的义务，应当承担相应的不利后果，即仲裁庭可以视为被申请人放弃了当庭答辩、质证、辩论的权利，进而进行缺席审理和裁决。需要注意的是，从仲裁庭的角度来说，即使被申请人缺席，仲裁庭依然应在查明事实的基础上依法作出裁决；从当事人的角度来说，虽然被申请人的缺席并不会影响仲裁庭独立公正作出裁决，但由于被申请人不到庭，甚至不提交任何证据和书面意见，仲裁庭只能依据针对申请人的陈述和举证的合理审查来认定案件事实，可能不利于仲裁庭对案情进行全面、深入的了解。因此，为了保障自身的合法权益，被申请人在经通知后，应积极应对，并出庭参与庭审，充分行使法律和本规则赋予的程序性权利。

【要点提示】

一、关于当事人缺席的不同情况和处理原则

实践中，当事人缺席通常有两种情况。第一种是主动或故意的缺席,对于这种情况,通常视为当事人主动处分其程序权利和实体权利;第二种是因送达原因而造成的缺席。对于后者,仲裁庭和仲裁机构须慎重处理。按照本规则第六条的规定,仲裁院可以通过多种形式送达仲裁文件,其中包含了视为送达的情形。仲裁庭在一方当事人缺席的情况下决定继续进行开庭审理的,应查验和确认仲裁通知、仲裁庭组成及开庭通知等仲裁文件已经实际送达或视为送达,缺席当事人接收通知、行使答辩权的机会没有被剥夺。

二、实践中当事人缺席的典型事例及处理办法

对于以宗教原因提出的缺席理由,在法律上是难以成立的,但实践中仲裁庭通常会给予当事人再次开庭的机会,在合适的时间安排再次开庭审理,这也体现了仲裁程序的灵活性和人性化。

对于申请人缺席的情况,按照本规则第三十九条第(一)款的规定,只能视为申请人撤回仲裁申请而不能作出缺席裁决。

出现当事人缺席的情况,如果仲裁程序继续进行,则仲裁庭采取的是全面审理原则,不能因为一方缺席而直接支持对方的仲裁请求。

第四十条　庭审声明

在开庭审理时,仲裁庭就独立公正宣读声明书;当事人及其代理人、证人、鉴定人等相关人员可以就诚实信用和善意合作宣读声明书。

【条文主旨】

深圳国际仲裁院坚持"独立、公正、创新"的"3i"理念,并以莲花为院花提倡"干净仲裁""诚信仲裁"。

为了落实本规则第二十七条规定的"独立和公平原则"[①]和第七

---

① 本规则第二十七条规定:仲裁员应当独立于当事人,并应公平地对待当事人。

条规定的"诚信合作"原则①,仲裁院在本规则第四十条创设庭审声明程序。其目的是通过强化仪式感,强化仲裁庭的独立性和公正性,促使当事人以诚信合作的态度参与庭审,提高庭审质量,培育诚信氛围。本条实质上是关于开庭审理时进行庭审宣誓仪式的规定。庭审宣誓并非西方独有,仲裁院借鉴宣誓仪式,在中国率先创设庭审声明规定,是提高中国仲裁国际公信力的探索性实践。

【理解与适用】

本条规定的"庭审声明",一是针对仲裁员,二是针对当事人及其他相关人员。

对于仲裁员而言,独立公正是最基本的要求。根据本规则第三十二条的规定,仲裁员在组庭阶段被指定为案件仲裁员时即应签署《仲裁员声明书》,履行披露义务,这是仲裁院在20世纪90年代末最早引入国内的。在此基础之上,经过深入研究,仲裁院在2019年版规则中借鉴宣誓仪式创设了庭审声明的安排。本条要求仲裁庭成员在庭审开始时,在所有参与庭审的当事人及其代理人面前就独立、公正、勤勉宣读声明书。目前,仲裁院提供的庭审声明书内容如下:"我声明,我将忠实履行仲裁员职责,保守案件秘密,保持中立、独立、公正、勤勉、高效审理案件。"

根据本条规定,宣读声明书是仲裁员的义务。加入仲裁院的仲裁员名册,就应该遵守仲裁员行为规范,承诺履行这一义务。这种仪式实质上是仲裁庭成员对当事人的承诺,有助于当事人对仲裁庭成员进行监督,更有助于仲裁员自我约束和自我激励。试想,如果一名仲裁员连"独立、公正、勤勉"这些最基本的要求都不愿意在庭审开始时宣读并遵守,如何能够取得当事人的信任?

对于当事人及其他相关人员而言,宣读庭审声明是选择性、自愿

---

① 本规则第七条第(一)款规定:当事人及其代理人应当遵循诚实信用和善意合作的原则参加仲裁。

性行为。目前,仲裁院提供给当事人及其代理人、证人、鉴定人等相关人员的声明书内容如下:"我声明,在仲裁过程中,保证诚实信用、善意合作。"按照本条规定,当事人及其代理人、证人、鉴定人等相关人员可以选择宣读声明书,也可以选择不宣读声明书。这个创造性的规定,会在当事人之间形成正面的心理约束,在一定程度上防范作伪证、恶意拖延程序等不诚信、不合作行为。当然,选择不宣读声明书,并不意味着在行为上必然会不诚信和不合作。对于不诚信和不合作行为,仲裁庭可以依照本规则的规定采取必要的惩戒措施。①

第四十一条　庭审记录

(一)仲裁庭将开庭情况记入庭审笔录,也可以对庭审进行语音或图像记录。经当事人申请,庭审笔录可以提供给当事人。

(二)庭审笔录由仲裁员、当事人及其代理人、证人或其他有关人员签名确认。当事人和其他仲裁参与人认为庭审笔录对自己陈述的记录存在遗漏或者差错的,可以申请补正;仲裁庭不同意补正的,应记录该申请。

(三)经当事人共同申请,或经一方当事人申请且得到仲裁庭的同意,或经仲裁庭自行决定,仲裁院可以为仲裁庭聘请专业速录人员或采用其他方式制作庭审笔录。

【条文主旨】

庭审记录亦称笔录,是对开庭的完整过程或庭审要点作出的书面记录。

《仲裁法》第四十八条适用于一般国内案件,该条规定:"仲裁庭应当将开庭情况记入笔录。当事人和其他仲裁参与人认为对自己陈述

---

① 参见本规则第七条第(二)款、第(三)款,第四十三条第(四)款和第六十四条第(三)款。

的记录有遗漏或者差错的,有权申请补正。如果不予补正,应当记录该申请。笔录由仲裁员、记录人员、当事人和其他仲裁参与人签名或者盖章。"

同时《仲裁法》在"涉外仲裁的特别规定"一章第六十九条规定:"涉外仲裁的仲裁庭可以将开庭情况记入笔录,或者作出笔录要点,笔录要点可以由当事人和其他仲裁参与人签字或者盖章。"

本条系对庭审记录的规定,包含有关笔录、笔录补正、专业速录的具体规定。

【理解与适用】

本条第(一)款规定了制作庭审笔录的有关事宜。除庭审笔录外,仲裁庭也可以决定单独或同时对庭审进行语音或图像记录。庭审笔录、语音或图像记录通常由案件经办秘书协助仲裁庭制作。仲裁庭没有必须提供庭审笔录的义务,是否向当事人提供庭审笔录,仲裁庭有决定权。

本条第(二)款规定了庭审笔录的形式要求。庭审笔录由仲裁员、当事人及其代理人、证人或其他有关人员签名。当事人和其他仲裁参与人认为庭审笔录对自己陈述的记录存在遗漏或者差错的,可以申请补正。需要注意的是,该权利不应被滥用,故在补正前当事人应向仲裁庭提出申请,经仲裁庭核对确有遗漏或差错,同意补正的,可以进行补正;如仲裁庭不同意补正,则应就该申请进行记录。

本条第(三)款系关于专业速录人员制作庭审笔录的规定。此规定为本规则的重要亮点之一。专业速录人员制作的庭审笔录能够完整准确地记录整个庭审过程和仲裁参与人的言行,其重要性是普通的庭审笔录所不可比拟的。专业速录人员制作的庭审笔录能够满足证据完整性、真实性要求,在国际上已经被证明是可靠的记录手段。专业速录人员制作的庭审笔录作为庭审情况的文字再现,可以固化当事人在庭审过程中对相关事实的陈述、请求的变更、证据的意见以及观点的承认、变化或反驳,可以作为仲裁庭认定案件事实、选择法律适用、判定双方权利义务的依据之一,同时也便于双方当事人在庭后发表书面意见时进行参考和援引。仲裁院从2012年开始在国内率先为当事人提供专业速录服务,在实践中颇受当事人欢迎,因此正式纳入2016年版规则中,并在2019年版规则中予以坚持和完善。

本款规定,在以下三种情况下仲裁院均可为仲裁庭聘请专业速录人员或采用其他方式(如智能语音识别工具等)制作庭审笔录:(1)当事人共同申请;(2)一方当事人申请且得到仲裁庭的同意;(3)仲裁庭自行决定。需要注意的是,聘请专业速录人员进行中文或外文庭审记录将产生相应的费用。

第四十二条 举证

(一)仲裁庭可以决定举证期限,当事人应当在该期限内提交证据。逾期提交的,仲裁庭有权拒绝接受。

(二)当事人对自己的主张承担举证责任。仲裁庭有权决定当事人的举证责任。

(三)负有举证责任的当事人未能在规定的期限内提交证据,或者虽提交证据但不足以证明其主张的,应承担因此产生的后果。

(四)当事人申请证人出庭的,应当在书面申请中列明拟出庭的证人的身份信息、证词和所用的语言。

(五)就法律及其他专业问题,当事人可以聘请专家证人提出书面意见和/或出庭作证。

(六)当事人对证据规则有特别约定的,从其约定,但其约定无法实施或与仲裁程序适用法律强制性规定相抵触的除外。

【条文主旨】

证据是当事人提出请求及主张的依据,也是仲裁庭查明案件事实的依据。证据的收集整理、组织举证的时间以及质证的方式均可能对争议解决的效率乃至仲裁的结果产生重要影响。证据规则是实现证据价值的程序保障。

本条是关于当事人举证规则的规定。

【理解与适用】

本条第(一)款规定了仲裁庭有权确定举证期限。当事人可以自行约定提交证据的期限。仲裁庭作为仲裁程序的组织者,也有权根据审理需要并结合对整个仲裁程序的安排,给当事人确定提交证据的相应期限。一旦仲裁庭确定了举证期限,当事人就应当按照仲裁庭确定的期限提交证据。如果当事人未按照仲裁庭确定的期限提交证据,仲裁庭有权拒绝接受。

为了让仲裁庭和对方当事人能够清晰了解证据内容、清楚证明目的、提高审理效率,证据提交方需对证据标明序号、标注页码并附证据清单。证据清单(参见附录三文书样式1.6)需写明证据编号、证据名称、证据页码、证明目的等内容。有经验的优秀律师,总是能把证据材料处理得十分完整、清晰,有助于审理效率的提高。

本条第(二)款对举证责任的分配原则进行了规定。举证责任分配的基本原则是"当事人对自己的主张承担举证责任",即通常所称的"谁主张、谁举证"。举证责任,是指当事人对自己主张的事实及仲裁请求必须提供证据予以证明的义务,不履行此义务就要承担对其不利的法律后果。

需要注意的是,本款明确"仲裁庭有权决定当事人的举证责任"。此规定的原因在于,在仲裁实践中,仲裁庭对于现有证据能否支持当事人的主张,可以以"盖然性"为原则进行判断,哪一方的证据占据优势,哪一方的主张就更可能被仲裁庭采纳。在这种情况下,随着当事人不断举出新的证据或提出新的主张,"盖然性"的天平也在不断变化,这时就有可能需要仲裁庭对举证责任的分配不断作出调整。尽管仲裁庭有权确定和调整举证责任的分配,但应当秉持审慎的态度,遵循"谁主张、谁举证"的大原则不变,不宜随意分配或者调整当事人的举证责任,除非有特殊情况发生。

需要说明的是,在仲裁活动中,证据主要由当事人收集和提供。虽然仲裁庭在法律和仲裁规则规定的特殊情况下也可依职权调查收集证据,但是,如果仲裁庭未收集到相关证据,则根据举证责任分配原则,承担举证责任的一方当事人仍要承担对其不利的后果。

本条第(三)款规定了未尽举证责任的后果,即当事人有责任就自己的主张或者按照仲裁庭决定的举证责任提交证据,如果未能在规定的期限内提交相应证据,或者所提交的证据不足以证明自己的主张的,该当事人应承担举证不能的后果。最严重的举证不能的后果是仲裁庭驳回未尽举证责任的当事人的主张和仲裁请求或反请求。

本条第(四)款是申请证人出庭的程序性规定。证人证言是证据的一种,对该种证据的质证方式为直接对证人在庭上进行询问或者盘问。故根据《民事诉讼法》的规定,在民事诉讼中,证人以出庭为原则,以不出庭为例外。在商事仲裁中对该种证据亦贯彻了这一原则。申请证人出庭的,在程序上需要向仲裁庭提交书面申请。该书面申请中应列明拟出庭的证人的身份信息,包括姓名、职业、与案涉当事人的关系、与案件本身的关系等,还应列明其拟出庭出具的证词及所用的语言。在国际仲裁中,仲裁庭可以决定,当事人在庭审中得以盘问证人的范围受限于其在庭前出具的证词,没有特殊情况的,不可以在证词之外引入新的事实。证人出庭的书面申请应在开庭前合理的时间内提出,以便给仲裁庭和对方当事人以合理的时间和机会审阅并研究当事人提交的证人证言。

本条第(五)款规定了当事人针对法律或其他专业问题可以聘请专家证人。本规则第四十五条"专家报告"的规定主要是对仲裁庭聘任专家出具报告的规定。与此不同,本款侧重于当事人为了完成对自己一方的举证责任,针对自己主张的法律及其他专业问题,自行聘请专家证人以专家意见的方式证明自己的主张。专家证人提供书面意见和出庭作证在仲裁院并不鲜见,尤其是在国际、涉外和涉港澳台案件中。

本条第(六)款明确规定了当事人对证据规则可以另有特别约定。仲裁程序的灵活性同时体现在,当事人可以在不违反强制性法律规定且具有可操作性的情况下,自由约定仲裁程序中所适用的证据规则。在国际仲裁实践中,被当事人广为采纳的仲裁证据规则为国际律师协会于2010年5月29日通过的《国际律师协会国际仲裁证据规则》。此外,由来自30多个国家(主要是大陆法系国家)的代表组成的工作组起草并于2018年12月14日在捷克共和国首都布拉格通过的《国际仲裁程序有效行为规则》(又称《布拉格规则》),也可以供国际仲裁案件的当事人和仲裁庭选择适用。

第四十三条　质证

(一)除非当事人另有约定,证据应当在开庭审理时出示,当事人可以质证。

(二)对于书面审理的案件中的证明材料,或者须在开庭后补交的证明材料,当事人同意书面质证的,应在仲裁庭决定的期限内提交书面质证意见。

(三)当事人共同确认或没有异议的证据,视为已经质证。

(四)当事人提供伪造的证据的,应承担相应的后果,仲裁庭有权据此驳回该方当事人提出的请求或反请求。

【条文主旨】

质证是当事人的一项重要权利。当事人发表的质证意见有可能直接影响到仲裁庭对于该项证据的采信。质证可以采取多种形式进行,口头质证或书面质证均可。质证程序的存在,一方面保护了质证方质疑对方证据和主张的权利;另一方面也敦促证据的提交方审慎地举证,督促其依法提交证据,严禁伪造。

本条是对于质证程序的规定,包含质证的形式、禁止伪证等内容。

【理解与适用】

本条第(一)款明确了质证的基本形式,即原则上所有证据均应当当庭出示,由当事人发表质证意见。当庭质证时,当事人通常需要核对证据原件的真实性,并围绕证据的合法性、关联性及证明目的等发表质证意见。仲裁庭也可以就证据的相关问题询问当事人。

如果当事人之间达成约定,证据可以不经当庭出示而直接由各方发表质证意见。但仲裁庭要求当事人出示的情况除外。

如果案件中各方提交的证据材料较多,仲裁庭也可以亲自或委托案件经办秘书组织各方在庭审前对各自的证据进行出示及核对,以提高庭审效率。

本条第(二)款对书面质证作出了规定。虽然《仲裁法》第四十五条规定"证据应当在开庭时出示",但如果经过各方当事人同意,也可以由当事人采取书面质证的形式发表质证意见。实践中经常会遇到需要当事人庭后补充提交证据的情况,仲裁庭在庭审结束前会询问各方当事人对于书面质证的意见。如果各方同意书面质证,则仲裁庭会进一步决定书面质证的期限。当事人应当在该期限内提交书面质证意见,否则将被视为放弃了质证的权利。

需要注意的是,当事人在收到对方提交的补充证据后,如果认为确实有必要出示及核对证据原件的,可以向仲裁庭提出。仲裁庭可以安排开庭审理补充的证据,或安排特定时间进行补充证据的出示与核对,之后再由当事人发表书面质证意见。

本条第(三)款规定了对于证据的共同确认。如果当事人各方对于某项证据不存在异议,则视为该项证据已经经过质证,不再需要实际出示和核对,可以由仲裁庭直接作为裁决的依据。

本条第(四)款规定了当事人伪造证据的后果。在仲裁程序中提交伪造的证据,是非常严重的违反仲裁规则的行为,也是极端不诚信的行为。如果仲裁庭发现当事人在争议的核心问题上伪造证据,无论其仲裁请求或反请求客观上是否能够成立,仲裁庭均有权力直接裁决其败诉,而不必考虑其他因素。

在仲裁程序之外,基于《仲裁法》和《民事诉讼法》的规定,伪造证据将有可能导致仲裁裁决被不予执行甚至被撤销。

因此,当事人在仲裁程序中应当严格恪守诚信原则,尤其在举证、质证环节,严禁提交伪造的证据欺骗其他仲裁参与人及仲裁庭。

第四十四条 仲裁庭调查

(一)仲裁庭认为有必要,或者当事人申请且仲裁庭同意的,仲裁庭可以调查事实、收集证据。

(二)仲裁庭现场调查事实、收集证据时,认为有必要通知当事人到场的,应及时通知。当事人经通知不到场的,不影响仲裁庭调查事实和收集证据。

(三)仲裁庭调查的有关情况及收集的证据,应告知或转交当事人,并给予当事人提出意见的机会。

【条文主旨】

虽然当事人在仲裁程序中承担着对其主张提供证据的义务,但如果当事人取证确有困难,经其申请且仲裁庭同意,仲裁庭可调查事实、收集证据;或者在仲裁庭认为有必要的情况下,仲裁庭也可以自行调查事实、收集证据。

本条是关于仲裁庭调查取证的规定,包括调查取证的程序以及对所获得证据的处理方式。

【理解与适用】

本条第(一)款规定了仲裁庭调查事实、收集证据的适用情形。根据本款规定,在两种情况下,仲裁庭可以调查事实、收集证据:(1)当事人申请且仲裁庭同意的;(2)仲裁庭认为有必要时。无论哪一种情形,最终的决定权都在仲裁庭。至于哪些证据属于仲裁庭可以收集的证据,《仲裁法》与本规则均未作规定。一般来说,仲裁庭可以收集的证据可以分为实体证据与程序证据两类。实体方面的证据主要是围绕案件争议焦点的事实与证据;程序方面的证据主要涉及中止程序、终结程序等与实体争议无关的事项。

但在仲裁实践中,仲裁庭行使该项权力时是非常慎重的,通常不会仅仅因为一方当事人的申请而直接进行调查取证,而必须在全面考虑案件的具体情况后认为确有"必要"时,才决定进行调查取证。

本条第(二)款规定了仲裁庭现场调查事实、收集证据的程序事项。仲裁庭对于调查取证时是否通知当事人到场的问题,具有裁量权与决定权。只有在其"认为有必要通知当事人到场的",才应及时通知。这一方面保证了仲裁庭调查取证的公正性。仲裁庭在进行现场调查取证时,一方或双方当事人的缺席并不影响仲裁庭的调查取证;另一方面也更加契合仲裁程序的效率性。在仲裁庭认为没有必要通知当事人到场的情况下,其可以行使裁量权,径行事实调查与证据收集。

本条第(三)款规定了仲裁庭对于调查所得信息及所收集证据的使用方式。仲裁庭收集所得的证据并不必然会被采信。按照正当程序原则的要求,该证据必须转递当事人,给予当事人提出评论意见的机会。当事人有权对仲裁庭调查获取的证据的真实性、合法性、关联性等问题发表意见。仲裁庭调查收集的证据如果不发送当事人并给予当事人发表意见的机会,则裁决的效力和执行力均存在被挑战的风险。

第四十五条 专家报告

(一)仲裁庭认为有必要,或者当事人提出请求且经仲裁庭同意的,仲裁庭可以决定聘请专家进行鉴定、审计、评估、检测或咨询,并提供专家报告。

(二)仲裁庭可以通知当事人在一定的期限内共同选定专家;当事人不能达成一致的,由仲裁庭指定。

(三)当事人应当按照约定或仲裁庭决定的比例预交专家费用。当事人不预交的,仲裁庭有权决定不进行本条第(一)款的程序。

(四)专家报告副本应转交当事人,给予当事人提出意见的机会。仲裁庭认为有必要,或者根据当事人的请求,可以通知专家参加开庭,并就专家报告进行解释。

【条文主旨】

在仲裁实践中,仲裁庭有时需要对一些技术性或专业性非常强的问题进行判断,而对于这类问题的判断,需要依赖具有相当专业素养的专家,凭借专业技术或者专业知识对该等问题进行研究和甄别。参与仲裁案件的专家要向仲裁庭出具供仲裁庭作出判断时参考的专家报告。专家报告的事项通常和当事人之间的争议焦点密切相关,而专家报告也有可能直接影响到仲裁庭最终的裁决结论,因此专家报告在仲裁中具有相当重要的地位。

本条是对于专家报告的规定,包括专家的引入和产生方式、费用的预缴、对专家报告的质证等内容。

【理解与适用】

本条第(一)款明确了在仲裁过程中引入专家的程序。在两种情况下可以在仲裁程序中引入专家。第一种情况是在仲裁庭认为有必要时,可以聘请专家;第二种情况是经当事人申请,且仲裁庭同意的,可以聘请专家。

需要注意的是,无论是仲裁庭主动决定聘请专家还是经由当事人申请仲裁庭同意聘请专家,聘请的主体都是仲裁庭,即该专家是以仲裁庭的名义聘请的。这有别于当事人为支持己方主张而自行聘请的专家证人。

专家进行的工作有很多种,包括鉴定、审计、评估、检测或咨询等。专家的工作范围由仲裁庭指定。但无论专家的具体工作内容是什么,专家的工作结果必须体现在专家报告中。专家报告本质上是一份证据,各方当事人有权审阅并发表意见,最终由仲裁庭判断其是否可以被采纳,如果采纳的话,是全部采纳还是部分采纳,以作为仲裁庭裁判案件的依据。

本条第(二)款规定了专家产生的方式。实践中,为提高仲裁效率,决定聘请专家后,仲裁庭会直接通知各方当事人在一定期限内共同选定专家。当事人需要选定的"专家"不一定是自然人,也可能是专业机构。为方便当事人选择,仲裁庭也可能根据涉及的专业情况,为当事人提供备选名单,以帮助当事人尽可能地通过合意的方式选定专家。在当事人确实无法共同选定的情况下,仲裁庭会直接指定。

本条第(三)款规定了专家费用的预交办法。当事人可以约定预交专家费用的比例,没有约定的,仲裁庭可以决定预交比例。原则上申请引入专家的一方当事人应当预交全部的专家费用;如果是仲裁庭主动决定引入的,则双方各半预交。

本条第(四)款规定了对于专家报告的质证程序。由于专家报告本质上属于证据,因此其副本应当转交各方当事人,并给予各方当事人发表意见的机会。如果仲裁庭认为有必要,或者根据当事人的请求,可以通知专家参加开庭,并就专家报告进行解释。实践中,双方当事人除可以针对专家报告提出系统的书面意见之外,还可以在庭审中向专家提问,而专家可以在庭后针对当事人的异议或根据仲裁庭的具体要求,提交补充专家报告。补充专家报告同样应当发送各方当事人并给予各方当事人发表意见的机会。

仲裁庭聘请的专家应保持中立,不能与任何一方当事人有利益冲突关系。专家确定后,仲裁庭宜给予当事人在一定期限内就确定的专家申请回避的机会。申请专家回避的当事人,应参照本规则第三十三条第(二)款的规定,书面提出回避申请,并说明理由和提供相应证据。

第四十六条　程序中止

(一) 当事人请求中止仲裁程序,或者出现法律或本规则规定的其他需要中止仲裁程序的情形的,由仲裁庭决定仲裁程序是否中止。仲裁庭尚未组成的,由仲裁院决定。

(二) 中止仲裁程序的原因消失后,仲裁程序恢复进行。

【条文主旨】

如果仲裁程序进行过程中出现法定情况或其他特殊情况使得仲裁程序不宜继续进行的,有可能导致仲裁程序的中止。仲裁程序的中止意味着仲裁程序在某一段时间内处于暂停状态。仲裁庭或仲裁院在决定仲裁程序中止的时候,应当秉持公平、公正的原则,充分审查中止的条件是否客观成就以及中止程序是否会对当事人利益造成不必要的损害。

本条对仲裁程序中止与程序恢复作出了规定。

【理解与适用】

本条第(一)款规定,中止仲裁程序的决定,在仲裁庭组成以后由仲裁庭作出,在仲裁庭组成以前由仲裁院作出。本款规定了以下几种可以中止仲裁程序的情形:

第一,当事人请求中止仲裁程序。实践中,可能出现双方当事人同时请求中止仲裁程序,这通常是由于双方当事人均希望在案外进行和解,需要一定的时间进行磋商;或者是一方当事人经由仲裁庭向另一方当事人表达和解意愿,另一方当事人同意中止或未表示反对。这种情况下,中止程序并不违反双方当事人的意愿,仲裁庭或仲裁院可结合实际情况决定中止程序。

还有一种可能的情况,当事人因不可抗拒的事由而无法参加仲裁程序从而提出中止程序。一般来说,如当事人确有正当原因无法如期参与某一仲裁程序,其可以根据有关条款,如第十四条第(四)款、第三十七条第(一)款等,申请相应程序的延期进行;如确有正当原因,其亦可以提出中止程序的申请。在一方当事人因自身原因提出中止程序申请的情况下,为避免该方当事人滥用权利,导致仲裁程序过分延迟,仲裁庭或仲裁院需要严格审查其提出的中止原因,同时征求另一方当事人的意见,经综合考量后作出是否中止程序的决定。

第二,出现法律规定的需要中止仲裁程序的情形。这主要是指《最高人民法院关于确认仲裁协议效力几个问题的批复》(法释〔1998〕27号)第四条第一款的规定:"一方当事人就合同纠纷或者其他财产权益纠纷申请仲裁,另一方当事人对仲裁协议的效力有异议,请求人民法院确认仲裁协议无效并就合同纠纷或者其他财产权益纠纷起诉的,人民法院受理后应当通知仲裁机构中止仲裁。人民法院依法作出仲裁协议有效或者无效的裁定后,应当将裁定书副本送达仲裁机构,由仲裁机构根据人民法院的裁定恢复仲裁或者撤销仲裁案件。"出现该条规定的情形时,仲裁庭或仲裁院亦应作出中止程序的决定。

此外,对于实践中可能出现的如下特殊情况,仲裁程序也有可能中止:(1)一方当事人死亡,需要等待继承人表明是否参加仲裁的;(2)一方当事人丧失行为能力,尚未确定法定代理人的;(3)作为一方当事人的法人或者其他组织终止,尚未确定权利义务承受人的;(4)一方当事人因不可抗拒的事由,不能参加仲裁的;(5)本案必须以另一案的审理结果为依据,而另一案尚未审结的;(6)其他应当中止仲裁程序的情形。一般来说,出现上述情形时,需要经一方当事人提出申请,仲裁庭或仲裁院在审查案件具体情况之后作出决定。但如果出现疫情等严重影响仲裁程序进行的情形,仲裁庭或仲裁院也可能自行决定中止仲裁程序。

第三,出现本规则规定的需要中止仲裁程序的情形。这主要是指本规则第六十三条第(三)款的规定:"在仲裁过程中,若当事人未按规定缴付相关费用,仲裁院应通知当事人,以便由任何一方缴付。若仍未缴付,仲裁院可决定中止仲裁程序,或视为当事人撤回全部仲裁请求或反请求。"

本条第(二)款规定了仲裁程序的恢复。结合本条第(一)款的规定,由于仲裁程序可能因为不同的原因而中止,由此使得仲裁程序的恢复也可能基于不同的原因:

第一,在因当事人申请而中止仲裁程序的情况下,仲裁程序既可因为任何一方当事人的申请得到仲裁庭的同意而恢复,也可由于仲裁庭或仲裁院的主动决定而恢复。后一种情况主要是考虑到实践中的案件情况复杂,有必要赋予仲裁庭或仲裁院一定程度上的主动控制、推动仲裁程序的权力,以防止仲裁程序的不当拖延。

第二,由于法律规定而中止仲裁程序的,则可根据相应的法律规定,在情况消失后,由仲裁庭或仲裁院决定下一步的程序安排。

第四十七条 撤回申请和撤销案件

(一)当事人可以撤回全部仲裁请求或全部仲裁反请求。申请人撤回全部仲裁请求的,不影响仲裁庭就被申请人的仲裁反请求进行审理和裁决。被申请人撤回全部仲裁反请求的,不影响仲裁庭就申请人的仲裁请求进行审理和裁决。

(二)仲裁请求和反请求全部撤回的,仲裁庭应作出撤销案件的决定。在仲裁庭组成前撤销案件的,由仲裁院作出撤销案件的决定。仲裁院或仲裁庭有权决定提出撤回申请的当事人承担相应的仲裁费用,当事人另有约定的,从其约定。

(三)案件经开庭审理后,当事人申请撤回全部仲裁请求或全部仲裁反请求的,仲裁庭可给予对方当事人合理机会发表意见。如果对方当事人提出合理的反对意见,并且仲裁庭认为有正当理由通过裁决解决争议,仲裁庭有权继续仲裁程序。

【条文主旨】

撤回仲裁申请是当事人处分自身仲裁权利的体现。当事人撤回全部仲裁请求相当于撤回了仲裁申请,在不违反一事不再理原则的前提下,保留了另案再次提起该仲裁请求的权利。尽管撤回仲裁申请是当事人对自身权利的处分,但该权利的行使也应受到一定程度的限制,以保证其不被滥用。仲裁案件中的全部仲裁请求与反请求均被当事人撤回的,仲裁庭或仲裁院应当撤销案件。

本条是对于撤回仲裁申请与撤销仲裁案件的具体规定。

【理解与适用】

本条第(一)款明确了申请人有权撤回已经提出的全部仲裁请求,被申请人亦有权撤回其所提出的全部仲裁反请求。但对于正在进行的仲裁案件,仲裁请求的撤回不影响仲裁庭继续审理反请求并对反请求作出裁决;仲裁反请求的全部撤回也不影响仲裁庭继续审理仲裁请求并作出裁决。

本条第(二)款规定了因仲裁请求和反请求全部撤回而导致撤销案件的情况。如果案件中的全部仲裁请求与全部仲裁反请求均由当事人撤回,则仲裁庭或仲裁院应当作出撤销仲裁案件的决定。本款规定应与本条第(三)款的规定相呼应,以本款为原则,即原则上允许当事人任意撤回仲裁请求或反请求,以第(三)款为例外,即在一定情况下不允许当事人任意撤回仲裁请求或反请求。

尽管当事人撤回全部仲裁请求或反请求,但可能已经产生了仲裁费用。对于已经产生的仲裁费用,仲裁庭或仲裁院有权决定其承担主体和分担比例。原则上,由提出撤回全部请求的一方当事人承担该请求相对应的仲裁费用。在双方达成和解而撤回仲裁请求的情况下,也可以由双方当事人约定如何承担已经发生的仲裁费用。

本条第(三)款规定了对于当事人撤回请求的限制。在案件开庭审理后再申请撤回全部仲裁请求或反请求的,仲裁庭通常会征求对方当事人的意见。如果对方当事人反对撤回,而仲裁庭也认为应当通过裁决的方式处理该等拟撤回的请求,则仲裁庭有权决定不同意撤回,继续进行仲裁程序进而对该等请求作出裁决。

作出本款规定的目的在于限制当事人对撤回仲裁请求的滥用。在正常情况下,申请人申请撤回仲裁申请或被申请人申请撤回仲裁反请求,理由正当,仲裁院或仲裁庭都会准许。但是在特定情况下,准许当事人撤回全部仲裁请求或全部仲裁反请求,可能会造成当事人利益的重大失衡。例如,当事人在仲裁庭开庭审理之后,发现案情对己方不利,撤回仲裁申请或仲裁反请求而准备重新立案由另一个仲裁庭进行审理;案情复杂,耗时日久,将会严重浪费仲裁资源和仲裁费用,对另一方当事人也会造成超乎寻常的损害。这些情况的发生,会给有正当利益的当事人带来非常负面的仲裁体验。

关于仲裁庭是否有权拒绝申请人要求撤回仲裁请求的申请,《联合国国际贸易法委员会国际商事仲裁示范法》第32条第(2)款赋予仲裁庭一定的自由裁量权,即在申请人要求撤回仲裁请求时,如被申请人表示反对,并且仲裁庭认为彻底解决争议对于当事人是有益的,其有权拒绝该等请求。该款被认为赋予仲裁庭权力以适当平衡申请人和被申请人的权利,有助于防止申请人在最后阶段撤回仲裁请求并迫使被申请人付出高昂代价参加另一仲裁程序。

为平衡申请人和被申请人的权益,本款参照《联合国国际贸易法委员会国际商事仲裁示范法》第32条的规定,尽可能最大限度地防止申请人滥用其撤回仲裁请求的权利。特别是在开庭后即将裁决阶段,仲裁庭对于撤回仲裁请求或仲裁反请求的行为更需予以关注。仲裁庭在作出撤案决定之前,可以听取被申请人的意见,并且在被申请人提出由申请人补偿其仲裁费用损失的情况下,仲裁庭可以考虑适当支持申请人赔偿被申请人相应的仲裁费用的请求。

第七章 调解与和解

调解与和解是指与仲裁程序平行进行的或夹杂在仲裁程序中的由中立第三方促成双方之间达成和解或者当事人自行和解的多元化争议解决方式。与仲裁程序平行进行的调解程序是独立调解程序,而在仲裁过程中由仲裁员担任调解员进行的调解程序则是仲裁庭主持的调解。本章分别规定了仲裁庭主持的调解、其他第三方独立调解、和解及谈判促进等相关问题。

第四十八条 仲裁庭主持的调解

(一)如果各方当事人有调解意愿,仲裁庭可以在仲裁程序中主持调解。当事人同意由仲裁庭调解的,主持调解的仲裁员在其后的仲裁程序中可以继续履行仲裁员职责,除非当事人另有约定或者适用法律另有规定。

(二)仲裁庭可以按照其认为适当的方式进行调解。经征得当事人同意,调解可以由仲裁庭全部或部分成员主持。

(三)一方当事人申请案外人参加调解,所有当事人以及该案外人书面同意的,仲裁庭可以通知案外人参加调解。

(四)在调解过程中,任何一方当事人提出终止调解或仲裁庭认为已无调解成功的可能时,应停止调解。

(五)当事人经调解达成和解的,可以撤回仲裁请求或反请求,也可以请求仲裁庭依照和解协议的内容作出裁决书或调解书。

(六)如果调解不成功,任何一方当事人均不得在其后的仲裁程序、司法程序或其他任何程序中援引当事人、仲裁员在调解过程中的任何陈述、意见、观点、建议或主张作为支持其请求、答辩或反请求的依据。

【条文主旨】

仲裁与调解相结合是仲裁院的传统做法和有益经验。该做法的核心是仲裁员在当事人的同意之下在调解程序中充任同案调解员，调解不成则恢复仲裁员身份继续仲裁。仲裁与调解相结合有节省费用、简化程序、成功率较高等优点。在中国法下，如果当事人一致同意，仲裁庭完全有权力甚至有义务在审理过程中或审理结束之后组织各方进行调解。《仲裁法》第五十一条第一款规定："仲裁庭在作出裁决前，可以先行调解。当事人自愿调解的，仲裁庭应当调解。调解不成的，应当及时作出裁决。"

本条是关于仲裁庭主持调解的规定，明确了调解过程中仲裁庭及各方当事人应当遵循的原则和程序。

【理解与适用】

本条第（一）款规定了仲裁庭主持调解的条件和调解人员的安排。只有各方当事人一致同意的情况下，仲裁庭才可以在审理过程中组织双方进行调解。因此，在进入调解之前，仲裁庭通常会正式询问各方当事人对于仲裁庭主持调解的意愿并将各方当事人的答复记录在案。

关于主持调解的人员，本款规定除非当事人另有约定或适用的法律存在特别规定，主持调解的仲裁员可以在后续的仲裁程序中继续履行仲裁员的职责，也就是说，仲裁员与调解员身份的转换，在仲裁程序中是允许的。当然，身份转换的前提是当事人同意。本款强调的是，在当事人同意由仲裁庭在审理过程中主持调解时，即视为其已经同意仲裁员在调解过程中以及此后的仲裁程序中身份的转换，不得反言。如果有任何一方当事人不同意这种身份的转换，则不会进入仲裁庭主持的调解程序。

本条第（二）款规定了仲裁庭调解的人员组成。经当事人同意，调解可以由仲裁庭全部或部分成员主持。本款说明了调解过程的非正式性和灵活性。正式的仲裁开庭,仲裁庭的全体组成人员均应当出席。调解程序相对灵活,在当事人各方同意的情况下,部分仲裁庭成员也可以主持调解,并不会形成仲裁程序的瑕疵。如果当事人希望安排多次会面进行调解,由部分仲裁员主持调解,在时间方面也更易于安排。

本条第(三)款规定了当事人申请案外人加入调解的规定。案外人的加入需要取得各方当事人和案外人的书面同意,并且最终由仲裁庭决定是否通知案外人参加调解。各方当事人和案外人的书面同意相当于在各方当事人包括案外人之间达成同意调解的合意,也意味着当事人同意提交仲裁的争议可以为案外人知晓。本款对于一揽子解决争议及减少当事人讼累具有实际意义。即便各方当事人无法就争议的实质解决达成调解协议,也可能就各方当事人包括案外人之间的争议达成新的仲裁协议。

本条第(四)款规定了调解可以随时停止的特性。在调解过程中,任何一方当事人提出终止调解或仲裁庭认为已无调解成功的可能时,应停止调解。调解始终建立在当事人合意的基础上,任何一方当事人表达不愿意继续调解的意愿,都会使得调解工作丧失基础。此外由于调解过程有可能"背对背"地进行,当事人并不一定知晓调解工作所处的状态,因此为保证争议解决的效率,当仲裁庭发现无调解成功的可能时,应当通知各方当事人停止调解。

本条第(五)款规定了调解成功后的结案方式。当事人经调解达成和解的,可以撤回仲裁请求或反请求,也可以请求仲裁庭依照和解协议书的内容作出裁决书或调解书。

如果当事人就争议的解决方式达成合意后能够当即履行,或者当事人之间充分信任,相信对方当事人能够按照和解协议履行,则各方当事人可以撤回各自的仲裁请求与反请求,仲裁案件得以撤销。以撤回的方式结案,可以为当事人节约一定的仲裁成本。

如果当事人希望就和解协议形成具有强制执行力的法律文书,则可以请求仲裁庭制作调解书或和解裁决书。如果当事人不履行该调解书或裁决书确认的义务,则对方当事人可以向有管辖权的法院申请强制执行。当事人也可以请求在和解裁决书中不写明案件的争议事实和裁决的理由。

在中国法下,调解书与和解裁决书都是可以强制执行的法律文书。但在其他法域,调解书是否具有强制执行力则不能一概而论。因此,如果当事人希望和解结果能够在不同的法域均得到执行,最适宜的做法是请求仲裁庭按照和解协议的内容作出仲裁裁决书,从而可以根据1958年《纽约公约》的规定得到承认和执行。

本条第(六)款规定了调解程序应当遵循的另一项重要原则,即如果调解不成功,任何一方当事人均不得在其后的仲裁程序、司法程序和其他任何程序中援引当事人、仲裁员在调解过程中的任何陈述、意见、观点、建议或主张作为支持其请求、答辩或反请求的依据。各方当事人对于这一原则的遵守,有利于帮助当事人消除顾虑,在调解过程中充分交流意见,进而有利于和解协议的达成。仲裁庭在主持调解时,通常会向各方当事人强调这一原则。这一原则也意味着,如果调解不成功,任何一方当事人均不得在其后的仲裁程序、司法程序和其他任何程序中要求当事人、仲裁员作为证人证明他们在调解过程中提出过任何陈述、意见、观点、建议或主张。

第四十九条 和解、调解及谈判促进

(一)当事人可以对其争议自行达成和解,可以向仲裁院调解中心或仲裁院认可的其他调解机构申请调解,也可以向仲裁院谈判促进中心申请谈判促进。

(二)在仲裁案件审理过程中,当事人根据本条第(一)款规定的方式达成和解协议的,当事人可以请求仲裁庭依照和解协议的内容作出裁决书、调解书或申请撤销仲裁案件。当事人尚未申请仲裁或仲裁庭尚未组成的,如当事人请求依照和解协议作出裁决书或调解书,除非当事人另有约定,仲裁院院长应指定一名独任仲裁员组成仲裁庭,由仲裁庭按照其认为适当的程序进行审理并作出裁决书或调解书,具体程序和期限不受本规则其他条款限制。

(三)仲裁院或仲裁庭有权要求当事人作出声明,保证和解协议及相关交易的合法性和真实性,承诺不损害案外人利益或公共利益。仲裁庭对和解协议的合法性、真实性有合理怀疑,或者认为依据和解协议的内容作出裁决书或调解书有可能损害案外人利益或公共利益的,应当驳回当事人关于按照和解协议内容作出裁决书或调解书的请求。

【条文主旨】

随着多元化争议解决方式的发展,独立调解以其灵活性和其与仲裁程序的有机衔接,逐渐受到商事主体的欢迎。

近年来,未经仲裁庭审理或主持调解,各方当事人自行达成和解协议而请求仲裁院安排组成仲裁庭并由仲裁庭依据和解协议的内容作出生效法律文书的情况时有发生。当事人之间希望以仲裁裁决书、调解书的形式赋予已经自行达成的和解协议以强制执行力的意愿应予尊重,但对于此类仲裁申请也应当予以审慎的核查。

【理解与适用】

本条第(一)款重点明确了当事人可以向仲裁院设立的或认可的专门机构申请独立调解或谈判促进。除非当事人有特别约定,向调解中心申请调解或向谈判促进中心申请谈判促进都不是申请仲裁的前置程序。如果调解或谈判达成一致,当事人可以约定在仲裁院仲裁,通过本条第(二)款的规定申请转入快捷的和裁程序,进而得到内容一致且具有强制执行力的法律文书(参见附录三文书样式4.1、4.2)。

本条第(二)款明确了独立调解程序与仲裁程序之间的有机联系。一方面,在仲裁案件审理过程中,各方当事人均同意的情况下,可以随时申请进入本条第(一)款规定的独立调解程序或谈判促进程序,达成一致后,可以再回到仲裁程序中,以申请撤销案件、出具调解书或和解裁决书等方式结案。另一方面,达成和解时,即使当事人没有启动仲裁或者已经申请仲裁但尚未组成仲裁庭,也可以请求依照和解协议(参见附录三文书样式4.3)作出裁决书或调解书。此时除非当事人另有约定,仲裁院院长应指定一名独任仲裁员组成仲裁庭,由仲裁庭按照其认为适当的程序进行审理并作出裁决书或调解书,具体程序和期限不受本规则其他条款的限制。虽然和裁程序灵活,但依据本款的规定,不应省略独任仲裁员对争议本身的审理过程和对于和解协议的核查过程,以避免出现双方恶意串通并通过和解协议损害第三人利益或公共利益的情况发生。

本条第(三)款的规定体现了仲裁院对于虚假仲裁的警惕,并因此制定了相应的防范措施。由于仲裁协议的存在,使得仲裁院或仲裁庭只能审理仲裁协议项下当事人之间的争议,客观上无法强制要求第三人进入仲裁程序以查明事实。因此仲裁院或仲裁庭会要求当事人作出不损害案外人利益或公共利益的声明和保证。

仲裁庭对和解协议的合法性、真实性有合理怀疑,或者认为依据和解协议的内容作出裁决书或调解书有可能损害案外人利益或公共利益的,应当驳回当事人关于按照和解协议内容作出裁决书或调解书的请求。这意味着仲裁庭有权对于案件涉及的事实以及和解协议的内容进行实质审查,仲裁庭可以要求当事人提供相应的证据证明基础法律关系和法律事实的存在。

【要点提示】

一、关于在调解过程中诚信仲裁原则的适用

当事人在调解过程中亦应当遵循诚实信用原则,应绝对避免恶意磋商、恶意拖延的情况发生。尽管当事人在调解中的言行不会在此后的仲裁程序中被引用,但如果确实由于某一方当事人的恶意行为使得仲裁程序出现拖延,则仲裁庭有权在决定仲裁费用的分担比例时,对存在不当行为的当事人予以惩戒。

二、关于在调解程序中限制"牵手仲裁"的问题

如同诉讼中有可能存在虚假诉讼一样,和解仲裁中也有可能存在损害第三方利益或社会公共利益的"牵手仲裁",或称"虚假仲裁"。当事人在案外自行达成和解协议,其和解协议的合法性和真实性有待甄别。如果和解协议的内容有可能损害案外人利益或公共利益的,则仲裁庭据此制作仲裁裁决书或调解书是不妥当的。在规则上赋予仲裁庭在特定情况下可以驳回和裁请求的权力,有助于进一步完善调解与仲裁相衔接制度。仲裁院在多年的实践中不断总结防止"牵手仲裁"的经验,并为仲裁员和调解员提供专门的培训课程。

三、关于仲裁院认可的其他调解机构的问题

多年来,仲裁院致力于推动中国调解与仲裁相结合的多元化纠纷解决机制的发展与创新,除了设立华南国际经济贸易仲裁委员会调解中心(2008年),还与相关机构合作创建了若干专业调解平台,如深圳外商投资企业协会商事调解委员会(2007年)、高交会权益保障中心(2007年)、广交会知识产权与贸易纠纷投诉接待站(2007年)、香港中国企业协会商事调解委员会(2009年)、广东省工商联调解仲裁中心暨广东省民营企业投诉中心(2011年)、深圳市总商会调解仲裁中心(2012年)、深圳证券期货业纠纷调解中心(2013年)等,并在2013年牵头建立了粤港澳仲裁调解联盟(原称粤港澳商事调解联盟),在粤港澳大湾区开展商事调解的专业培训与合作。

以上调解机构和粤港澳仲裁调解联盟的其他成员机构(如广东省民营企业投诉中心、香港和解中心、香港测量师学会、香港联合调解专线办事处、香港调解会、香港仲裁司学会、澳门世界贸易中心仲裁中心、英国特许仲裁员学会东亚分会、前海"一带一路"国际商事诉调对接中心、深圳市蓝海法律查明和商事调解中心)以及与仲裁院签订合作协议的新加坡国际调解中心等都是仲裁院认可的调解机构,当事人可结合实际情况选择不同的调解机构进行调解,调解结果可以按照本规则第四十九条的规定与仲裁裁决进行衔接。

至于谈判促进,深圳国际仲裁院谈判促进中心于2016年成立,同年仲裁院推出中国第一个谈判促进规则——《深圳国际仲裁院谈判促进规则》。根据2012年11月24日深圳市人民政府颁布的《深圳国际仲裁院管理规定(试行)》和2020年8月26日深圳市人民代表大会常务委员会通过的《深圳国际仲裁院条例》的规定,谈判促进与仲裁、调解和专家评审一起构成仲裁院的四大法定职能。谈判促进为解决多方当事人的商事纠纷发挥了重要作用。

第八章 裁　　决

裁决是仲裁程序终结的重要形式。作出仲裁裁决既是仲裁庭的最重要职责，也是当事人启动并参加仲裁程序的最重要目的。本章对裁决的作出期限、方式以及裁决书的补正等内容作出了相应规定。

第五十条　作出裁决的期限

（一）本规则第二条第（一）款第1项、第2项所涉争议案件，仲裁庭应当在组庭之日起6个月内作出裁决。

（二）本规则第二条第（一）款第3项所涉争议案件，仲裁庭应当在组庭之日起4个月内作出裁决。

（三）本规则第二条第（一）款所涉争议案件适用第九章快速程序的，仲裁庭应当在组庭之日起2个月内作出裁决。

（四）确有特殊情况和正当理由需要延长裁决期限的，由仲裁庭提请仲裁院批准，可以适当延长。

（五）下列期间不计入上述期限：

1. 根据本规则第四十五条进行鉴定、审计、评估、检测、专家咨询等的期间；

2. 根据本规则第四十八条、第四十九条进行和解、调解和谈判促进的期间；

3. 依照法律和本规则规定中止仲裁程序的期间。

【条文主旨】

仲裁裁决的作出期限，俗称"审限"，是对于仲裁庭审理完结一个仲裁案件所用时间的要求。仲裁规则对审限作出明确规定,一方面督促仲裁庭秉持效率原则,尽快完成案件的审理和裁判;另一方面也让当事人了解和预知仲裁案件的审理周期,提升仲裁程序的透明度。

本条是关于作出裁决期限的规定,对于不同程序仲裁案件审限的长度、延长的条件和程序、不计入审限的事项等进行了明确。

【理解与适用】

本条第(一)款、第(二)款和第(三)款规定了适用不同程序仲裁案件的审限。自仲裁庭组成之日起,国际或涉外、涉港澳台仲裁案件,仲裁庭作出最终裁决的期限为6个月;中国内地仲裁案件,作出裁决的期限为4个月;无论国际或涉外案件还是中国内地的仲裁案件,凡适用快速程序的,作出最终裁决的期限均为2个月。

国际或涉外仲裁案件以及涉港澳台仲裁案件由于送达时间可能较长,文件往来的时间也可能比较长,因此规定了较长的审限;而适用快速程序的案件,仲裁庭通常仅由一位独任仲裁员组成,案件争议金额较小,因此规定较短的审限,符合快速程序的特点。

审理期限的起算时点为仲裁庭组成之日,该时间以仲裁庭组成通知中列明的组庭日期为准。

本条第(四)款明确了延长审限的条件和程序。实践中,由于案件本身或仲裁员、当事人的原因,使得仲裁庭无法在审限之内作出最终裁决,在这种情况下,仲裁庭可以提请仲裁院批准,适当延长审限。尽管审限的延长是在仲裁庭与仲裁院之间进行的内部程序,但对于审限延长的结果和延长后的具体期限,仲裁院应当让各方当事人知晓。

同时需要注意的是,审限的延长虽然没有次数限制,但是审限的延长应当是适当的,不宜超出合理范畴或由于不正当的理由而延长。仲裁庭提请延长审限,仲裁院的审批十分严格。各方当事人也应当秉持诚实信用原则,配合仲裁庭的审理工作,尽量避免审限被迫延长的情况出现。

本条第(五)款对于不计入审限的程序事项进行了列举式规定。

第一,依据本规则第四十五条的规定进行鉴定、审计、评估、检测、咨询等的期间不计入审限。因为这些事项并非仲裁庭审理案件的时间,而且这些时间通常也不是仲裁庭能够完全把控的,更多地取决于仲裁参与人和各方当事人的配合。

第二,根据本规则第四十八条、第四十九条的规定进行和解、调解和谈判促进的期间不计入审限。调解和谈判促进程序都是基于各方当事人的合意而启动的,仲裁庭并不参与这些程序或不以审理者、裁判者的身份参与这些程序,因此这些程序所占用的时间也不计入审限。

第三,依照法律和本规则的规定中止仲裁程序的期间不计入审限。一旦仲裁院或仲裁庭依据法律或本规则的规定作出中止仲裁程序的决定,则正在进行的仲裁程序暂停进行,直至仲裁庭决定恢复仲裁程序。暂停仲裁程序的期间仲裁庭不必投入时间和精力进行案件的审理工作,因此不计入审限。

第五十一条 裁决的作出

(一)仲裁庭应当基于事实,依据可适用的法律及公认的法律原则,参考商业惯例,公平合理、独立公正地作出裁决。

(二)当事人对于实体适用法律有约定的,从其约定;当事人没有约定或其约定与仲裁地法律强制性规定相抵触的,由仲裁庭决定。

(三)仲裁庭在其作出的裁决中,应当写明仲裁请求、争议事实、裁决理由、裁决结果、仲裁费用的承担、裁决日期和仲裁地。当事人另有约定的,以及按照当事人和解协议的内容作出裁决的,可以不写明争议事实和裁决理由。仲裁庭有权确定当事人履行裁决的具体期限及逾期履行所应承担的责任。

(四)由三名仲裁员组成仲裁庭审理的案件,裁决依全体仲裁员或多数仲裁员的意见作出;少数仲裁员的书面意见应当附卷,并可以和裁决书一同发送当事人,但该书面意见不构成裁决书的组成部分。仲裁庭不能形成多数意见时,裁决依首席仲裁员的意见作出;其他仲裁员的书面意见应当附卷,并可以和裁决书一同发送当事人,但该书面意见不构成裁决书的组成部分。

(五)裁决书应由仲裁员签署。持有不同意见的仲裁员可以在裁决书上署名,也可以不署名。

(六)作出裁决的日期,即为裁决发生法律效力的日期。

(七)裁决书应加盖仲裁院印章。

(八)裁决是终局的,对各方当事人均有约束力。但当事人约定适用选择性复裁程序的,裁决效力依本规则第六十八条及《深圳国际仲裁院选择性复裁程序指引》确定。

【条文主旨】

仲裁裁决书是仲裁庭最终认定当事人权利义务归属的书面载体。对于作出裁决的程序和所应遵循的原则,以及裁决书中应当包含的基本内容和形式要件,有必要在仲裁规则中予以规范。这一方面可以约束仲裁机构和仲裁庭依法依规行使职权;另一方面也可以提高仲裁程序的透明度,促进当事人信赖和自觉履行仲裁裁决。

本条是关于仲裁裁决作出的有关规定,从作出裁决的依据、裁决书的基本内容和形式要件、裁决意见的决策机制等多个方面进行了规范。

【理解与适用】

本条第(一)款规定了仲裁庭作出仲裁裁决的基本原则,即应当基于事实,依据可适用的法律及公认的法律原则,参考商业惯例,公平合理、独立公正地作出裁决。

仲裁庭作出仲裁裁决应当依据可适用的法律及公认的法律原则。需要注意的是,涉外案件中仲裁庭作出裁决依据的法律并不一定是中华人民共和国法律,而是当事人约定或仲裁庭决定适用于仲裁案件的法律。此外,在中国内地,法官在诉讼程序中可以直接适用司法解释;但在仲裁程序中,如果适用的实体法律为中华人民共和国法律,仲裁庭对司法解释只是参照适用。司法解释的内容有可能对仲裁庭在个案中解释和适用具体法律条文产生重要影响,但司法解释并非仲裁庭作出裁决的必要依据。

商业惯例可以成为仲裁庭作出仲裁裁决的参考依据。国际商事仲裁的特点之一是专业性,即仲裁庭组成人员对于争议领域的相关情况非常了解和熟悉。因此,仲裁庭成员应有能力在事实和法律的基础上,参考争议相关领域的商业惯例,考虑交易习惯和惯常做法,作出公平合理的判断。

公平合理、独立公正地作出裁决,是对于仲裁庭成员自身专业素养和职业操守的基本要求。当事人期望通过仲裁公平公正地解决争议,仲裁庭的裁决应当满足当事人的这一合理期望。

本条第(二)款明确了有关仲裁庭适用实体法律的原则,即当事人有约定的,从其约定;没有约定或其约定与仲裁地法律强制性规定相抵触的,由仲裁庭决定实体法律的适用。

实体法律的适用,是关系到实体裁判结果的重要问题。因此,当事人在协议中应当尽量约定清楚有关实体法律适用的问题,并充分考虑仲裁地法律强制性规定的内容,避免约定的实体法律与仲裁地法律的强制性规定产生冲突。

在需要仲裁庭决定所适用实体法律的情况下,仲裁庭通常会结合最密切联系原则,决定实体法律的适用问题。

本条第(三)款规定了仲裁裁决书中所应包含的基本内容和例外情况。无论裁决书采取什么样的格式,一般都包含仲裁请求、争议事实、裁决理由、裁决结果、仲裁费用的承担、裁决日期和仲裁地等必要信息。在这些基本内容中,除争议事实和裁决理由之外,其他内容都是使得该份裁决能够得以强制执行的必不可少的元素,因此是不可省略的内容。而对于争议事实和裁决理由,如果各方当事人有约定,通常是在各方同意作出和解裁决的情况下,仲裁庭可以根据各方当事人的意愿,在裁决书中予以省略。

仲裁庭有权确定当事人履行裁决的具体期限及逾期履行所应承

担的责任。关于当事人逾期履行所应承担的责任,仲裁庭可以作为实体问题在裁决书中直接决定。如果案件的适用法律是中国法,仲裁庭可以按照《民事诉讼法》第二百五十三条并参照《最高人民法院关于执行程序中计算迟延履行期间的债务利息适用法律若干问题的解释》的相关规定,决定当事人的逾期履行责任。

本条第(四)款明确了裁决意见的决策机制。独任仲裁庭由于只有一名仲裁员,因此裁决意见即由独任仲裁员作出。三人组成的仲裁庭,原则上裁决依多数仲裁员的意见作出。多数意见的形成可能有两种形式:一种是首席仲裁员与一位边裁的意见一致,另一位边裁持少数意见;另一种是两位边裁的意见一致,首席仲裁员持少数意见。无论任何一种形式,只要能够形成多数意见,则裁决应当依据该多数意见作出。

如果不能形成多数意见,则意味着三位仲裁员各自所持的观点均不同于其他两位仲裁员,在这种情况下,裁决应当依据首席仲裁员的意见作出。如此规定可以避免由于决策僵局而导致裁决无法作出的极端情况。

持有少数意见的仲裁员或者与首席仲裁员持有不同意见的仲裁员,如果有书面意见,则该书面意见应当附卷,并可以和裁决书一并发送当事人。这种安排存在两方面的价值:一方面使得少数仲裁员或持不同意见仲裁员的观点得以呈现,体现了持有少数意见仲裁员的平等权利;另一方面也增强了仲裁裁决对当事人的透明度,督促仲裁员勤勉谨慎地使用仲裁裁判权。需要注意的是,与裁决书内容不一致的书面意见,并不构成裁决书的组成部分,不具有裁决的效力,当事人不能以裁决存在少数意见为理由申请撤销仲裁裁决或拒绝执行仲裁裁决。

本条第(五)款对裁决书的署名问题作出了规定,原则上裁决书应当由全体仲裁庭组成人员签署,但持有少数意见或不同意见的仲裁员可以选择签署,也可以拒绝签署。

如果持有少数意见或不同意见的仲裁员拒绝签署裁决书,仲裁院通常会监督仲裁员履行其职责,要求该仲裁员对其所持有的少数意见或不同意见出具书面意见。但无论如何,只要裁决的作出遵循了本条第(四)款规定的决策规则,无论持少数意见或不同意见的仲裁员是否签名,裁决书的效力都不会受到影响。

本条第(六)款规定了裁决作出的日期是裁决书发生法律效力的日期。为避免产生疑义,裁决书上应当写明裁决作出的具体日期。在裁决书发送当事人之前,仲裁院会对裁决书的作出日期进行核查。

本条第(七)款明确了裁决书应当加盖仲裁院的印章。加盖仲裁院印章,可用于证明这是在仲裁院管理下的仲裁案件。

本条第(八)款明确了裁决书的效力。在通常情况下,依照本规则作出的裁决是终局的,对各方当事人均有约束力,即可以经由法院强制执行,当事人不能对裁决进行上诉。这体现了《仲裁法》第九条规定的一裁终局原则,使得当事人之间的争议通常能够通过仲裁裁决得到一次性、彻底地解决。

本款关于裁决书效力所规定的例外情形出现于仲裁院2019年版规则创设的"选择性复裁程序":在仲裁地法律不禁止的前提下,当事人可以约定任何一方就仲裁庭依照本规则第八章作出的裁决(以下简称"原裁决")可以向仲裁院提请复裁。在这种情况下,原裁决效力依本规则第六十八条及《深圳国际仲裁院选择性复裁程序指引》确定。该指引第六条对"原裁决的效力"作了规定:第一,适用该指引申请复裁的,原裁决在提请复裁期限(即当事人收到原裁决之日起15日内)届满前不具有终局效力;第二,当事人在该指引第三条规定的期限(即当事人收到原裁决之日起15日)内未提请复裁或提出撤回复裁申请的,原裁决自该期限届满之日起具有终局效力;第三,复裁申请人在该指引第三条规定的期限(即当事人收到原裁决之日起15日内)届满后提出撤回复裁申请的,原裁决自撤回复裁申请之日起具有终局效力。

第五十二条 部分裁决

仲裁庭认为必要或当事人提出请求并经仲裁庭同意的,仲裁庭可以在按照第五十一条的规定作出裁决之前,就当事人的部分请求事项

作出部分裁决。部分裁决是终局的,对各方当事人均有约束力。

【条文主旨】

部分裁决是仲裁庭根据案件具体情况,决定在作出最终仲裁裁决之前先行就当事人的部分请求事项作出的裁决。部分裁决的效力是终局的,作出即生效,对当事人具有约束力。

本条是对部分裁决的规定,明确了仲裁庭作出部分裁决的前提以及部分裁决的效力。

【理解与适用】

按照本条规定,仲裁庭认为有必要时,可以主动作出部分裁决。而实践中更普遍的情况是由当事人请求仲裁庭对其已经提出的部分仲裁请求作出裁决,仲裁庭结合当事人的申请和案件具体情况,决定是否作出部分裁决。

本条规定的部分裁决与《仲裁法》规定的"先行裁决"相似。《仲裁法》第五十五条规定:"仲裁庭仲裁纠纷时,其中一部分事实已经清楚,可以就该部分先行裁决。"先行裁决的目的是使一部分原本应当在最终裁决中作出的裁判结果提前获得法律强制力。

因此本条特别指出,部分裁决的裁决对象只能是当事人已经提出的部分仲裁请求。一般情况下,仲裁庭应当在最终裁决中对于当事人提出的全部仲裁请求一并作出裁决,但如果仲裁庭考量如下几方面因素后认为有条件且有必要提前就当事人的部分仲裁请求作出裁决并使其先行产生法律效力,则可以作出部分裁决:(1)对于裁决部分仲裁请求所需查明的事实是否已经查明;(2)是否还需要较长的时间才可能对全部仲裁请求作出裁决;(3)如果等到可以作出最终裁决时再将全部仲裁请求一并处理,是否会对当事人造成损害或形成明显的不公。

对于部分裁决已经解决了的争议,仲裁庭在之后作出的裁决中可以不再重复裁判。

除本规则另有规定(如第六十八条)外,部分裁决的效力是终局的,如果义务方不履行,当事人可以请求有管辖权的法院强制执行。

【要点提示】

关于实践中请求仲裁庭作出部分裁决的经验和技巧

如果当事人提出多项仲裁请求,而其中某一项仲裁请求所涉及的事实清楚,争议简单,但请求数额较大,而另一些仲裁请求所涉及的事实和责任查明可能较为复杂,或者对方当事人恶意提出了较为复杂但争议金额较小的反请求,有意拖延仲裁程序。在这种情况下,当事人不妨有针对性地向仲裁庭提出部分裁决的申请,在规则允许的范围内维护自身的权益,弥补或减少损失。

在仲裁院的实践中,也有一些案件当事人请求仲裁庭对部分请求先作出裁决,然后请求中止仲裁程序而进行调解或谈判促进。

第五十三条 裁决书草案的核阅

仲裁庭应在签署裁决书之前将裁决书草案提交仲裁院核阅。仲裁院可以提出形式上的修改建议,也可以提示仲裁庭注意实体问题,但不影响仲裁庭独立作出裁决。

【条文主旨】

仲裁院在仲裁程序中起到一定的监督、管理作用,这是机构仲裁的特点之一。对于裁决书草案的核阅,也是仲裁机构履行其监督、管理职能的表现,以此为裁决书的质量提供多一层保障,服务于当事人。

【理解与适用】

仲裁院核阅的对象是裁决书草案,而不是仲裁员已经签署的裁决书。根据本条规定,仲裁庭有义务在形成裁决书草案后签署裁决书前将裁决书草案提交仲裁院。如果仲裁庭成员中对裁决有不同意见,该不同意见也应一并提交仲裁院,以便仲裁院能够全面了解裁决书草案的各个方面。

原则上,仲裁院对于裁决书草案主要进行形式审查,并提出形式上的修改建议。通常情况下,仲裁庭会按照仲裁院提出的形式修改建议对裁决书进行修订,以保证裁决书在基本形式上的统一和规范,体现仲裁院向当事人提供仲裁服务的质量。

同时,仲裁院也可以在不影响仲裁庭独立作出裁决的基础上,提示仲裁庭注意相关实体问题。如同其他一些国际仲裁机构的仲裁规则,本规则已经向当事人明示仲裁院有此权责,因此在裁决书草案核阅过程中,仲裁院与仲裁庭的沟通和交流并不违反仲裁庭独立裁判的原则,也不违反程序规则。但无论如何,只有仲裁庭有权力对实体问题作出最终的决定,这是仲裁独立进行的重要保证。

仲裁庭由具有专业能力的仲裁员组成,而仲裁院作为常设仲裁机构对于争议解决和案件管理具有丰富的经验,由仲裁院对仲裁庭给予必要而适度的提示、建议、咨询和协助,通常来说有助于仲裁庭作出公平公正的裁决,高效、全面地解决当事人之间的争议。

第五十四条 裁决书补正

(一)任何一方当事人均可以在收到裁决书之日起 30 日内就裁决书中的书写、打印或计算错误,或者其他类似性质的错误,书面申请仲裁庭作出更正。如确有错误,仲裁庭应在收到书面申请之日起 30 日内作出书面更正。

(二)任何一方当事人均可以在收到裁决书之日起 30 日内就裁决书中遗漏的仲裁请求事项,书面申请仲裁庭作出补充裁决。如确有遗漏,仲裁庭应在收到上述书面申请之日起 30 日内作出补充裁决。

(三)仲裁庭可以在作出裁决后的合理时间内自行以书面形式对裁决书进行更正或者作出补充裁决。

(四)上述书面更正或补充裁决构成裁决书的一部分。

【条文主旨】

一份仲裁裁决书通常包括案情、仲裁庭意见、裁决等若干部分。如果在裁决书的任何部分出现了书写、打印、计算错误或者其他类似性质的错误,可以通过更正的方式解决;如果在裁决部分遗漏了当事人已经提出的仲裁请求事项,则可以通过补充裁决的方式解决。

本条是关于仲裁裁决书的更正与补充的具体规定。

【理解与适用】

本条第(一)款是当事人申请对于裁决书进行书面更正的规定。有权提出更正申请的主体为仲裁案件的任何一方当事人,申请更正的期限为收到裁决书之日起 30 日内。因此,当事人在收到仲裁裁决书后,应当及时阅读,一旦发现符合本款要求且确实有必要更正的内容,就可及时向仲裁庭提出申请。

可以进行更正的内容包括裁决书中的书写、打印、计算错误,或者其他类似性质的错误,无论该类错误是出现在裁决书的封面还是正文中,也无论该类错误是出现在裁决书中的案情部分、仲裁庭意见部分还是裁决部分。

仲裁庭具有决定是否进行书面更正的权力。如果仲裁庭认为裁决书确有上述类型的错误且有必要进行更正,应在收到书面申请之日起 30 日内作出书面更正。

本条第(二)款是有关当事人申请仲裁庭作出补充裁决的规定。本款规定的作出补充裁决的情况,原则上是指对于当事人的某一仲裁请求事项,仲裁庭已经进行审理并作出了判断和决定,但没有将判断和决定的内容体现在裁决书的仲裁庭意见部分和裁决书主文部分,或者仲裁庭意见部分已经进行了论述,但在裁决书主文部分遗漏了对该事项的决定。在这种情况下,当事人可以向仲裁庭提出补充裁决的申请,申请的期限是在收到裁决书后的 30 日内。

仲裁庭同样具有决定是否作出补充裁决的权力。如果仲裁庭认为裁决中确实遗漏了仲裁请求的事项且确有必要作出补充裁决,应在收到书面申请之日起30日内作出。

本条第(三)款规定了仲裁庭主动作出更正或补充裁决的情形。如果仲裁裁决书中确实存在需要更正或作出补充裁决的内容,但当事人提出更正或补充裁决的请求超过了本条第(一)款、第(二)款规定的时间限制,或者当事人并未提出更正或补充的请求,仲裁庭可以在合理时间内直接对裁决书作出更正或补充裁决。本款所称的"合理时间"有可能在当事人收到裁决书后30日内,也有可能在当事人收到裁决书后30日之外。其目的是给予仲裁庭酌定权,并尽可能通过更正或补充维护裁决书的效力。

本条第(四)款规定了书面更正与补充裁决的效力。仲裁庭对于裁决书的书面更正或补充裁决一经作出即生效,且构成裁决书的一部分,具有与裁决书同等的法律效力,但内容有不一致的地方,应以书面更正或补充裁决为准。被更正或补充的裁决书仍然具有法律效力,且其生效日期仍然为其自身作出之日,已经在裁决书中作出规定的履行期限等内容,除非在书面更正或补充裁决中得到更正或补充,否则不受影响,其对应的起止时间原则上均不改变。

【要点提示】

关于实践中对裁决书补正的适用

当事人在收到仲裁裁决书之后,应当着重阅读裁决书主文,且应当核对仲裁裁决书封面及正文首页中对于当事人主体信息和争议所涉及核心文件的誊写情况,如发现确有需要更正或补充的内容,应当及时向仲裁庭提出相应申请,以免对仲裁裁决的执行造成拖延等不利影响。

第五十五条 重新仲裁

(一)有管辖权的法院按照法律规定通知重新仲裁的,案件由原仲裁庭审理。原仲裁庭组成人员由于回避、主动退出或者其他特定原因不能履行职责的,按照本规则第三十四条的规定替换仲裁员。

(二)重新仲裁的案件,具体仲裁程序由仲裁庭决定。

(三)仲裁庭应按照本规则重新作出裁决。

(四)重新仲裁的裁决书取代原裁决书,当事人应当履行重新仲裁的裁决书。

【条文主旨】

重新仲裁是指仲裁庭在原仲裁程序终结后基于法院的通知重新启动仲裁程序并作出新的裁决,以消除原裁决存在的瑕疵。仲裁庭不能无故自行决定重新仲裁。

根据《仲裁法》第六十一条①及《仲裁法解释》第二十一条至第二十三条②的规定,在当事人申请撤销原裁决的司法审查程序中,人民法院可能根据案件具体情况,向仲裁院发出重新仲裁的通知。如果仲裁庭拒绝重新仲裁,人民法院将恢复撤销程序;如果仲裁庭进行了重新仲裁,则相当于仲裁庭获得了修正原仲裁裁决的权力,其作出的新裁决将取代原裁决。

本条明确并细化了重新仲裁的程序,为管理重新仲裁的案件提供了规则依据。

【理解与适用】

本条第(一)款明确了有权进行重新仲裁的仲裁庭是原仲裁庭。

---

① 《仲裁法》第六十一条规定:"人民法院受理撤销裁决的申请后,认为可以由仲裁庭重新仲裁的,通知仲裁庭在一定期限内重新仲裁,并裁定中止撤销程序。仲裁庭拒绝重新仲裁的,人民法院应当裁定恢复撤销程序。"

② 《仲裁法解释》第二十一条规定:"当事人申请撤销国内仲裁裁决的案件属于下列情形之一的,人民法院可以依照仲裁法第六十一条的规定通知仲裁庭在一定期限内重新仲裁:(一)仲裁裁决所根据的证据是伪造的;(二)对方当事人隐瞒了足以影响公正裁决的证据的。人民法院应当在通知中说明要求重新仲裁的具体理由。"第二十二条规定:"仲裁庭在人民法院指定的期限内开始重新仲裁的,人民法院应当裁定终结撤销程序;未开始重新仲裁的,人民法院应当裁定恢复撤销程序。"第二十三条规定:"当事人对重新仲裁裁决不服的,可以在重新仲裁裁决书送达之日起六个月内依据仲裁法第五十八条规定向人民法院申请撤销。"

仲裁院在接到人民法院有关重新仲裁的通知后,会将法院通知的内容转告原仲裁庭全体成员,由原仲裁庭决定是否对案件进行重新仲裁。

如果原仲裁庭经过合议决定拒绝重新仲裁,仲裁院将通知人民法院;如果原仲裁庭经过合议同意进行重新仲裁,则由原仲裁庭根据法院通知的要求组织重新仲裁的程序。在原仲裁庭组成成员中确有仲裁员由于回避、主动退出或其他特定原因无法继续参加审理工作的情况下,更换仲裁员的程序按照本规则第三十四条的规定进行。本款表明,仲裁庭进行重新仲裁的案件,无论重新仲裁的程序如何,当事人自重新仲裁的程序开始直至新的裁决作出之前,仍然有权利就仲裁庭的组成人员提出回避申请。

本条第(二)款明确了仲裁庭有决定重新仲裁具体程序的权利。重新仲裁的具体程序包括重新仲裁的争议事项、重新开庭的审理范围、重新举证质证的范围,等等。

基于《仲裁法解释》第二十一条的规定,导致重新仲裁的原因是当事人可能存在伪造证据或隐瞒关键证据的情况,而且人民法院在通知仲裁院重新仲裁时应当说明具体的理由。因此,仲裁庭在决定重新仲裁的具体程序时可以采取适当的形式、有针对性地作出安排,通常情况下不会将所有审理程序重新进行。但需要注意的是,在重新仲裁中当事人依然处于平等的地位,仲裁庭会在保证正当程序的基础上,尽量高效地完成重新仲裁。

本条第(三)款和第(四)款规定了重新仲裁的结果。仲裁庭应当按照本规则的规定作出重新仲裁的裁决。该裁决自作出之日起生效,新裁决将取代原裁决。当事人应当履行重新仲裁的裁决。对重新仲裁的裁决有异议的,当事人仍然可以在法律规定的期限内向人民法院提出撤销该重新仲裁裁决的申请。

【要点提示】

关于重新仲裁的审查范围和裁决的效力

人民法院发回重新仲裁的理由需要在给仲裁机构的通知中说明,

而很多时候人民法院要求重新仲裁的内容是有针对性的,即仅需针对局部内容重新仲裁。例如,原仲裁程序中转交给当事人的材料中缺少一份证据,法院发回重新仲裁后,仲裁庭仅需根据具体情况只审查这份遗漏的证据,重新作出裁决,而重新仲裁的结果自动覆盖在先的裁决结果,自作出时生效。

第九章 快速程序

快速程序相对于普通程序而言,更为注重对仲裁效率的价值追求。快速程序与普通程序在各类期限、仲裁庭组成人数、审理方式等方面均有不同。总体来说,快速程序中的期限普遍短于普通程序,尤其是裁决作出的期限。另外,快速程序中仲裁庭组成相比普通程序更为简单,审理方式也更为灵活。本章就快速程序的适用、进行及变更等内容进行了规定。

第五十六条 快速程序的适用

(一)凡争议金额不超过人民币300万元的,或争议金额超过人民币300万元但经当事人书面同意的,或当事人约定适用快速程序或简易程序的,适用快速程序。

(二)争议金额不明确的,由仲裁院根据案件的复杂程度、涉及权益的情况以及其他有关因素综合考虑决定是否适用快速程序。

【条文主旨】

快速程序的适用包括规定适用(争议金额较小)、约定适用(当事人书面同意)和酌定适用(争议金额不明)三种情形。

仲裁院以往的规则规定有"简易程序"。本规则不再使用"简易程序"一词,而代之以"快速程序"(审限为组庭之日起2个月内),主要考虑是适用原来所称"简易程序"的案件虽然金额不大,但是审理起来不一定"简易",而从当事人角度而言,"简易"不是当事人的价值追求,"快速"才是当事人的价值追求。按照本规则的规定,快速程序案件的审限

(自组庭之日起2个月内)比以往规则所规定的简易程序的审限(自组庭之日起3个月内)少一个月,争议金额的限定则从2016年版规则规定的人民币100万元调整为2019年版规则规定的人民币300万元。

本条是关于快速程序适用条件的规定。

【理解与适用】

本条第(一)款规定了快速程序的自动适用和约定适用的条件。(1)关于规定适用,如果争议金额不超过(即小于或等于)人民币300万元,则应当自动适用快速程序。(2)关于约定适用,无论争议金额多少,即便争议金额超过人民币300万元,当事人均可以书面同意或约定争议适用快速程序。

可见,虽然快速程序主要适用于争议金额较小的案件,但是对于争议金额较大的案件,当事人也可以约定适用快速程序,尤其是在争议金额超过300万元但案情相对简单的情况下,适用快速程序可以节省仲裁资源,节约当事人的时间成本,提高仲裁效率。

本条第(二)款是关于争议金额不明确的情况下如何确定是否适用快速程序的规定。争议金额不明确的一个典型事例是当事人提出宣告性请求或确认之诉的情况。此时,需要仲裁院结合案件的复杂程度、涉及权益的情况以及其他有关因素综合判断。例如,对于确认之诉,如果相关合同金额不超过人民币300万元,案情也较为简单,则仲裁院可以考虑适用快速程序。对于争议金额确实难以确定的案件,仲裁院在受理案件时也可以要求当事人作出情况说明。对于当事人在情况说明中认为争议金额为300万元以上的案件,以及当事人不作说明或说明后仲裁院仍难以确定的案件,为避免以后就程序的适用问题发生争议,一般适用普通程序。

【要点提示】

关于实践中确定适用快速程序的惯常做法

在确定争议金额时,通常将一方当事人提出的全部可明确的仲裁请求数额进行加总，以此总额作为决定适用程序时所依据的争议金额。争议金额中亦包括请求对方当事人承担的利息数额、律师费数额等内容。

值得注意的是，实践中可能出现当事人在立案时根据本规则的规定应适用普通程序，但在仲裁庭组成之前，当事人达成了和解协议，并希望仲裁庭根据该和解协议作出裁决书的情况。在此情况下，出于经济效率的考虑，双方当事人可以通过书面合意，也可以根据本规则的规定，由仲裁院院长指定一名仲裁员根据双方的和解协议作出裁决书。这并不意味着仲裁程序由普通程序变更为快速程序。

第五十七条　答辩和反请求

（一）被申请人应在收到仲裁通知之日起 10 日内提交答辩书及有关证明材料。

（二）被申请人如有反请求，应在收到仲裁通知之日起 10 日内以书面形式提出。申请人对反请求的答辩书，应在收到反请求受理通知后 10 日内提交。

【条文主旨】

本条是关于快速程序中提交答辩和反请求的期限的规定。本条虽然对延期答辩、延期提出反请求以及被申请人不答辩不影响仲裁程序的继续进行等问题未作规定，但这些问题在普通程序部分已有相应规定，可直接适用。

【理解与适用】

本条第（一）款和第（二）款规定了快速程序中提交答辩和反请求的一般期限。适用快速程序的案件，被申请人应当自收到仲裁通知之日起 10 日内提交答辩书及有关证明材料，如果有反请求，也应当在这一期限内提出。与本规则第十四条"答辩"、第十五条"反请求"中规定的普通程序中的 30 日期限相比,快速程序中的期限统一被缩短为 10 日,从而有利于尽快推进程序,提高仲裁效率。本条中规定的"在收到仲裁通知之日起",是以仲裁通知送达被申请人作为时间起算点,而不是以发出仲裁通知作为时间起算点。另外,该时间同样是被申请人提交答辩书的期限,并非被申请人发表答辩意见的期限。即使被申请人没有在本条规定的期限内提交答辩书,亦未提出延期申请,仍然可以在庭审中口头陈述其答辩意见。但如果由于被申请人故意不提交或不在规定期限内提交答辩书,从而导致仲裁程序出现拖延或产生额外的费用,那么仲裁庭有权依据本规则第六十四条第(三)款的规定作出对被申请人不利的决定。

【要点提示】

关于快速程序中如何处理答辩和反请求

与普通程序中提交答辩书和反请求一样,答辩书的内容应仅限于被申请人对于申请人仲裁请求的答辩意见。如果被申请人有管辖权异议或反请求,应当单独提交管辖权异议申请书或仲裁反请求申请书。即使被申请人因各种原因已决定不提交答辩书,也应当在本条规定的期限内向仲裁院提交其主体证明材料及联系方式,以便仲裁院管理案件并及时准确地将有关仲裁事项通知被申请人。

其他诸如被申请人在答辩书中同时提出仲裁反请求、当庭提出反请求等情况的处理可以参照关于普通程序中的解析。

第五十八条　仲裁庭的组成

适用快速程序的案件,依据本规则第三十一条的规定组成独任仲裁庭审理案件。独任仲裁员从《深圳国际仲裁院仲裁员名册》或《深圳国际仲裁院特定类型案件仲裁员名册》中产生。

【条文主旨】

本条规定了快速程序中仲裁庭的组成和仲裁员的产生。

【理解与适用】

对于适用快速程序的案件,根据本规则第三十一条的规定组成独任仲裁庭。根据本规则第三十一条的规定,仲裁庭由一名仲裁员组成的,按照本规则第三十条第(二)款、第(四)款、第(五)款或第(六)款规定的程序,指定该独任仲裁员。因此,快速程序中独任仲裁员的指定方式和期限与普通程序中首席仲裁员的指定方式和期限大致相同。但适用快速程序的案件,其独任仲裁员,当事人或仲裁院院长既可以从《深圳国际仲裁院仲裁员名册》中选择,也可以从《深圳国际仲裁院特定类型案件仲裁员名册》中选择。

第五十九条 审理方式

仲裁庭可以按照其认为适当的方式审理案件。仲裁庭可以决定依据当事人提交的书面材料和证据进行书面审理,也可以决定开庭审理。

【条文主旨】

本条规定了快速程序的审理方式。相比普通程序,快速程序审理方式较为灵活,仲裁庭的权限更大,可以不征求当事人同意而直接决定是否开庭审理。

【理解与适用】

适用普通程序的案件通常需要开庭审理。但在快速程序中,开庭审理并非一般原则,仲裁庭可以根据案件实际情况决定是否进行开庭审理。仲裁庭有权选择适当的审理方式。当然,仲裁庭在决定审理方式时也可以考虑当事人的意愿。实践中,如果一方当事人要求开庭审理的,应当尽量开庭审理。如果仲裁庭决定依据书面材料审理案件,则应告知当事人该决定(参见附录三文书样式 3.7),并向当事人说明提交材料的期限及书面质证的方式、期限等事项。

【要点提示】

关于在快速程序中审理方式的运用

仲裁庭可以结合当事人的意愿,灵活地适用和调整审理方式,仲裁审理全程并非必须采用一种审理方式。例如经过一次开庭审理后,仲裁庭可以决定对于补充证据和双方的后续意见进行书面审理,不需要再次开庭。对于之前决定书面审理的案件,如发现双方提交的材料需要开庭审理才可以查明时,仲裁庭可以再安排开庭审理。

第六十条 开庭通知

(一)对于开庭审理的案件,仲裁庭确定第一次开庭时间后,应不迟于开庭前 7 日通知当事人。当事人有正当理由的,可以申请延期开庭,但应不迟于开庭前 3 日以书面形式提出;是否延期开庭,由仲裁庭决定。

(二)当事人有正当理由未能按第(一)款规定的期限提出延期开庭申请的,是否延期,由仲裁庭决定。

(三)第二次和其后各次开庭审理时间及延期后开庭审理时间的通知,不受第(一)款所列期限的限制。

【条文主旨】

本条是关于快速程序中开庭通知的规定。出于加快程序进行、提高效率的考虑,快速程序中开庭通知时限更短,后续开庭审理和延期开庭审理时间的通知也更为灵活。

【理解与适用】

本条第(一)款规定了开庭通知和申请延期开庭相关事宜。适用快速程序的案件,如果开庭审理,仲裁庭应当不迟于开庭前7日将开庭日期通知当事人。此处的通知与普通程序中的通知一样采用通知到达主义原则,仲裁庭应当在开庭7日前通知到当事人,而非提前7日发出通知,如此可以保证当事人有充足的时间准备开庭事宜。如果当事人确实无法按时参加开庭,可以提出延期开庭的申请。当事人申请延期开庭应当具有正当理由,并且应当不迟于开庭前3日以书面形式提出。至于是否延期,则由仲裁庭决定。

本条第(二)款是关于当事人未能按规定申请延期开庭的规定。即使当事人未能在本条第(一)款规定的期限提出延期开庭申请,如果有正当理由,仲裁庭仍有可能准予延期。

本条第(三)款规定了后续开庭审理以及延期审理情况下审理时间的通知要求。快速程序的核心在于程序的高效性,即使仲裁庭决定开庭审理,除确有必要外,大多数案件一般情况下也仅开庭一次。在再次开庭的情况下,开庭审理时间的通知不受本条第(一)款至少提前7日通知的期限限制。类似地,延期后开庭审理时间的通知也不受本条第(一)款至少提前7日通知的期限限制。

第六十一条 程序变更

(一)仲裁请求的变更或反请求的提出,不影响快速程序的继续进行。

(二)变更后的仲裁请求或反请求所涉及的争议金额超过人民币300万元的,经一方当事人请求或者仲裁庭提议,仲裁院认为有必要的,仲裁院可以决定将快速程序变更为普通程序。

(三)原适用普通程序的案件,仲裁庭组成前,申请人变更仲裁请求的,变更后的仲裁请求金额不超过人民币300万元的,适用快速程序;仲裁庭组成后,仲裁请求的变更或反请求的提出,不影响普通程序的继续进行。

【条文主旨】

本条规定了快速程序与普通程序之间的变更或转化。仲裁请求的变更或反请求的提出原则上不影响快速程序的进行,但也有例外。例如,这种变化可能导致案件争议金额增加,案情复杂化,从而影响快速程序的适用。因此,必要情况下,仲裁院可以决定把快速程序变更为普通程序。普通程序在请求或反请求变更的特定情况下可能转化为快速程序,也可能仍继续适用普通程序,关键看变更后的争议金额以及仲裁庭是否已经组成。

【理解与适用】

本条第(一)款表明,当事人变更仲裁请求或提出反请求,原则上不会直接导致快速程序变更为普通程序,不影响快速程序的继续进行。

本条第(二)款规定了特定情况下快速程序向普通程序的变更。如果申请人变更了仲裁请求,涉及的争议金额超过人民币300万元,或者被申请人提出了仲裁反请求,涉及的反请求争议金额超过人民币300万元,任何一方当事人都可以请求,仲裁庭也可以主动提议,将快速程序变更为普通程序。这是因为,快速程序适用的前提之一是案件争议金额较小,如果因仲裁请求的变更或反请求的提出导致争议金额超过人民币300万元,则快速程序适用的前提就有可能不复存在。但这种变化并非绝对否定快速程序的适用。本款将变更程序的最终权力赋予仲裁院。仲裁院可以视具体案情决定快速程序是否应变更为普通程序。

本条第(三)款规定了特定情况下普通程序向快速程序的变更。如果变更后的仲裁请求金额不超过人民币300万元,符合快速程序的适用前提,仲裁庭尚未组成的,程序变更为快速程序;仲裁庭已经组成的,仍适用普通程序。根据仲裁庭是否已经组成进行不同的程序变更安排,有利于节约仲裁资源,提高仲裁效率。

【要点提示】

关于实践中由快速程序变更为普通程序的惯常做法

(1)除第六十一条第(二)款规定的情况外,快速程序还可以基于当事人合意而变更,当然,这种变更同样需要经过仲裁院准许。如果当事人达成合意,可以提出将快速程序变更为普通程序的申请,是否准许由仲裁院决定。这种做法体现了仲裁程序的灵活性以及对当事人合意的充分尊重。

(2)快速程序变更为普通程序将导致仲裁费用的增加,当事人应当预缴增加的费用。费用的预缴比例,应由当事人协商确定。如果协商不成,由仲裁院确定预缴比例。如果当事人未能预缴增加的费用,则程序不予变更。

(3)如果在组成仲裁庭之前程序由快速程序变更为普通程序,则涉及的程序变更事项相对简单。如果仲裁庭已经组成,则程序变更事项将较为复杂。

以仲裁员的变更为例,如果变更为普通程序后仍由独任仲裁员审理,一般而言可考虑仍由原来的独任仲裁员审理。如果程序变更后为三人仲裁庭,则仲裁员的指定须按照本规则第三十条的规定进行,原来的独任仲裁员不一定能够在三人仲裁庭中担任仲裁员,但也不排除当事人共同指定或者仲裁院院长直接指定原独任仲裁员担任三人仲裁庭中的首席仲裁员的可能性。

新仲裁庭组成后,需要决定之前的审理程序是否重新进行。如果审理程序重新进行,则还需要确定重新进行的范围。如果全部重新进行,则案件的审理期限需要自新仲裁庭组成之日起重新计算。

第六十二条　其他规定

本章未规定的事项,适用本规则其他各章的有关规定。

【条文主旨】

本条规定了快速程序案件如何适用本规则其他条款的问题。本章"快速程序"仅就快速程序的基本事项和一些特别程序作出了规定。出于整体安排和避免重复的考虑,对于上述内容以外的程序性事项,并未在本章中一一进行规定,而是可以直接适用或者参照适用本规则其他各章的相关规定。

【理解与适用】

本章是关于快速程序的特别规定,对于本章规定与本规则其他各章规定不一致的地方,应优先适用本章的规定。在本章没有规定的情况下,才应适用本规则其他各章的有关规定。

【要点提示】

关于其他各章条款与快速程序的联系

在适用快速程序的案件中,应注意遵守其他各章的程序性规定。例如关于快速程序裁决作出期限的特别规定,就出现在本规则第八章第五十条中:仲裁庭应当在组庭之日起 2 个月内作出裁决。

第十章　附　　则

附则规定了仲裁费用、期限、保密、选择性复裁程序、异议权的放弃、规则的解释与施行等方面的内容,使仲裁规则趋于完整。

第六十三条　仲裁费用

(一)当事人应当按照仲裁院制定的《仲裁费用规定》向仲裁院缴付仲裁费用。

(二)当事人约定适用其他仲裁规则的,仲裁院可以适用其他仲裁规则规定的仲裁收费办法收费;该规则没有规定仲裁收费办法的,适用仲裁院的《仲裁费用规定》。

(三)在仲裁过程中,若当事人未按规定缴付相关费用,仲裁院应通知当事人,以便由任何一方缴付。若仍未缴付,仲裁院可决定中止仲裁程序,或视为当事人撤回全部仲裁请求或反请求。

(四)本规则所附《仲裁费用规定》构成本规则的组成部分。

【条文主旨】

仲裁费用是当事人将争议提交仲裁解决的必要支出。仲裁院力求使仲裁费用的收取方式和计算标准清晰透明,以便当事人能够对仲裁费用的缴纳事宜作出较为准确的预期。

本条是关于缴付仲裁费用的规定。本条明确了计算仲裁费用的文件依据,规定了对于其他收费规则的适用方法,以及对于当事人未按规定缴纳仲裁费用的处理办法。

【理解与适用】

根据本条第(一)款的规定,当事人应按仲裁院制定的《仲裁费用规定》向仲裁院缴付仲裁费用。按照《仲裁费用规定》的规定,除仲裁费之外,仲裁院还可以收取其他合理的开支费用。也就是说,当事人应当向仲裁院缴纳的仲裁费用不仅包括通常意义上的仲裁费,还包括仲裁中其他合理的开支费用。例如,当事人选定外地或外籍仲裁员、异地开庭、仲裁庭聘请专家、聘用翻译人员等都会产生仲裁费之外的费用。

根据《仲裁费用规定》的规定,仲裁费通常按照争议金额收取,争议金额以当事人请求的数额为准。没有争议金额或争议金额不明确的,由仲裁院根据争议所涉及权益的具体情况确定预先收取的仲裁费用数额。除争议金额之外,争议是否具有涉外因素、当事人是否约定适用其他仲裁规则等都会对仲裁费产生影响。值得注意的是,《仲裁费用规定》对当事人适用《联合国国际贸易法委员会仲裁规则》进行仲裁情况下的收费也作出了特别规定,如果当事人约定适用的是《联合国国际贸易法委员会仲裁规则》,应当适用特别规定(参见《仲裁费用规定》第四点)。

另外,对于仲裁费金额较大或存在其他特殊情况的仲裁案件,根据当事人的请求,仲裁院可以决定采取分期预缴仲裁费的方式(参见《仲裁费用规定》第三点),这是 2012 年版《深圳国际仲裁院仲裁规则》创设的安排,在 2016 年版和 2019 年版的规则中得到延续。

本条第(二)款规定了当事人约定适用其他仲裁规则时仲裁费的缴付问题。根据本款规定,当事人约定适用其他仲裁规则的,如果约定适用的仲裁规则中规定了收费办法,则可以适用约定的规则中的收费办法,也可以适用仲裁院制定的《仲裁费用规定》;如果约定适用的规则没有规定仲裁收费办法的,则适用仲裁院制定的《仲裁费用规定》。当事人约定仲裁院按照其他仲裁规则(仲裁院仲裁规则和《联合国国际贸易法委员会仲裁规则》除外)仲裁并由仲裁院提供仲裁程序管理服务的仲裁案件,应按照《仲裁费用规定》第五点的要求缴付案件管理费。

本条第(三)款规定了对当事人未按规定缴付相关费用的处理。当事人预交仲裁中的各项费用是国际通行的惯例。在仲裁的初始阶段,如果仲裁申请人或者提出反请求的被申请人未在仲裁院规定的期限内缴纳仲裁费,依照本规则第十二条和第十五条的规定,可视为仲裁申请或仲裁反请求申请手续不完备,此时仲裁院可以通知当事人相关的仲裁请求或反请求视为已被撤回。在仲裁进行过程中,如果当事人未按规定缴付相关费用,仲裁院应当将该等情况通知当事人,可以由任一方缴付。如果仍未缴付,仲裁院可以决定中止程序,等待仲裁费用缴齐后再恢复仲裁程序;或者综合考虑欠缴情况以及已采取保全措施等其他情形决定并通知当事人相关的仲裁请求或反请求视为已被撤回,以避免程序长期中止造成对方当事人利益的不当损害。

本条第(四)款规定了《仲裁费用规定》的地位。《仲裁费用规定》构成本规则的组成部分,当事人选择适用本规则即意味着接受和适用仲裁院制定的《仲裁费用规定》。

【要点提示】

关于实践中如何由当事人预交各项费用

实践中会出现选定外地或外籍仲裁员,以及案件需要聘请专家、翻译等产生额外开支的情形。本规则第四十五条第(三)款规定了专家费用的缴付方式:当事人应当按照约定或仲裁庭决定的比例预交专家费用。本规则和《仲裁费用规定》没有规定仲裁员在外地或为外籍、聘请翻译等情形下产生的费用如何缴纳。可以认为,对于仲裁员在外地或为外籍、聘请翻译等情形下产生的费用,其缴付比例的确定适用类似的规则,即在当事人没有约定的情况下,由仲裁院或仲裁庭决定当事人的预交比例。

仲裁院或仲裁庭在作出以上决定时,通常采取的原则是由提出相关请求的一方进行预交。例如,如果是一方当事人选定外地或外籍仲裁员,则实践中通常的做法是,该仲裁员因办理案件而发生的特殊报酬、差旅费、食宿费等应由选定该仲裁员的当事人预交。如果该仲裁员是当事人共同选定的或由仲裁院根据当事人既有约定条件所指定的首席或独任仲裁员,通常由双方当事人各半预交。

第六十四条 费用承担

(一)仲裁庭有权在裁决书中决定当事人应承担的仲裁费和其他费用,包括当事人按照《仲裁费用规定》所应缴付的仲裁费用和实际开支,以及当事人为进行仲裁而发生的合理的法律费用和其他费用。

(二)除非当事人另有约定或本规则另有规定,仲裁费用原则上应由败诉方承担。但仲裁庭可以在考虑相关情况后,按照其认为合理的比例,决定仲裁费的承担。当事人自行和解或者经仲裁庭调解结案的,当事人可以协商确定仲裁费的承担。

(三)当事人违反本规则或者不履行仲裁庭决定而导致仲裁程序拖延的,其仲裁费用承担不受前款规定的限制;因仲裁程序拖延导致其他费用发生或者增加的,还应承担其他相应的费用。

(四)仲裁庭有权根据当事人的请求在裁决书中裁定败诉方补偿胜诉方因办理案件支出的合理费用,包括但不限于律师费、保全费、差旅费、公证费和证人作证费用等。仲裁庭在确定上述费用时,应考虑案件的裁决结果、复杂程度、当事人或代理人的实际工作量以及案件的争议金额等有关因素。

【条文主旨】

仲裁费用是由于仲裁活动产生的费用,该费用如何承担,关涉到当事人实体权利义务的划分,有必要在仲裁裁决中解决。

本条是关于仲裁费用如何承担的规定,明确了仲裁庭对于仲裁费用如何承担具有决定权;规定了仲裁庭裁决仲裁费用的原则以及和解或调解结案时如何分担仲裁费用;提出了由于当事人原因造成程序拖延或产生额外费用时仲裁费用的承担办法;赋予仲裁庭根据当事人的请求裁决由败诉方补偿胜诉方合理支出的权力。

【理解与适用】

本条第(一)款规定了费用承担这一问题下所谓"费用"的范围。仲裁中的费用包括两大类:第一类是仲裁程序本身产生的费用,即当事人向仲裁院预缴的费用,包括仲裁费和其他合理的开支费用,这类费用规定于仲裁院制定的《仲裁费用规定》中。第二类是当事人为进行仲裁而产生的合理的法律费用和其他费用,如律师费、证人作证费用、公证费、保全费、翻译费等。

本条第(二)款规定了仲裁费用承担的一般原则。此处的仲裁费用指的是当事人向仲裁院缴付的费用,即仲裁费及其他合理的实际开支费用。当事人可以自行约定费用的分配方法。在当事人没有约定的情况下,费用一般由败诉方承担,即所谓的"费用跟随"原则。但本款在反映"费用跟随"原则的同时,亦赋予了仲裁庭一定的自由裁量权。仲裁庭在行使自由裁量权确定当事人各自应当承担的费用时,要遵守合理性原则。在确定费用分配的"合理比例"时,仲裁庭可以考虑的因素包括:当事人的仲裁请求得到仲裁庭支持的程度及比例、争议产生的缘由、当事人的责任分担、当事人及其代理人在仲裁过程中是否存在拖延或不专业的行为、费用产生的具体背景及具体情节等。

值得注意的是,本款是对和解及调解结案情况下的费用承担如何处理的规定。和解或调解结案的,一般由当事人自行协商费用如何分担。当事人没有约定的,按照公平合理的原则,仲裁庭可以裁决双方当事人如何负担。

本条第(三)款赋予了仲裁庭利用费用杠杆对不诚信参与仲裁行为人予以适度惩戒的权力。与法院诉讼不同,仲裁庭对当事人的惩戒权力有限。近年来,仲裁发展趋势显示,仲裁庭在决定费用承担时,对一方当事人的不当行为进行适度惩戒,是可行的,也是必要的、合理的。在实践中确实存在当事人违反规则或仲裁庭的决定,刻意拖延程序的行为。本款赋予仲裁庭决定费用承担时适当加重行为不当的当事人的义务,符合本规则规定的诚信合作原则、公平公正原则和仲裁费用分担的合理性原则。

本条第(四)款赋予了仲裁庭根据当事人请求裁定败诉方补偿胜诉方因仲裁支出的合理费用的权力。根据该款规定,首先,胜诉方有权获得补偿的费用是其自身在仲裁中支出的合理费用。考虑到本条第(二)款已经规定了当事人向仲裁院缴纳的费用的承担问题,此处所谓的合理费用,指代的不是当事人向仲裁院缴纳的费用,而是当事人自身为进行仲裁所支付的费用,包括当事人花费的律师费、保全费、差旅费、公证费和证人作证费用等,并且该等费用应当是"合理"费用。其次,当事人如果希望败诉方补偿胜诉方在办理案件过程中支出的合理费用,应当向仲裁庭提出相应的仲裁请求,并应附具相应的证据。在当事人提出上述请求的情况下,仲裁庭可以以本款为依据作出裁决。最后,该等费用是否满足"合理性"标准需经仲裁庭确定,仲裁庭在确定时考虑的因素包括裁决结果、复杂程度(实体方面和程序方面)、当事人或代理人的实际工作量、案件的争议金额以及当事人或其代理人在仲裁过程中的行为表现等。

【要点提示】

关于实践中有关费用承担的惯常做法

仲裁庭在决定仲裁费用的承担方面拥有必要的裁量权。

实践中,尽管原则上仲裁费用由败诉方承担,但在部分胜诉部分败诉的案件中,仲裁费用的承担比例与实体请求的胜诉比例并没有必然联系。

如果当事人和解且仲裁庭作出和解裁决,则双方通常会在和解协议中对仲裁费用的承担方式达成一致,经仲裁庭确认并体现在裁决书或调解书中。

如果因当事人撤回申请而导致撤销案件,则仲裁费一般由申请撤销案件的一方承担。当然,如果当事人对费用的承担另有约定,则按约定分担。

除以上做法外,费用分担的原则还应当与责任分配的合理性原则、诚信合作原则等相联系。

第六十五条　期限的计算

（一）本规则规定的期限或者根据本规则确定的期限,应当自期限开始之次日起算。期限开始之日,不计算在期限之内。

（二）如果期限开始之次日为送达地公共假日或者非工作日,则从其后的第一个工作日开始计算。期限内的公共假日和非工作日应计算在期限内。期限届满日是公共假日或者非工作日的,以其后的第一个工作日为期限届满日。

（三）当事人因不可抗力或者其他正当理由耽误期限的,在障碍消除后10日内,可以申请顺延。是否准许,由仲裁庭决定;仲裁庭尚未组成的,由仲裁院决定。

【条文主旨】

本条是对本规则中规定的期限的计算方式的规定。当事人提交仲裁文件、指定仲裁员、仲裁庭作出裁决等都需要在规定的期限内进行,这也是为了保证仲裁程序有序高效地进行。当事人应当注意本规则中规定的各类期限的起止计算,以免影响其行使正当的程序权利。

本条明确了期限计算的一般规则、涉及公共假日或非工作日的情况下期限的计算以及期限的耽误和顺延。

【理解与适用】

本条第（一）款明确了期限起算的一般原则,即从期限开始的次日起算,期限开始当日不计算在期限之内。

本条第（二）款规定了遇到公共假日或非工作日情况下期限的计算。该规定可以概括为三点:第一,如果期限开始之次日是送达地的公共假日或非工作日,则从该公共假日或非工作日之后的第一个工作日开始计算。比如按国内双休日的规定,在非其他节假日的情况下,如果期限开始之次日为周六,则期限从下周一开始计算。第二,如果公共假日或非工作日落在确定的期限之内,则该日也属于期限的组成部分,不存在从次日继续计算或顺延的情况。第三,如果期限届满当日为公共假日或非工作日,则期限届满日为该公共假日或非工作日之后的第一个工作日。

本条第(三)款是关于如何处理期限耽误的规定。如果该期限耽误是由于非当事人的原因所致,比如存在不可抗力等正当理由,则在上述障碍消除后10日内,当事人可以提出顺延期限的申请,并说明理由。是否准许期限顺延,在仲裁庭组成前由仲裁院决定,在仲裁庭组成后由仲裁庭决定。实践中,仲裁院或仲裁庭会充分考虑当事人提出顺延申请的理由,结合案件具体情况以及其他各方当事人的意见作出是否顺延的决定。

第六十六条 保密

(一)仲裁不公开进行。

(二)如果当事人同意公开审理,由仲裁庭作出是否公开审理的决定。

(三)不公开审理的案件,当事人及其仲裁代理人、证人、翻译、仲裁员、仲裁庭咨询的专家和指定的鉴定人、庭审记录人员、仲裁院工作人员等相关人员,均不得对外界透露案件实体或程序有关情况,但法律另有规定的除外。

【条文主旨】

本条是关于保密原则的规定。国际商事仲裁的保密性有助于保护当事人的商业秘密和其他商业信息,使这些秘密或信息不会由于争议解决程序而被外界知悉。保密性是仲裁与诉讼的显著区别,也是仲裁的重要优势之一。

本条明确了仲裁的保密原则及其例外情况,并且对于承担保密义务的具体人员进行了列举式规定。

【理解与适用】

本条第(一)款是关于仲裁过程中保密原则的概括性规定。仲裁程序不公开进行,指整个仲裁程序都应在保密的状态下进行,无论是提出仲裁申请与答辩、交换证据,或是开庭审理、作出裁决等环节都不得公开。仲裁庭开庭审理案件,除非各方当事人及仲裁庭均同意,外人不得旁听。

本条第(二)款规定了保密原则的例外。虽然仲裁程序应当保密,但如果各方当事人均同意公开审理,则应由仲裁庭决定是否可以公开审理。在当事人都同意的情况下,如果仲裁庭也认为案件的具体情况可以公开审理,且公开审理不违反法律法规的规定,可以公开审理。《仲裁法》第四十条规定:"仲裁不公开进行。当事人协议公开的,可以公开进行,但涉及国家秘密的除外。"因此,如果案件涉及国家秘密,即使各方当事人同意,仲裁庭也不会决定公开审理。

本条第(三)款是关于负有保密义务的主体及保密范围的规定。负有保密义务的主体包括当事人及其仲裁代理人、证人、翻译、仲裁员、仲裁庭咨询的专家和指定的鉴定人、庭审记录人员、仲裁院工作人员等相关人员。保密的范围包括仲裁案件的全部实体和程序有关情况,包括案件事实和相关证据、案件进展情况、审理过程、专家意见、鉴定结果、合议结果、裁决书草案核阅结果、裁决、仲裁收费等。

【要点提示】

关于在实践中履行保密义务的特例

实践中需要注意的是,保密原则在案件中的具体适用可能还会受到相关法律法规的限制。例如,根据《证券法》第七十九条的规定,上市公司和公司债券上市交易的公司,应当向国务院证券监督管理机构和证券交易场所报送记载涉及公司的重大诉讼事项的中期报告,并予公告。根据《证券法》第八十条第一、二款的规定,发生可能对上市公司股票交易价格产生较大影响的重大事件,例如涉及公司的重大诉讼、仲裁,投资者尚未得知时,上市公司应当立即将有关该重大事件的情况向国务院证券监督管理机构和证券交易场所报送临时报告,并予公告,说明事件的起因、目前的状态和可能产生的法律后果。当然,有义务记载、报告并公告重大仲裁事项的主体是作为仲裁当事人的上市公司,而非仲裁机构。

仲裁的保密原则不仅在仲裁规则中有所体现,在《仲裁法》中亦有明确规定。因此,保密义务是当事人在仲裁程序中以及仲裁程序结束之后始终需履行的法定义务。如因当事人未能履行该项法定义务而给其他主体造成损害的,则其有可能承担相应的赔偿责任。

第六十七条　信息技术应用

除非当事人另有约定,仲裁院或仲裁庭可以决定全部或者部分仲裁程序借助信息技术进行,包括但不限于网上立案、送达、开庭、质证。

【条文主旨】

立足于"互联网+"技术,仲裁院研发并设立了安全、便捷的网络仲裁服务平台。当事人可以约定按照《深圳国际仲裁院网络仲裁规则》的规定进行网络仲裁。同时,对不适用《深圳国际仲裁院网络仲裁规则》的案件,仲裁院或仲裁庭也可以就全部或者部分仲裁程序通过仲裁院网络仲裁服务平台或其他信息技术进行。

【理解与适用】

根据本条规定,除非当事人有相反约定,仲裁院或仲裁庭在考虑案件具体情况、当事人情况以及各环节程序特点的基础上,有权决定按照本规则进行的全部或者部分仲裁程序通过或借助仲裁院网络仲裁服务平台或其他信息技术安全、高效地推进。例如网上送达,有关仲裁的文书、通知、材料等可以以电子邮件发送至当事人约定的电子送达地址或上传至仲裁院提供的网上仲裁服务平台进行送达。除了电子邮件及网上仲裁服务平台,也可以通过其他仲裁院认为合理且各方当事人均具备接收条件的电子通讯方式送达。关于电子送达地址,当事人可以在仲裁协议或合同中或争议发生后约定电子邮箱及其他电子通讯地址作为其电子送达地址,并约定如一方需变更电子通讯地址的,应当书面通知对方并得到对方确认。当然,如果是仲裁程序开始后一方当事人需要变更电子通讯地址的,还应当及时通知仲裁院和仲裁庭。

【要点提示】

本条为仲裁程序引入或借助信息技术便捷高效地进行提供了规则依据,其原为2016年版仲裁规则创设的"网上仲裁"条款,规定:"当事人可以约定按照本规则进行的全部或者部分仲裁程序在网上进行。"2019年版仲裁规则将该规定明确为"信息技术应用",规定:"经当事人同意,仲裁院或仲裁庭可以决定全部或者部分仲裁程序借助信息技术进行……"随着互联网信息技术的飞速发展和成熟应用,特别是经历了2020年新冠肺炎疫情下"非接触仲裁"的实践,为更好地满足当事人和仲裁庭对借助互联网信息技术便利高效推进仲裁程序的现实需求,2020年8月14日深圳国际仲裁院第二届理事会第十四次会议决定将本条修正为:"除非当事人另有约定,仲裁院或仲裁庭可以决定全部或者部分仲裁程序借助信息技术进行……"本规则赋予仲裁庭必要的自由裁量权,视案件具体情况决定是否采用信息技术推进仲裁程序,并且规定当事人可以作"反向约定",不仅符合当事人意思自治原则,而且有利于促进当事人利用信息手段提高效率、降低解决争议的成本。

第六十八条 选择性复裁程序

(一)在仲裁地法律不禁止的前提下,当事人约定任何一方就仲裁庭依照本规则第八章作出的裁决可以向仲裁院提请复裁的,从其约定。适用本规则快速程序的案件,不适用本条规定的选择性复裁程序。

(二)选择性复裁程序按照《深圳国际仲裁院选择性复裁程序指引》的规定进行。

【条文主旨】

根据国际市场发展需要,为适应部分市场主体可能因争议金额巨大或案情复杂而希望在实体上被赋予"二次救济"机会的需要,仲裁院创设了选择性复裁程序。

本条是关于选择性复裁程序的适用范围及如何适用的规定。

【理解与适用】

选择性复裁程序是指国际或涉外、涉港澳台仲裁案件当事人依据约定将仲裁庭依照本规则第八章作出的裁决提交仲裁院,由另行组成的仲裁庭即复裁庭进行复裁,并作出终局裁决的仲裁程序。

实践中,一裁终局的高效率特点是大量市场主体选择仲裁解决纠纷的主要考虑因素之一。但随着国际贸易和投资日益频繁、规模日益扩大,也有不少仲裁用户在看重仲裁中立性、国际范围内的广泛承认和执行性等优势的同时,因为争议金额巨大、案情复杂而表示出对于一裁终局的顾虑,担心陷入一裁终局、有错难纠、实质利益受损的困境。为适应部分市场主体侧重实质正义的价值追求,仲裁院经深入研究,听取法律界和工商界人士的呼声,结合国际仲裁实践,采用 Opt-in 模式,在中国率先确立"选择性复裁"制度,在仲裁程序内给予当事人实体上被"二次救济"的机会,以便国际商事和投资仲裁当事人根据自身情况和交易具体情形而自愿设计适合其自身需求的纠纷解决方案,以实现仲裁的中立性、公正性、效率性以及全球范围的便利执行性等优势的更优组合。

本条第(一)款规定了选择性复裁程序的适用前提或范围:(1)仲裁地法律不禁止;(2)当事人约定任何一方可以向仲裁院提请复裁;(3)并非适用快速程序的案件。这意味着适用仲裁院仲裁规则普通程序的国际或涉外、涉港澳台仲裁案件,在适用允许或不禁止仲裁内部上诉制度的国家或地区(例如美国、法国、英国、西班牙、印度等国家和我国香港特别行政区、澳门特别行政区)法律的情况下,复裁程序经当事人约定方可适用。

本条第(二)款明确了关于选择性复裁的具体程序事项,依照仲裁院制定的与本条配套适用的《深圳国际仲裁院选择性复裁程序指引》的规定进行。该指引就复裁程序的启动要件、接受复裁申请的主体、复裁的主体及复裁庭的组成、原裁决与复裁裁决的效力进行了具体的规定,以增强选择性复裁程序的可操作性和可预见性。

【要点提示】

关于选择性复裁的问题

仲裁院先行先试,在我国现行法律框架内率先创设"选择性复裁"机制。这是对"一裁终局"制度的突破、完善和有益补充,获得《环球仲裁评论》2019年度创新奖提名。

仲裁院创设的"选择性仲裁内部上诉机制"有四个前提。[①]

前提之一是合法性:仲裁地法律不禁止。复裁程序的适用以仲裁地法律不禁止仲裁上诉为前提条件。鉴于我国现行《仲裁法》第九条关于"一裁终局"制度的规定,为在现行法律框架内探索复裁机制的确立和运作,仲裁院特别提出复裁程序的适用应以"仲裁地法律不禁止"为前提,即仲裁地为允许或不禁止仲裁内部上诉制度的法域(如英国、法国、荷兰、西班牙、印度等国家和我国香港特别行政区、澳门特别行政区)的国际商事仲裁案件,可以适用复裁程序。换言之,在现阶段,我国内地仲裁案件和以我国内地为仲裁地的国际商事仲裁案件尚不能适用本规则的复裁程序。

前提之二是选择性:当事人有明确约定。仲裁院对仲裁内部上诉机制的探索以当事人意思自治为基石,借鉴 Opt-in 模式,其复裁程序

[①] 参见沈四宝、刘晓春、樊奇娟:《一裁终局的重新评估与复裁机制的创新实践》,载《法制日报》2019年11月5日,第10—11版。

的适用以当事人明示约定为前提。没有明示约定者,不得申请复裁。

前提之三是内部性:针对同一仲裁机构的原裁决。当事人可以约定,就仲裁庭依照本规则第八章作出的裁决向仲裁院提请复裁。这个前提意味着,当事人可以约定的复裁程序所针对的是依据本规则第八章的规定已经作出的裁决,其在"复裁"语境下即为"原裁决",由同一仲裁机构即深圳国际仲裁院的不同仲裁庭作出,而不是其他仲裁机构的仲裁裁决,亦非临时仲裁仲裁庭的裁决。

前提之四是限定性:限于规定的大额和复杂案件。为了限制当事人滥用复裁程序,仲裁院复裁程序的适用以争议金额超过人民币300万元且不适用快速程序为前提。对于争议金额较小或当事人约定适用快速程序的案件,争议解决的价值取向应以效率第一、兼顾公平,故不适用复裁程序。

为增强复裁程序的可操作性,并且在制度上预防当事人可能出现的恶意申请复裁或滥用复裁权的情形,仲裁院理事会同时通过了《深圳国际仲裁院选择性复裁程序指引》,就复裁程序的具体事项予以明确规定。

根据《深圳国际仲裁院选择性复裁程序指引》第三条和第四条的规定,复裁程序的启动需满足如下要件:(1)具有包含复裁程序的仲裁协议;(2)当事人至少一方需在收到原裁决之日起15日内申请复裁;(3)复裁申请人应提交包含复裁请求及其所依据的事实和理由、原裁决需复裁内容的复裁申请书;(4)复裁申请人按照仲裁院的通知,在规定的期限内预缴复裁费用(复裁费用与原仲裁费用的计费标准一致)。

上述要件中的复裁协议最为关键。该协议既可以是单独的一份协议,也可以是仲裁协议中的一个条款或一部分。本规则和《深圳国际仲裁院选择性复裁程序指引》对当事人应该在何时约定复裁程序没有明确要求。当事人在发生争议之前或之后,甚至在仲裁庭按照本规则第八章的规定作出裁决之前或之后,就"复裁"作出明确约定都是规则允许的。但可以预见,在实践中,当事人在仲裁庭按照本规则第八章的规定作出裁决之后约定复裁程序的可能性微乎其微,最有可能的情形是合同当事人在订立合同时就约定包含复裁程序的仲裁条款。

为便于当事人达成有效的复裁协议,仲裁院向合同当事人推荐包含复裁程序的示范仲裁条款:"**凡因本合同引起的或与本合同有关的任何争议,均应提交深圳国际仲裁院仲裁。任何一方有权就仲裁庭作出的裁决向该院提请复裁并由复裁庭作出终局裁决。仲裁地为＿＿。(应填写不禁止复裁的国家或法域)**"

当事人及其代理人应该注意到,进行复裁的主体为复裁庭,而非原仲裁庭,这是复裁(appellate arbitration)与重新仲裁(re-arbitration)的本质区别。关于复裁庭的组成,《深圳国际仲裁院选择性复裁程序指引》第五条第(一)款规定:"复裁庭由三名仲裁员组成,设首席仲裁员。复裁庭全部成员在原仲裁庭成员之外产生,由仲裁院院长在《深圳国际仲裁院仲裁员名册》中指定。"根据该规定,在复裁程序中更换原仲裁庭所有成员,保证了原仲裁程序和复裁程序之间除争议本身的客观联系外,没有其他不必要的联系,以最大限度地保障复裁的中立性、独立性、公正性和高效率。

"原裁决"的效力也是当事人十分关心的重要问题。本规则第八章第五十一条第(八)款规定,"裁决是终局的,对各方当事人均有约束力",这在原则上与《仲裁法》第九条所规定的"一裁终局"制度相吻合;该款又规定,"但当事人约定适用选择性复裁程序的,裁决效力依本规则第六十八条及《深圳国际仲裁院选择性复裁程序指引》确定"。这为"复裁"语境下当事人对"原裁决"效力的约定留出了重要空间。《深圳国际仲裁院选择性复裁程序指引》第六条规定:"(一)适用本《指引》申请复裁的,原裁决在提请复裁期限届满前不具有终局效力。(二)当事人在本《指引》第三条规定的期限内未提请复裁或提出撤回复裁申请的,原裁决自该期限届满之日起具有终局效力。(三)复裁申请人在本《指引》第三条规定的期限届满后提出撤回复裁申请的,原裁决自撤回申请之日起具有终局效力。"这意味着,适用选择性复裁程序的案件,原裁决对各方当事人是否具有终局效力,视具体情形而定:(1)原裁决在送达当事人之日起 15 日内尚不具有终局效力;(2)当事人在收到原裁决之日起 15 日内未申请复裁或申请复裁又撤回的,原裁决自送达当事人满 15 日起具有终局效力;(3)复裁申请人在原裁决送达 15 日后的复裁程序进行期间撤回复裁申请的,原裁决自撤回复裁申请之日起具有终局效力。

至于复裁裁决的效力,《深圳国际仲裁院选择性复裁程序指引》第七条规定:"复裁庭可以维持或者变更原裁决。复裁庭作出的裁决替代原裁决,为终局裁决,对各方当事人有约束力。"因此,适用复裁程序的案件,实质上是"二裁终局";复裁庭一旦作出裁决,将替代原裁决为终局裁决,对各方当事人具有约束力。规则如此设计,既可给予部分当事人根据复裁约定申请"二次救济"的机会,又可避免当事人滥用上诉权,从而兼顾公平与效率。

总之,从仲裁用户的价值需求和境外仲裁的立法及实践来看,"一裁终局"并非商事仲裁的绝对原则和当然优势。为回应市场主体的多元需求,在我国现行法律体系和法律框架内,借鉴境外"仲裁上诉机制"的实践经验,探索确立"选择性仲裁内部上诉机制"是建构我国"仲裁上诉机制"的可行路径。依此路径,仲裁院通过修订 2019 年版仲裁规则和出台配套的《深圳国际仲裁院选择性复裁程序指引》,就"选择性复裁"机制作出创新安排,这是我国仲裁上诉制度迈出的第一步,也可能为我国《仲裁法》的相关修订积累先行经验。

第六十九条　异议权的放弃

当事人在知道或应当知道本规则、适用于仲裁程序的其他仲裁规则、仲裁庭的任何决定或仲裁协议中的任何条款或条件未被遵守的情况下,仍继续参与仲裁程序且未及时提出书面异议的,视为其放弃提出异议的权利。

【条文主旨】

本条是对当事人放弃异议权的规定。在仲裁实践中,有的当事人明知仲裁程序有瑕疵,却基于自身的考虑没有及时提出,直到仲裁结果对其不利时,当事人才以存在程序瑕疵为由向法院申请撤销或不予执行仲裁裁决。设置异议权的放弃机制就是希望解决此类问题。仲裁规则中规定放弃异议权条款,符合禁反言原则、诚实信用原则和善意合作原则的要求。另外,异议权放弃条款的存在也可督促当事人及时行使权利,有利于法院或仲裁庭及时作出审查处理,防止仲裁程序无效进行,减少仲裁资源的浪费,有助于确保仲裁的经济和高效,维护仲裁的公信力。

【理解与适用】

"异议权的放弃"条款广泛存在于国际仲裁机构仲裁规则和国内法中,《联合国国际贸易法委员会仲裁规则》《斯德哥尔摩商会仲裁院仲裁规则》《国际商会仲裁规则》《伦敦国际仲裁院仲裁规则》等仲裁规则中都有相应规定。另外,《联合国国际贸易法委员会国际商事仲裁示范法》和德国、日本、瑞士等国的国内法都有关于异议权放弃的条款。虽然我国《仲裁法》尚未对此进行明确规定,但根据我国《仲裁法》的规定,当事人对仲裁协议效力有异议的,应在仲裁庭首次开庭前提出。另外,《仲裁法解释》第十三条第一款规定:"依照仲裁法第二十条第二款的规定,当事人在仲裁庭首次开庭前没有对仲裁协议的效力提出异议,而后向人民法院申请确认仲裁协议无效的,人民法院不予受理。"上述规定虽然仅限于对仲裁协议的异议的处理,但也反映了与"异议权放弃条款"相类似的立法思路。且近年来对仲裁的司法监督实践表明,我国法院在若干案件中已实际认可和适用了异议权放弃条款。

按照本条规定,异议权的行使应当及时且应以书面方式明确提出。此处所谓书面形式,包含当事人提交书面异议,也包含庭审时以口头形式提出并以书面形式记入庭审笔录的异议。

本条中的当事人"知道"是指当事人实际知悉;"应当知道"是指在正常情况下一个具有普遍认知能力的行为人理应知道或者意识到,从而推定当事人也应知道。当事人知道或应当知道正在进行的程序与应当遵循的程序不符却继续参与程序且未及时提出书面异议,则视为其默认了该程序瑕疵不影响仲裁庭作出公正裁决,因此仲裁程序继续进行。当事人日后不得再就此项程序瑕疵提出异议。

本条的适用包括如下条件:第一,仲裁程序存在与本规则、适用于仲裁程序的其他仲裁规则、仲裁庭的任何决定或仲裁协议中的任何条款或条件不符的情况。可见,放弃异议的对象不仅限于仲裁规则或仲裁协议未被遵守的情形,也包括仲裁庭决定未被遵守的情形。此处仲裁庭的决定,多指仲裁庭以通知或程序令的形式作出的程序安排。第二,当事人知道或应当知道相关情况。当事人全程参与仲裁程序,对于仲裁程序中出现的瑕疵,甚至对于可能影响仲裁庭作出公正裁决的重大瑕疵,通常当事人或其代理人不可能不知晓。第三,当事人继续参与仲裁程序。这意味着当事人受到程序瑕疵的影响小,仍然有意愿通过仲裁程序解决争议事项。第四,当事人未及时提出书面异议。何谓及时,应结合仲裁程序的进展情况以及当事人所提异议的具体内容进行判断。例如,当事人在庭审结束之后对于开庭通知的送达时间提出异议,显然该异议权已经在进入正式庭审时由当事人放弃了。

当事人放弃异议权也是对自己程序权利自由处分的结果。当事人在订立仲裁协议时接受本规则,应当认为当事人已经预见到其放弃异议可能的后果是不得在嗣后的法律程序中再次就不符之处提出异议。

【要点提示】

关于实践中如何避免被认定为放弃了异议权

当事人如果确实发现仲裁程序存在瑕疵,应当及时向仲裁院或仲裁庭提出。及时提出异议能够避免在事后被认定为放弃异议权。但即使提出了异议,也不意味着该异议必然成立,更不意味着异议的提出会直接影响仲裁程序的正常进行。当事人的异议能否成立、程序是否有瑕疵、程序瑕疵是否需要弥补以及如何弥补,都需要仲裁院或仲裁庭作出决定,在仲裁院或仲裁庭对异议作出回复或决定后,当事人有义务遵照执行。如果当事人对于仲裁院或仲裁庭的决定仍然存有异议,可以书面提出保留异议权,之后在司法监督阶段提出,而不应当阻碍仲裁程序的正常进行,否则需自行承担由此带来的不利后果,包括但不限于仲裁费用的惩戒。

第七十条　责任的限制

仲裁员、仲裁院及其相关人员均不就依本规则进行的仲裁中的任何作为或不作为承担任何民事责任,除非是不诚实的作为或不作为。

【条文主旨】

本条是关于仲裁员、仲裁院及其相关人员履行仲裁或与仲裁相关的职责时的民事责任豁免的规定。

【理解与适用】

根据本条规定,仲裁员、仲裁院工作人员只要不存在故意不诚实的作为或不作为,均不会就正常履行仲裁职责或进行与仲裁有关的工作而被追究民事责任。

国际上,各国或地区的普遍做法是对法官履行司法职责的行为给予司法豁免,仲裁员同样行使对商事纠纷的审理、裁决职责,所以司法豁免原则也适用于仲裁员。即便仲裁员有过失,法律或仲裁规则都规定其是被免责的。国际商会(ICC)仲裁院、斯德哥尔摩商会仲裁院(SCC)、瑞士商会仲裁院(SCAI)、新加坡国际仲裁中心(SIAC)、香港国际仲裁中心(HKIAC)、美国仲裁协会(AAA)等仲裁机构的仲裁规则都有关于仲裁员或仲裁机构、仲裁机构工作人员免责的规定。当然对仲裁员的豁免要排除那些由刑法规范的行为,比如行贿受贿、徇私舞弊,带有恶意性的行为,严重违法等。①

需要指出的是,本规则规定的豁免属于有限豁免:本条对责任的豁免仅限于民事责任;此外,对依本规则进行的仲裁中的作为或不作为是否构成不诚实的作为或不作为,需要对责任主体的主观要件采用故意或重大过失的过错认定标准。

需注意的是,根据《仲裁法》第三十八条的规定,仲裁员有本法第三十四条第四项规定的情形②,情节严重的,或者有本法第五十八条第六项规定的情形③的,应当依法承担法律责任。

第七十一条 规则的解释

(一)本规则条文标题不用于解释条文含义。
(二)本规则由仲裁院负责解释。
(三)除非另有声明,仲裁院发布的其他文件不构成本规则的组成部分。

【条文主旨】

如何解释规则对于按照本规则进行的仲裁程序有着重要意义,本条是关于规则解释的规定。

【理解与适用】

根据本条第(一)款的规定,本规则条文的标题仅对相关条文的内容起提示性作用,由于体例所限,标题不一定能完整准确地表达相应条款的含义。因此,标题本身不构成对相关条文的解释。

---

① 参见张玉卿于2016年4月9日至10日在北京大学法学院举行的华南国际经济贸易仲裁委员会(深圳国际仲裁院)2016年度第三期仲裁员培训交流会议上的专题发言"仲裁员的职责和责任"。
② 私自会见当事人、代理人,或者接受当事人、代理人的请客送礼。
③ 仲裁员在仲裁该案时有索贿受贿,徇私舞弊,枉法裁决行为。

根据本条第(二)款的规定,对于本规则,只有仲裁院有权进行解释。仲裁庭在审理具体案件时,有可能会遇到对规则条文的理解和适用问题,但仲裁庭的解释属于个案解释,仅对其审理的案件有效,不具有普遍约束力。

根据本条第(三)款的规定,仲裁院可能发布与本规则相关的文件,但除非仲裁院明确声明,该等文件不构成本规则的组成部分,对适用本规则进行审理的仲裁案件不具有约束力。

第七十二条 规则的施行

本规则经仲裁院理事会审议通过后自 2019 年 2 月 21 日起施行。自本规则施行之日起,仲裁院受理的案件适用本规则。仲裁院在本规则施行前受理的案件,仍适用受理案件时适用的仲裁规则;当事人一致同意的,也可以适用本规则。

【条文主旨】
本条是关于本规则的施行时间和溯及力的规定。

【理解与适用】
本规则于 2018 年 11 月 15 日经深圳国际仲裁院第二届理事会第七次会议审议通过,自 2019 年 2 月 21 日起施行。对于本规则施行后受理的案件,自动适用本规则。对于本规则施行前受理的案件,原则上仍适用受理案件时适用的仲裁规则,除非当事人另有约定或一致同意适用本规则。

【要点提示】
2019 年版规则于 2020 年 8 月 14 日经深圳国际仲裁院第二届理事会第十四次会议决定修正,见《深圳国际仲裁院仲裁规则修正案》(附录一)。该修正案自 2020 年 10 月 1 日起施行,关于仲裁规则的适用按以下情况分别处理：

（1）除非当事人另有约定，对于本规则修正施行（2020年10月1日）后受理的案件，适用修正后的本规则。

（2）除非当事人另有约定，对于本规则施行（2019年2月21日）后、修正施行（2020年10月1日）前受理的案件，适用修正前的本规则。

（3）除非当事人另有约定，对于本规则施行（2019年2月21日）前受理的案件，适用受理案件时适用的仲裁规则。

（4）当事人约定或一致同意适用修正后的本规则的，从其约定。

附录一

深圳国际仲裁院仲裁规则修正案

(2020 年 8 月 14 日深圳国际仲裁院第二届
理事会第十四次会议通过)

一、《深圳国际仲裁院仲裁规则》第六条第(五)款修改为:"除非当事人另有约定,仲裁院或仲裁庭可以决定当事人在提交仲裁文书和证明材料时直接发送给其他当事人或发送至仲裁院网络仲裁服务平台,并将送达记录提交仲裁院。送达时间由仲裁院或仲裁庭根据送达记录确定。"

二、《深圳国际仲裁院仲裁规则》第十条第(二)款修改为:"管辖权异议应当在首次开庭前以书面形式提出;书面审理的,应当在首次答辩期限届满前或在收到书面审理通知之日起 10 日内以书面形式提出。当事人未依照上述规定提出管辖权异议的,视为承认仲裁院对仲裁案件的管辖权。"

三、《深圳国际仲裁院仲裁规则》第二十三条修改为:"除非当事人另有约定,仲裁院或仲裁庭可要求当事人以电子和/或纸质方式提交仲裁申请书、答辩书、反请求申请书、证明文件以及其他书面文件。"

四、《深圳国际仲裁院仲裁规则》第六十七条修改为:"除非当事人另有约定,仲裁院或仲裁庭可以决定全部或者部分仲裁程序借助信息技术进行,包括但不限于网上立案、送达、开庭、质证。"

五、在《深圳国际仲裁院金融借款争议仲裁规则》第五条后增加一条:"仲裁庭可以按照其认为适当的方式审理案件。仲裁庭可以决定依据当事人提交的书面材料和证据进行书面审理,也可以决定开庭审理。"

本修正案自 2020 年 10 月 1 日起施行。

《深圳国际仲裁院仲裁规则》和《深圳国际仲裁院金融借款争议仲裁规则》根据本修正案作相应修改并对条款顺序做相应调整。

附录二

深圳国际仲裁院仲裁规则

(深圳国际仲裁院第二届理事会第七次会议通过,自2019年2月21日起施行;深圳国际仲裁院第二届理事会第十四次会议决定修正,该修正案自2020年10月1日起施行)

目 录

第一章 总则
 第 一 条 仲裁机构
 第 二 条 受案范围
 第 三 条 规则适用
 第 四 条 仲裁地
 第 五 条 仲裁语言
 第 六 条 送 达
 第 七 条 诚信合作

第二章 仲裁协议和管辖权
 第 八 条 仲裁协议
 第 九 条 仲裁协议的独立性
 第 十 条 管辖权异议及管辖权决定

第三章 仲裁程序的开始
 第十一条 申请仲裁
 第十二条 受 理
 第十三条 仲裁通知
 第十四条 答 辩
 第十五条 反请求
 第十六条 变更仲裁请求或反请求

第十七条　多份合同的单次仲裁

第十八条　合并仲裁

第十九条　合并开庭

第二十条　追加当事人

第二十一条　多方当事人之间的仲裁请求

第二十二条　预缴仲裁费

第二十三条　文件的提交

第二十四条　代理人

第四章　临时措施

第二十五条　保　全

第二十六条　紧急仲裁员

第五章　仲裁庭

第二十七条　独立和公平原则

第二十八条　仲裁员名册的适用

第二十九条　仲裁庭的人数和组成方式

第三十条　三人仲裁庭的组成

第三十一条　独任仲裁庭的组成

第三十二条　仲裁员信息披露

第三十三条　仲裁员回避

第三十四条　仲裁员替换

第三十五条　多数仲裁员继续仲裁程序

第六章　审　理

第三十六条　审理方式

第三十七条　开庭通知

第三十八条　开庭地点

第三十九条　当事人缺席

第四十条　庭审声明

第四十一条　庭审记录

第四十二条　举　证

第四十三条　质　证

第四十四条　仲裁庭调查

第四十五条　专家报告
第四十六条　程序中止
第四十七条　撤回申请和撤销案件

第七章　调解与和解
第四十八条　仲裁庭主持的调解
第四十九条　和解、调解及谈判促进

第八章　裁　决
第 五 十 条　作出裁决的期限
第五十一条　裁决的作出
第五十二条　部分裁决
第五十三条　裁决书草案的核阅
第五十四条　裁决书补正
第五十五条　重新仲裁

第九章　快速程序
第五十六条　快速程序的适用
第五十七条　答辩和反请求
第五十八条　仲裁庭的组成
第五十九条　审理方式
第 六 十 条　开庭通知
第六十一条　程序变更
第六十二条　其他规定

第十章　附　则
第六十三条　仲裁费用
第六十四条　费用承担
第六十五条　期限的计算
第六十六条　保　密
第六十七条　信息技术应用
第六十八条　选择性复裁程序
第六十九条　异议权的放弃
第 七 十 条　责任的限制
第七十一条　规则的解释

第七十二条 规则的施行

附件：仲裁费用规定

第一章　总　则

第一条　仲裁机构

（一）深圳国际仲裁院（又名深圳仲裁委员会、华南国际经济贸易仲裁委员会，曾用名中国国际经济贸易仲裁委员会华南分会、中国国际经济贸易仲裁委员会深圳分会，下称"仲裁院"）是在中国深圳设立的仲裁机构。

（二）当事人在仲裁协议中约定争议由仲裁院仲裁，或约定的仲裁机构名称为仲裁院曾用名的，或可推定为仲裁院的，均可向仲裁院申请仲裁。

第二条　受案范围

（一）仲裁院受理当事人之间发生的合同争议和其他财产权益争议仲裁案件，包括：

1. 国际或涉外仲裁案件；
2. 涉及中国香港特别行政区、澳门特别行政区或台湾地区的仲裁案件；
3. 中国内地仲裁案件。

（二）仲裁院受理一国政府与他国投资者之间的投资争议仲裁案件。

第三条　规则适用

（一）当事人同意由仲裁院进行仲裁的，除非另有约定，应视为同意按照本规则进行仲裁。

（二）当事人约定按照本规则或者仲裁院制定的特别规则进行仲裁，即视为同意将争议提交仲裁院仲裁。

（三）当事人约定适用其他仲裁规则，或约定对本规则有关内容进行变更的，从其约定。但其约定无法实施或与仲裁程序所适用法律的强制性规定相抵触的除外。当事人约定适用的其他仲裁规则规定由仲裁机构履行的职责,由仲裁院履行。

(四)当事人约定第二条第(一)款第 1 项或第 2 项案件适用《联合国国际贸易法委员会仲裁规则》的,仲裁院按照该规则及《深圳国际仲裁院关于适用〈联合国国际贸易法委员会仲裁规则〉的程序指引》管理案件。

(五)当事人将第二条第(二)款投资仲裁案件交付仲裁院仲裁的,仲裁院按照《联合国国际贸易法委员会仲裁规则》及《深圳国际仲裁院关于适用〈联合国国际贸易法委员会仲裁规则〉的程序指引》管理案件。

(六)仲裁院制定的特别规则或指引的规定与本规则不一致的,以特别规则或指引的规定为准。特别规则或指引未规定的,适用本规则。

(七)本规则未明确规定的事项,仲裁院或者仲裁庭有权按照其认为适当的方式处理。

第四条 仲裁地

(一)当事人对仲裁地有约定的,从其约定。

(二)当事人对仲裁地没有约定的,以仲裁院所在地为仲裁地。仲裁院也可视案件的具体情形确定其他地点为仲裁地。

(三)仲裁裁决应视为在仲裁地作出。

第五条 仲裁语言

(一)当事人对仲裁语言有约定的,从其约定。

(二)当事人对仲裁语言没有约定的,在仲裁庭组成前,仲裁院可以考虑案件所涉合同的语言等因素决定仲裁程序初步适用的仲裁语言;在仲裁庭组成后,由仲裁庭决定仲裁程序最终适用的仲裁语言。

(三)当事人约定两种或两种以上仲裁语言的,仲裁庭在征得当事人同意后可以确定适用其中一种语言。如果当事人无法达成一致意见,仲裁程序可以按当事人约定的多种语言进行,由此增加的相关费用由当事人承担。

（四）仲裁庭开庭时,当事人或其代理人、证人需要语言翻译的,当事人应自行提供或请求仲裁院提供翻译服务。

（五）当事人提交的各种文书和证明材料,仲裁庭或仲裁院认为必要时,可以要求当事人提供仲裁程序适用的仲裁语言的译本或节译本。

（六）仲裁裁决应当以本条第（一）、（二）或（三）款确定的仲裁语言作出。

第六条 送达

（一）当事人对送达方式有约定的,从其约定。

（二）除非当事人另有约定,有关仲裁的文书、通知、材料等可以当面送达或者以邮寄、传真、电子邮件、其他能提供记录的电子数据交换方式或者仲裁院认为适当的其他方式送达。

（三）仲裁院向当事人或者其代理人发送的仲裁文书、通知、材料等,有以下情形之一的,视为送达：

1. 送达至受送达人的营业地、注册地、居住地、户籍登记地址、身份证地址、口头或书面向仲裁院确认的地址、对外使用的任何有效地址、当事人协议中列明的地址或者仲裁院认为适当的其他通讯地址中的任意一个地址；

2. 经合理查询不能找到上述任一地点而以邮寄的方式或者能提供投递记录的其他任何方式投递给受送达人最后一个为人所知的通讯地址；

3. 当事人或者其代理人收到仲裁院送达的仲裁文书、通知、材料后变更地址而未通知仲裁院的,仲裁院将后续仲裁文书、通知、材料等投递给受送达人原送达地址。

（四）送达时间以上述送达方式中最先送达到受送达人的时间为准。

（五）除非当事人另有约定,仲裁院或仲裁庭可以决定当事人在提交仲裁文书和证明材料时直接发送给其他当事人或发送至仲裁院网络仲裁服务平台,并将送达记录提交仲裁院。送达时间由仲裁院或仲裁庭根据送达记录确定。

第七条 诚信合作

（一）当事人及其代理人应当遵循诚实信用和善意合作的原则参加仲裁。

（二）当事人或其代理人违反本规则规定、当事人之间的约定或仲裁庭的决定而导致程序拖延或费用增加等问题的，仲裁庭有权决定该当事人承担相应的后果。

（三）当事人及其代理人应确保其所作陈述和提交材料的真实性，否则该当事人应承担相应的后果。

第二章 仲裁协议和管辖权

第八条 仲裁协议

（一）仲裁协议是指在合同中订明的仲裁条款或者以其他方式达成的约定仲裁的协议。

（二）仲裁协议可以由当事人在争议发生之前达成，也可以在争议发生之后达成。

（三）仲裁协议应当采取书面形式。书面形式包括但不限于合同书、信件和数据电文（包括电传、传真、电子邮件和电子数据交换）等可以有形表现所载内容的形式。

（四）有下列情形之一的，视为存在书面仲裁协议：

1. 在仲裁申请书和仲裁答辩书的交换中，一方当事人声称有仲裁协议而另一方当事人不作否认表示的；

2. 一方当事人向仲裁院申请仲裁而另一方当事人作出同意仲裁的书面意思表示的；

3. 一方当事人作出愿意将争议提交仲裁院仲裁的书面承诺，另一方向仲裁院申请仲裁的；

4. 当事人在仲裁过程中共同签署的庭审笔录等文件载明当事人同意在仲裁院仲裁的。

第九条 仲裁协议的独立性

合同中的仲裁条款或附属于合同的仲裁协议相对于合同独立存

在。合同的成立与否、未生效、无效、失效、被撤销、变更、解除、中止、终止、转让或不能履行，均不影响仲裁协议的效力。

第十条　管辖权异议及管辖权决定

（一）当事人就仲裁协议的存在、效力或者其他问题对仲裁案件的管辖权有异议的，可以向仲裁院提出。

（二）管辖权异议应当在首次开庭前以书面形式提出；书面审理的，应当在首次答辩期限届满前或在收到书面审理通知之日起10日内以书面形式提出。当事人未依照上述规定提出管辖权异议的，视为承认仲裁院对仲裁案件的管辖权。

（三）仲裁院或者仲裁院授权的仲裁庭有权就仲裁案件的管辖权作出决定。仲裁庭的决定可以在仲裁程序进行中作出，也可以在裁决书中作出。

（四）当事人向仲裁院提出管辖权异议不影响仲裁程序的进行。

（五）仲裁院或者仲裁院授权的仲裁庭对仲裁案件作出无管辖权决定的，案件应当撤销。在仲裁庭组成前，撤销案件的决定由仲裁院作出；在仲裁庭组成后，撤销案件的决定由仲裁庭作出。

第三章　仲裁程序的开始

第十一条　申请仲裁

（一）当事人申请仲裁应提交仲裁申请书。

（二）仲裁申请书应包括以下内容：

1. 各方当事人及其代理人的名称和地址、电话号码、传真号码、电子邮箱及其他联络方式；

2. 申请仲裁所依据的仲裁协议；

3. 仲裁请求；

4. 仲裁请求所依据的事实和理由；

5. 申请人或申请人授权的代理人的签名或印章。

（三）仲裁申请书应当附具仲裁请求所依据的证明材料以及申请人的主体资格证明材料。

（四）仲裁程序自仲裁院收到仲裁申请书之日开始。

第十二条　受理

申请人提交仲裁申请书及其附件并按照本规则第二十二条的规定预缴仲裁费后，仲裁院确认申请仲裁的手续已完备的，予以受理。手续不完备的，仲裁院可以要求申请人在一定期限内予以完备；逾期不完备的，视为申请人未提出仲裁申请。

第十三条　仲裁通知

仲裁院受理案件后，将仲裁通知、适用的仲裁规则和仲裁员名册发送各方当事人，申请人的仲裁申请书及其附件同时转发被申请人。

第十四条　答辩

（一）被申请人应在收到仲裁通知之日起30日内提交答辩书。

（二）答辩书应包括以下内容：

1. 被申请人及其代理人的名称和地址、电话号码、传真号码、电子邮箱及其他联络方式；

2. 答辩意见及所依据的事实和理由；

3. 被申请人或被申请人授权的代理人的签名或印章。

（三）答辩书应当附具答辩意见所依据的证明材料以及被申请人的主体资格证明材料。

（四）被申请人申请延期答辩，且仲裁庭认为有正当理由的，可以适当延长答辩期限。仲裁庭尚未组成的，由仲裁院决定是否延长答辩期限。

（五）被申请人不答辩或者答辩不符合本规则规定的，不影响仲裁程序的继续进行。

第十五条　反请求

（一）被申请人如有反请求，应当自收到仲裁通知之日起30日内以书面形式提出。逾期提交的，仲裁庭组成前由仲裁院决定是否受理，仲裁庭组成后由仲裁庭决定是否受理。

（二）反请求的提出和受理，参照本规则第十一条和第十二条的规定办理。

（三）仲裁院认为被申请人提出反请求的手续已完备的，向当事人发出反请求受理通知。

（四）申请人对反请求的答辩，参照本规则第十四条的规定办理。

第十六条　变更仲裁请求或反请求

（一）当事人可书面申请变更仲裁请求或反请求。

（二）是否同意变更，仲裁庭组成前由仲裁院决定，仲裁庭组成后由仲裁庭决定。仲裁院或仲裁庭认为变更会造成仲裁程序过于延迟、对另一方不公平或导致任何其他情况而不宜变更的，有权拒绝变更。

（三）变更仲裁请求或反请求不影响仲裁程序的继续进行。

（四）变更仲裁请求或反请求的提出、受理和答辩，参照本规则第十一条至第十四条的规定办理。

第十七条　多份合同的单次仲裁

（一）当事人之间因多份合同、主从合同或其他关联合同引起的争议，如果多份合同、主从合同或关联合同的仲裁协议都约定由仲裁院仲裁，且相关争议源于同一交易或同一系列交易，申请人可以在单次仲裁中就多份合同、主从合同或关联合同争议一并提出仲裁申请。

（二）被申请人提出异议的，由仲裁院或仲裁院授权的仲裁庭作出决定。

第十八条　合并仲裁

（一）经当事人书面同意，仲裁院可以决定将已经进入仲裁程序的两个或两个以上的关联案件合并为一个仲裁案件，由同一仲裁庭进行审理。

（二）除非当事人另有约定或者仲裁院另有决定，合并的仲裁案件应合并于最先开始仲裁程序的仲裁案件。

（三）仲裁案件合并后，在仲裁庭组成前，由仲裁院对程序事项作出决定；在仲裁庭组成后，由仲裁庭对程序事项作出决定。

（四）仲裁案件合并后，仲裁庭有权就当事人之间的争议分别或一并作出仲裁裁决。

第十九条 合并开庭

两个或者两个以上仲裁案件所涉法律或事实问题相同、相类似或相关联,且仲裁庭组成人员相同的,经当事人同意,可以合并开庭审理。

第二十条 追加当事人

(一)已经进入仲裁程序的任何一方当事人可以依据相同仲裁协议书面申请追加当事人。是否接受,由仲裁庭作出决定;仲裁庭尚未组成的,由仲裁院作出决定。

(二)经当事人和案外人一致同意后,案外人可以书面申请加入仲裁程序。是否接受,由仲裁庭作出决定;仲裁庭尚未组成的,由仲裁院作出决定。

(三)仲裁庭尚未组成,仲裁院接受追加当事人请求的,各方当事人应按照本规则第二十八至三十一条的规定指定仲裁员组成仲裁庭,其所规定的期限从同意追加当事人的决定送达之日起算。仲裁庭已组成,仲裁庭接受追加当事人请求的,由仲裁庭继续审理。任何未参与仲裁庭组成程序的当事人视为放弃此项权利,但不影响该当事人根据本规则第三十三条的规定申请仲裁员回避的权利。

第二十一条 多方当事人之间的仲裁请求

(一)案件有两个或者两个以上的申请人或被申请人,或者存在追加当事人的情况下,任何当事人均可以依据相同的仲裁协议针对其他任意一方当事人提出仲裁请求。在仲裁庭组成前,由仲裁院决定是否受理;在仲裁庭组成后,由仲裁庭决定是否受理。

(二)上述仲裁请求的提出、受理、答辩、变更等事项参照本规则第十一条至第十六条的规定办理。

第二十二条 预缴仲裁费

(一)当事人提出仲裁请求或反请求,变更仲裁请求或反请求,应当按照仲裁院的通知在规定的时间内预缴仲裁费。

(二)当事人要求抵销任何仲裁请求,且该要求需要仲裁庭考虑额外事项的,该抵销按单独的请求计算仲裁费。

第二十三条 文件的提交

除非当事人另有约定,仲裁院或仲裁庭可要求当事人以电子和/或纸质方式提交仲裁申请书、答辩书、反请求申请书、证明文件以及其他书面文件。

第二十四条 代理人

当事人可以委托包括中国内地、香港特别行政区、澳门特别行政区、台湾地区和外国律师在内的人士担任其仲裁代理人。当事人委托代理人进行仲裁活动的,应当向仲裁院提交载明具体委托事项和权限的授权委托书。

第四章 临时措施

第二十五条 保全

(一)因情况紧急,不立即申请保全将会使其合法权益受到难以弥补的损害的,或担心因对方的行为或者其他原因可能使裁决不能执行或者难以执行的,当事人可以在申请仲裁前或仲裁程序中申请财产保全或行为保全。

(二)在证据可能灭失或者以后难以取得的情况下,当事人可以在申请仲裁前或仲裁程序中申请证据保全。

(三)如果仲裁地在中国内地,当事人在仲裁程序开始前申请保全的,可以将其申请直接提交有管辖权的法院;当事人在仲裁程序中申请保全的,仲裁院应将其申请提交有管辖权的法院。如果仲裁地在其他国家或地区,当事人申请保全的,应按照适用的法律将其申请提交有管辖权的法院裁定或仲裁庭决定。

第二十六条 紧急仲裁员

(一)在仲裁程序适用法律允许的情况下,从仲裁程序开始后至仲裁庭组成之前,当事人因情况紧急需要申请临时措施的,可以向仲裁院提出指定紧急仲裁员的书面申请。是否同意,由仲裁院决定。

(二)书面申请材料应包含以下内容:

1. 所涉及的当事人及其代理人的名称和地址、电话号码、传真号

码、电子邮箱及其他联络方式;

2. 所申请的具体临时措施及理由;

3. 有关紧急仲裁员程序进行地、语言及适用法律的意见。

(三)仲裁院决定适用紧急仲裁员程序的,应在收到申请及申请人按规定预缴的紧急仲裁员费用后 2 日内指定紧急仲裁员,并将指定情况通知所有当事人。仲裁院应将申请人的申请材料及其附件同时转发被申请人。

(四)紧急仲裁员的信息披露、回避等事项,参照本规则第三十二条和第三十三条的规定办理。当事人若以紧急仲裁员披露的事项为由要求该仲裁员回避,应于收到紧急仲裁员的书面披露后 2 日内书面提出。逾期没有申请回避的,不得以紧急仲裁员曾经披露的事项为由申请回避。

(五)除非当事人另有约定,紧急仲裁员不担任与该临时措施申请有关的案件的仲裁员。

(六)紧急仲裁员有权采取其认为适当的方式就当事人的临时措施申请进行审查,但应保证各方当事人有合理陈述的机会。

(七)紧急仲裁员应当于指定之日起 14 日内作出相关决定并说明理由。当事人应当遵守紧急仲裁员作出的相关决定。

(八)当事人对紧急仲裁员作出的相关决定有异议的,有权自收到相关决定之日起 3 日内向紧急仲裁员提出修改、中止或撤销相关决定的申请,是否同意,由紧急仲裁员决定。

(九)仲裁庭组成后,可以修改、中止或撤销紧急仲裁员作出的相关决定。

第五章 仲 裁 庭

第二十七条 独立和公平原则

仲裁员应当独立于当事人,并应公平地对待当事人。

第二十八条 仲裁员名册的适用

(一)当事人应从《深圳国际仲裁院仲裁员名册》中指定仲裁员。

（二）适用《联合国国际贸易法委员会仲裁规则》或《深圳国际仲裁院海事物流仲裁规则》的案件，当事人可以从《深圳国际仲裁院仲裁员名册》中指定仲裁员，也可以在前述名册之外提出仲裁员人选。在前述名册之外提出仲裁员人选的，该人选经仲裁院确认后方可担任该案仲裁员。

（三）适用本规则快速程序、《深圳国际仲裁院金融借款争议仲裁规则》或《深圳国际仲裁院网络仲裁规则》的案件，当事人应从《深圳国际仲裁院仲裁员名册》或《深圳国际仲裁院特定类型案件仲裁员名册》中指定仲裁员。

第二十九条　仲裁庭的人数和组成方式

（一）当事人可以约定仲裁庭人数为一名或三名。

（二）除非当事人另有约定或本规则另有规定，仲裁庭由三名仲裁员组成。

（三）当事人可以约定仲裁庭的组成方式，但其约定无法实施或与仲裁程序适用法律的强制性规定相抵触的除外。

第三十条　三人仲裁庭的组成

（一）除非当事人另有约定，申请人和被申请人应当各自在收到仲裁通知之日起15日内指定或委托仲裁院院长指定一名仲裁员；当事人未能按照上述规定指定或委托仲裁院院长指定的，由仲裁院院长指定。如果一方当事人有多个，则该方多个当事人应共同指定或共同委托仲裁院院长指定仲裁员；该方多个当事人无法达成一致的，由仲裁院院长指定。

（二）除非当事人另有约定，首席仲裁员由当事人在被申请人收到仲裁通知之日起15日内共同指定或共同委托仲裁院院长指定。当事人未能按照上述规定共同指定或共同委托仲裁院院长指定的，首席仲裁员由仲裁院院长指定；一方当事人书面表示放弃与对方当事人共同指定或共同委托仲裁院院长指定的，首席仲裁员由仲裁院院长指定，并不受上述期限限制。

（三）当事人可以约定，仲裁院院长也可以决定，首席仲裁员由根据本条第(一)款已确定的两名仲裁员共同指定。除非当事人另有约定,在第二名仲裁员确定之日起10日内该两名已确定的仲裁员对首席仲裁员人选未达成一致的,首席仲裁员由仲裁院院长指定。

(四)经双方当事人申请或同意,仲裁院院长可以推荐三名以上首席仲裁员候选名单,供双方当事人在收到候选名单之日起5日内按照各自意愿作先后排序。在推荐人选中,双方当事人叠加排序名列最前的,为双方当事人共同指定的首席仲裁员;叠加排序有两名或两名以上并列最前的,由仲裁院院长在并列人选中确定一名为双方当事人共同指定的首席仲裁员。

(五)经双方当事人申请或同意,仲裁院院长可以推荐三名以上首席仲裁员候选名单,供双方当事人在收到候选名单之日起5日内选择。在推荐人选中,双方当事人的选择有一名相同的,为双方当事人共同指定的首席仲裁员;有两名以上相同的,由仲裁院院长在相同人选中确定一名为双方当事人共同指定的首席仲裁员;没有相同人选的,由仲裁院院长在候选名单之外为双方当事人指定首席仲裁员。

(六)经双方当事人申请或同意,仲裁院院长可以推荐三名以上首席仲裁员候选名单。双方当事人在收到候选名单之日起5日内可以各排除一名或若干名候选人。首席仲裁员由仲裁院院长在剩余候选名单中指定;候选人均被排除的,由仲裁院院长在候选名单之外指定。

第三十一条 独任仲裁庭的组成

仲裁庭由一名仲裁员组成的,按照本规则第三十条第(二)款、第(四)款、第(五)款或第(六)款规定的程序,指定该独任仲裁员。

第三十二条 仲裁员信息披露

(一)仲裁员被指定后,应签署保证独立公正仲裁的声明书。

(二)仲裁员应当在声明书中披露其知悉的可能引起对其公正性和独立性产生合理怀疑的任何情形。

(三)仲裁员在签署声明书后的仲裁程序中出现应当披露的情形的,应当立即书面披露。

第三十三条 仲裁员回避

(一)当事人以仲裁员披露的信息为由要求该仲裁员回避的,应于收到仲裁员的书面披露后 10 日内书面提出。逾期没有申请回避的,不得以仲裁员曾经披露的事项为由申请该仲裁员回避。

(二)当事人对被指定的仲裁员的公正性和独立性产生合理怀疑时,可以书面提出回避申请,但应说明具体理由,并提供相应证据。

(三)当事人的回避申请应当及时转交其他当事人和仲裁庭所有成员。

(四)如果一方当事人申请回避,另一方当事人同意回避申请,或者被申请回避的仲裁员主动退出仲裁庭,则该仲裁员不再参加本案审理。但上述情形并不表示当事人提出回避的理由成立。

(五)除本条第(四)款规定的情形外,仲裁员是否回避,由仲裁院院长作出决定。在仲裁院院长作出决定前,被申请回避的仲裁员应当继续履行职责。

(六)当事人在收到仲裁庭组成通知之后聘请的代理人与仲裁员构成应当回避情形的,该方当事人无权再就此提出回避申请,但另一方当事人申请回避的权利不受影响。因此而导致仲裁程序拖延的,造成回避情形的当事人应承担相应的后果,包括但不限于由此而产生的费用。

第三十四条 仲裁员替换

(一)仲裁员由于回避、主动退出或其他特定原因不能履行职责的,应当替换。

(二)仲裁员在法律上或事实上不能履行其职责,或者没有按照本规则的要求履行职责的,仲裁院院长有权决定将其替换,并给予各方当事人和仲裁庭全体成员提出书面意见的机会。

(三)被替换的仲裁员原来由当事人指定的,当事人应当按原指定仲裁员的方式自收到通知之日起 5 日内重新指定,逾期未重新指定的,由仲裁院院长指定;原来由仲裁院院长指定的,由仲裁院院长另行指定。

（四）除非当事人另有约定，仲裁员替换后，由仲裁庭决定此前已进行过的全部或部分审理程序是否需要重新进行。仲裁庭决定全部审理程序重新进行的，本规则第五十条规定的裁决作出期限从仲裁庭决定重新进行审理程序之日起计算。

第三十五条　多数仲裁员继续仲裁程序

最后一次开庭结束后，三人仲裁庭中的一名仲裁员由于特定原因不能继续参加仲裁程序，仲裁院院长可以按照本规则第三十四条的规定替换该仲裁员；但在征得各方当事人及仲裁院院长同意后，其他两名仲裁员也可以继续进行仲裁程序，作出决定或裁决。

第六章　审　理

第三十六条　审理方式

（一）除非当事人另有约定，仲裁庭有权决定程序事项，并按照其认为适当的方式审理案件。在任何情形下，仲裁庭均应保持独立和中立，公平、公正地对待各方当事人，给予各方当事人陈述和辩论的合理机会。

（二）仲裁庭对程序事项意见不一致时，仲裁程序按照仲裁庭的多数意见进行；仲裁庭不能形成多数意见时，仲裁程序按照首席仲裁员的意见进行。

（三）仲裁庭认为必要时，可以发布程序指令、发出问题清单、举行庭前会议、议定审理范围、要求当事人进行庭前证据交换、要求当事人披露相关文件、要求当事人共同拟定争议焦点问题、在适用法律许可的范围内行使释明权。

（四）除非本规则另有规定，仲裁庭应当开庭审理案件；仲裁庭认为不必开庭审理，并经征得当事人同意的，仲裁庭可以依据书面文件进行审理。

（五）当事人约定书面审理的，从其约定；但仲裁庭认为有必要开庭审理的，可以开庭审理。

（六）当事人可以约定采用询问式、辩论式或其他方式开庭审理案件。

第三十七条　开庭通知

(一)对于开庭审理的案件,仲裁庭确定第一次开庭时间后,应不迟于开庭前 10 日通知当事人。当事人有正当理由的,可以申请延期开庭,但应不迟于开庭前 5 日以书面形式提出,是否延期,由仲裁庭决定。

(二)当事人有正当理由未能按第(一)款规定的期限提出延期开庭申请的,是否延期,由仲裁庭决定。

(三)第二次和其后各次开庭审理时间及延期后开庭审理时间的通知,不受第(一)款所列期限的限制。

(四)经当事人同意,仲裁庭可以提前开庭。

第三十八条　开庭地点

(一)除非当事人另有约定,应当在仲裁院所在地开庭。如仲裁庭认为有必要,并经仲裁院同意,也可以在其他地点开庭。

(二)当事人约定在仲裁院所在地之外的地点开庭的,应承担相应费用。当事人应当按照约定或者仲裁院确定的比例,在仲裁院通知的期限内预缴上述费用;未预缴的,在仲裁院所在地开庭。

第三十九条　当事人缺席

(一)申请人经通知,无正当理由不到庭的,或未经仲裁庭许可而中途退庭的,视为撤回仲裁申请;被申请人提出反请求的,不影响仲裁庭就反请求进行审理。

(二)被申请人经通知,无正当理由不到庭的,或未经仲裁庭许可而中途退庭的,仲裁庭可以进行缺席审理,并继续仲裁程序;被申请人提出反请求的,视为撤回反请求。

第四十条　庭审声明

在开庭审理时,仲裁庭就独立公正宣读声明书;当事人及其代理人、证人、鉴定人等相关人员可以就诚实信用和善意合作宣读声明书。

第四十一条　庭审记录

(一)仲裁庭将开庭情况记入庭审笔录,也可以对庭审进行语音或图像记录。经当事人申请,庭审笔录可以提供给当事人。

(二)庭审笔录由仲裁员、当事人及其代理人、证人或其他有关人员签名确认。当事人和其他仲裁参与人认为庭审笔录对自己陈述的记录存在遗漏或者差错的,可以申请补正;仲裁庭不同意补正的,应记录该申请。

(三)经当事人共同申请,或经一方当事人申请且得到仲裁庭的同意,或经仲裁庭自行决定,仲裁院可以为仲裁庭聘请专业速录人员或采用其他方式制作庭审笔录。

第四十二条 举证

(一)仲裁庭可以决定举证期限,当事人应当在该期限内提交证据。逾期提交的,仲裁庭有权拒绝接受。

(二)当事人对自己的主张承担举证责任。仲裁庭有权决定当事人的举证责任。

(三)负有举证责任的当事人未能在规定的期限内提交证据,或者虽提交证据但不足以证明其主张的,应承担由此产生的后果。

(四)当事人申请证人出庭的,应当在书面申请中列明拟出庭的证人的身份信息、证词和所用的语言。

(五)就法律及其他专业问题,当事人可以聘请专家证人提出书面意见和/或出庭作证。

(六)当事人对证据规则有特别约定的,从其约定,但其约定无法实施或与仲裁程序适用法律强制性规定相抵触的除外。

第四十三条 质证

(一)除非当事人另有约定,证据应当在开庭审理时出示,当事人可以质证。

(二)对于书面审理的案件中的证明材料,或者须在开庭后补交的证明材料,当事人同意书面质证的,应在仲裁庭决定的期限内提交书面质证意见。

(三)当事人共同确认或没有异议的证据,视为已经质证。

(四)当事人提供伪造的证据的,应承担相应的后果,仲裁庭有权据此驳回该方当事人提出的请求或反请求。

第四十四条　仲裁庭调查

（一）仲裁庭认为有必要，或者当事人申请且仲裁庭同意的，仲裁庭可以调查事实、收集证据。

（二）仲裁庭现场调查事实、收集证据时，认为有必要通知当事人到场的，应及时通知。当事人经通知不到场的，不影响仲裁庭调查事实和收集证据。

（三）仲裁庭调查的有关情况及收集的证据，应告知或转交当事人，并给予当事人提出意见的机会。

第四十五条　专家报告

（一）仲裁庭认为有必要，或者当事人提出请求且经仲裁庭同意的，仲裁庭可以决定聘请专家进行鉴定、审计、评估、检测或咨询，并提供专家报告。

（二）仲裁庭可以通知当事人在一定的期限内共同选定专家；当事人不能达成一致的，由仲裁庭指定。

（三）当事人应当按照约定或仲裁庭决定的比例预交专家费用。当事人不预交的，仲裁庭有权决定不进行本条第（一）款的程序。

（四）专家报告副本应转交当事人，给予当事人提出意见的机会。仲裁庭认为有必要，或者根据当事人的请求，可以通知专家参加开庭，并就专家报告进行解释。

第四十六条　程序中止

（一）当事人请求中止仲裁程序，或者出现法律或本规则规定的其他需要中止仲裁程序的情形的，由仲裁庭决定仲裁程序是否中止。仲裁庭尚未组成的，由仲裁院决定。

（二）中止仲裁程序的原因消失后，仲裁程序恢复进行。

第四十七条　撤回申请和撤销案件

（一）当事人可以撤回全部仲裁请求或全部仲裁反请求。申请人撤回全部仲裁请求的，不影响仲裁庭就被申请人的仲裁反请求进行审理和裁决。被申请人撤回全部仲裁反请求的，不影响仲裁庭就申请人的仲裁请求进行审理和裁决。

(二)仲裁请求和反请求全部撤回的,仲裁庭应作出撤销案件的决定。在仲裁庭组成前撤销案件的,由仲裁院作出撤销案件的决定。仲裁院或仲裁庭有权决定提出撤回申请的当事人承担相应的仲裁费用,当事人另有约定的,从其约定。

(三)案件经开庭审理后,当事人申请撤回全部仲裁请求或全部仲裁反请求的,仲裁庭可给予对方当事人合理机会发表意见。如果对方当事人提出合理的反对意见,并且仲裁庭认为有正当理由通过裁决解决争议,仲裁庭有权继续仲裁程序。

第七章 调解与和解

第四十八条 仲裁庭主持的调解

(一)如果各方当事人有调解意愿,仲裁庭可以在仲裁程序中主持调解。当事人同意由仲裁庭调解的,主持调解的仲裁员在其后的仲裁程序中可以继续履行仲裁员职责,除非当事人另有约定或者适用法律另有规定。

(二)仲裁庭可以按照其认为适当的方式进行调解。经征得当事人同意,调解可以由仲裁庭全部或部分成员主持。

(三)一方当事人申请案外人参加调解,所有当事人以及该案外人书面同意的,仲裁庭可以通知案外人参加调解。

(四)在调解过程中,任何一方当事人提出终止调解或仲裁庭认为已无调解成功的可能时,应停止调解。

(五)当事人经调解达成和解的,可以撤回仲裁请求或反请求,也可以请求仲裁庭依照和解协议的内容作出裁决书或调解书。

(六)如果调解不成功,任何一方当事人均不得在其后的仲裁程序、司法程序或其他任何程序中援引当事人、仲裁员在调解过程中的任何陈述、意见、观点、建议或主张作为支持其请求、答辩或反请求的依据。

第四十九条 和解、调解及谈判促进

(一)当事人可以对其争议自行达成和解,可以向仲裁院调解中心或仲裁院认可的其他调解机构申请调解,也可以向仲裁院谈判促进中

心申请谈判促进。

（二）在仲裁案件审理过程中，当事人根据本条第（一）款规定的方式达成和解协议的，当事人可以请求仲裁庭依照和解协议的内容作出裁决书、调解书或申请撤销仲裁案件。当事人尚未申请仲裁或仲裁庭尚未组成的，如当事人请求依照和解协议作出裁决书或调解书，除非当事人另有约定，仲裁院院长应指定一名独任仲裁员组成仲裁庭，由仲裁庭按照其认为适当的程序进行审理并作出裁决书或调解书，具体程序和期限不受本规则其他条款限制。

（三）仲裁院或仲裁庭有权要求当事人作出声明，保证和解协议及相关交易的合法性和真实性，承诺不损害案外人利益或公共利益。仲裁庭对和解协议的合法性、真实性有合理怀疑，或者认为依据和解协议的内容作出裁决书或调解书有可能损害案外人利益或公共利益的，应当驳回当事人关于按照和解协议内容作出裁决书或调解书的请求。

第八章　裁　决

第五十条　作出裁决的期限

（一）本规则第二条第（一）款第 1 项、第 2 项所涉争议案件，仲裁庭应当在组庭之日起 6 个月内作出裁决。

（二）本规则第二条第（一）款第 3 项所涉争议案件，仲裁庭应当在组庭之日起 4 个月内作出裁决。

（三）本规则第二条第（一）款所涉争议案件适用第九章快速程序的，仲裁庭应当在组庭之日起 2 个月内作出裁决。

（四）确有特殊情况和正当理由需要延长裁决期限的，由仲裁庭提请仲裁院批准，可以适当延长。

（五）下列期间不计入上述期限：

1. 根据本规则第四十五条进行鉴定、审计、评估、检测、专家咨询等的期间；

2. 根据本规则第四十八条、第四十九条进行和解、调解和谈判促进的期间；

3. 依照法律和本规则规定中止仲裁程序的期间。

第五十一条 裁决的作出

（一）仲裁庭应当基于事实，依据可适用的法律及公认的法律原则，参考商业惯例，公平合理、独立公正地作出裁决。

（二）当事人对于实体适用法律有约定的，从其约定；当事人没有约定或其约定与仲裁地法律强制性规定相抵触的，由仲裁庭决定。

（三）仲裁庭在其作出的裁决中，应当写明仲裁请求、争议事实、裁决理由、裁决结果、仲裁费用的承担、裁决日期和仲裁地。当事人另有约定的，以及按照当事人和解协议的内容作出裁决的，可以不写明争议事实和裁决理由。仲裁庭有权确定当事人履行裁决的具体期限及逾期履行所应承担的责任。

（四）由三名仲裁员组成仲裁庭审理的案件，裁决依全体仲裁员或多数仲裁员的意见作出；少数仲裁员的书面意见应当附卷，并可以和裁决书一同发送当事人，但该书面意见不构成裁决书的组成部分。仲裁庭不能形成多数意见时，裁决依首席仲裁员的意见作出；其他仲裁员的书面意见应当附卷，并可以和裁决书一同发送当事人，但该书面意见不构成裁决书的组成部分。

（五）裁决书应由仲裁员签署。持有不同意见的仲裁员可以在裁决书上署名，也可以不署名。

（六）作出裁决的日期，即为裁决发生法律效力的日期。

（七）裁决书应加盖仲裁院印章。

（八）裁决是终局的，对各方当事人均有约束力。但当事人约定适用选择性复裁程序的，裁决效力依本规则第六十八条及《深圳国际仲裁院选择性复裁程序指引》确定。

第五十二条 部分裁决

仲裁庭认为必要或当事人提出请求并经仲裁庭同意的，仲裁庭可以在按照第五十一条的规定作出裁决之前，就当事人的部分请求事项作出部分裁决。部分裁决是终局的，对各方当事人均有约束力。

第五十三条　裁决书草案的核阅

仲裁庭应在签署裁决书之前将裁决书草案提交仲裁院核阅。仲裁院可以提出形式上的修改建议,也可以提示仲裁庭注意实体问题,但不影响仲裁庭独立作出裁决。

第五十四条　裁决书补正

(一)任何一方当事人均可以在收到裁决书之日起 30 日内就裁决书中的书写、打印或计算错误,或者其他类似性质的错误,书面申请仲裁庭作出更正。如确有错误,仲裁庭应在收到书面申请之日起 30 日内作出书面更正。

(二)任何一方当事人均可以在收到裁决书之日起 30 日内就裁决书中遗漏的仲裁请求事项,书面申请仲裁庭作出补充裁决。如确有遗漏,仲裁庭应在收到上述书面申请之日起 30 日内作出补充裁决。

(三)仲裁庭可以在作出裁决后的合理时间内自行以书面形式对裁决书进行更正或者作出补充裁决。

(四)上述书面更正或补充裁决构成裁决书的一部分。

第五十五条　重新仲裁

(一)有管辖权的法院按照法律规定通知重新仲裁的,案件由原仲裁庭审理。原仲裁庭组成人员由于回避、主动退出或者其他特定原因不能履行职责的,按照本规则第三十四条的规定替换仲裁员。

(二)重新仲裁的案件,具体仲裁程序由仲裁庭决定。

(三)仲裁庭应按照本规则重新作出裁决。

(四)重新仲裁的裁决书取代原裁决书,当事人应当履行重新仲裁的裁决书。

第九章　快速程序

第五十六条　快速程序的适用

(一)凡争议金额不超过人民币 300 万元的,或争议金额超过人民币 300 万元但经当事人书面同意的,或当事人约定适用快速程序或简易程序的,适用快速程序。

(二)争议金额不明确的,由仲裁院根据案件的复杂程度、涉及权益的情况以及其他有关因素综合考虑决定是否适用快速程序。

第五十七条 答辩和反请求

(一)被申请人应在收到仲裁通知之日起 10 日内提交答辩书及有关证明材料。

(二)被申请人如有反请求,应在收到仲裁通知之日起 10 日内以书面形式提出。申请人对反请求的答辩书,应在收到反请求受理通知后 10 日内提交。

第五十八条 仲裁庭的组成

适用快速程序的案件,依据本规则第三十一条的规定组成独任仲裁庭审理案件。独任仲裁员从《深圳国际仲裁院仲裁员名册》或《深圳国际仲裁院特定类型案件仲裁员名册》中产生。

第五十九条 审理方式

仲裁庭可以按照其认为适当的方式审理案件。仲裁庭可以决定依据当事人提交的书面材料和证据进行书面审理,也可以决定开庭审理。

第六十条 开庭通知

(一)对于开庭审理的案件,仲裁庭确定第一次开庭时间后,应不迟于开庭前 7 日通知当事人。当事人有正当理由的,可以申请延期开庭,但应不迟于开庭前 3 日以书面形式提出;是否延期开庭,由仲裁庭决定。

(二)当事人有正当理由未能按第(一)款规定的期限提出延期开庭申请的,是否延期,由仲裁庭决定。

(三)第二次和其后各次开庭审理时间及延期后开庭审理时间的通知,不受第(一)款所列期限的限制。

第六十一条 程序变更

(一)仲裁请求的变更或反请求的提出,不影响快速程序的继续进行。

(二)变更后的仲裁请求或反请求所涉及的争议金额超过人民币 300 万元的,经一方当事人请求或者仲裁庭提议,仲裁院认为有必要的,仲裁院可以决定将快速程序变更为普通程序。

(三)原适用普通程序的案件,仲裁庭组成前,申请人变更仲裁请求的,变更后的仲裁请求金额不超过人民币300万元的,适用快速程序;仲裁庭组成后,仲裁请求的变更或反请求的提出,不影响普通程序的继续进行。

第六十二条 其他规定

本章未规定的事项,适用本规则其他各章的有关规定。

第十章 附 则

第六十三条 仲裁费用

(一)当事人应当按照仲裁院制定的《仲裁费用规定》向仲裁院缴付仲裁费用。

(二)当事人约定适用其他仲裁规则的,仲裁院可以适用其他仲裁规则规定的仲裁收费办法收费;该规则没有规定仲裁收费办法的,适用仲裁院的《仲裁费用规定》。

(三)在仲裁过程中,若当事人未按规定缴付相关费用,仲裁院应通知当事人,以便由任何一方缴付。若仍未缴付,仲裁院可决定中止仲裁程序,或视为当事人撤回全部仲裁请求或反请求。

(四)本规则所附《仲裁费用规定》构成本规则的组成部分。

第六十四条 费用承担

(一)仲裁庭有权在裁决书中决定当事人应承担的仲裁费和其他费用,包括当事人按照《仲裁费用规定》所应缴付的仲裁费用和实际开支,以及当事人为进行仲裁而发生的合理的法律费用和其他费用。

(二)除非当事人另有约定或本规则另有规定,仲裁费用原则上应由败诉方承担。但仲裁庭可以在考虑相关情况后,按照其认为合理的比例,决定仲裁费的承担。当事人自行和解或者经仲裁庭调解结案的,当事人可以协商确定仲裁费的承担。

(三)当事人违反本规则或者不履行仲裁庭决定而导致仲裁程序拖延的,其仲裁费用承担不受前款规定的限制;因仲裁程序拖延导致其他费用发生或者增加的,还应承担其他相应的费用。

(四)仲裁庭有权根据当事人的请求在裁决书中决定败诉方补偿胜诉方因办理案件支出的合理费用,包括但不限于律师费、保全费、差旅费、公证费和证人作证费用等。仲裁庭在确定上述费用时,应考虑案件的裁决结果、复杂程度、当事人或代理人的实际工作量以及案件的争议金额等有关因素。

第六十五条 期限的计算

(一)本规则规定的期限或者根据本规则确定的期限,应当自期限开始之次日起算。期限开始之日,不计算在期限之内。

(二)如果期限开始之次日为送达地公共假日或者非工作日,则从其后的第一个工作日开始计算。期限内的公共假日和非工作日应计算在期限内。期限届满日是公共假日或者非工作日的,以其后的第一个工作日为期限届满日。

(三)当事人因不可抗力或者其他正当理由耽误期限的,在障碍消除后10日内,可以申请顺延。是否准许,由仲裁庭决定;仲裁庭尚未组成的,由仲裁院决定。

第六十六条 保密

(一)仲裁不公开进行。

(二)如果当事人同意公开审理,由仲裁庭作出是否公开审理的决定。

(三)不公开审理的案件,当事人及其仲裁代理人、证人、翻译、仲裁员、仲裁庭咨询的专家和指定的鉴定人、庭审记录人员、仲裁院工作人员等相关人员,均不得对外界透露案件实体或程序有关情况,但法律另有规定的除外。

第六十七条 信息技术应用

除非当事人另有约定,仲裁院或仲裁庭可以决定全部或者部分仲裁程序借助信息技术进行,包括但不限于网上立案、送达、开庭、质证。

第六十八条 选择性复裁程序

(一)在仲裁地法律不禁止的前提下,当事人约定任何一方就仲庭依照本规则第八章作出的裁决可以向仲裁院提请复裁的,从其约定。适用本规则快速程序的案件,不适用本条规定的选择性复裁程序。

(二)选择性复裁程序按照《深圳国际仲裁院选择性复裁程序指引》的规定进行。

第六十九条　异议权的放弃

当事人在知道或应当知道本规则、适用于仲裁程序的其他仲裁规则、仲裁庭的任何决定或仲裁协议中的任何条款或条件未被遵守的情况下,仍继续参与仲裁程序且未及时提出书面异议的,视为其放弃提出异议的权利。

第七十条　责任的限制

仲裁员、仲裁院及其相关人员均不就依本规则进行的仲裁中的任何作为或不作为承担任何民事责任,除非是不诚实的作为或不作为。

第七十一条　规则的解释

(一)本规则条文标题不用于解释条文含义。

(二)本规则由仲裁院负责解释。

(三)除非另有声明,仲裁院发布的其他文件不构成本规则的组成部分。

第七十二条　规则的施行

本规则经仲裁院理事会审议通过后自 2019 年 2 月 21 日起施行。自本规则施行之日起,仲裁院受理的案件适用本规则。仲裁院在本规则施行前受理的案件,仍适用受理案件时适用的仲裁规则;当事人一致同意的,也可以适用本规则。

附件：

仲裁费用规定

一、关于国际、涉外及涉港澳台案件的仲裁费用

仲裁费用表一

争议金额(人民币)	仲裁费用(人民币)
1,000,000 元以下（含 1,000,000 元）	争议金额的 3.5%，最低不少于 10,000 元
1,000,001 元至 5,000,000 元（含 5,000,000 元）	35,000 元 + 争议金额 1,000,000 元以上部分的 2.5%
5,000,001 元至 10,000,000 元（含 10,000,000 元）	135,000 元 + 争议金额 5,000,000 元以上部分的 1.5%
10,000,001 元至 50,000,000 元（含 50,000,000 元）	210,000 元 + 争议金额 10,000,000 元以上部分的 1%
50,000,000 元以上	610,000 元 + 争议金额 50,000,000 元以上部分的 0.65%

1.《仲裁费用表一》适用于本仲裁规则第二条第(一)款第 1 项和第 2 项规定的国际、涉外及涉港澳台仲裁案件。

2. 申请仲裁时，当事人应向仲裁院缴付立案费人民币 10,000 元，用于仲裁申请的审查、立案、输入、归档和通讯等。立案费不予退还。

3. 当事人提出仲裁请求或反请求，应以《仲裁费用表一》列明的标准向仲裁院预缴仲裁费用。《仲裁费用表一》中的争议金额，以当事人请求的数额为准。没有争议金额或者争议金额不明确的，由仲裁院根据争议所涉及权益的具体情况确定预先收取的仲裁费用数额。

4. 当事人预缴的仲裁费用为外币时，按《仲裁费用表一》列明的标准计算与人民币等值的外币。

5. 仲裁院可以按照本仲裁规则的有关规定收取其他合理的实际开支费用。

6. 除本仲裁规则另有规定外,仲裁员报酬由仲裁院确定,从仲裁院按照《仲裁费用表一》收取的仲裁费用中支付。仲裁院在确定仲裁员报酬数额时,综合考虑仲裁员办理案件所花费时间、案件的争议金额、案件的复杂程度、仲裁员的勤勉程度和效率高低等因素。

二、关于中国内地案件的仲裁费用

仲裁费用表二

(一)案件受理费

争议金额(人民币)	案件受理费(人民币)
1,000 元以下(含 1,000 元)	100 元
1,001 元至 50,000 元(含 50,000 元)	100 元 + 争议金额 1,000 元以上部分的 5%
50,001 元至 100,000 元(含 100,000 元)	2,550 元 + 争议金额 50,000 元以上部分的 4%
100,001 元至 200,000 元(含 200,000 元)	4,550 元 + 争议金额 100,000 元以上部分的 3%
200,001 元至 500,000 元(含 500,000 元)	7,550 元 + 争议金额 200,000 元以上部分的 2%
500,001 元至 1,000,000 元(含 1,000,000 元)	13,550 元 + 争议金额 500,000 元以上部分的 1%
1,000,000 元以上	18,550 元 + 争议金额 1,000,000 元以上部分的 0.5%

(二)案件处理费

争议金额(人民币)	案件处理费(人民币)
200,000 元以下(含 200,000 元)	8,000 元
200,001 元至 500,000 元(含 500,000 元)	8,000 元 + 争议金额 200,000 元以上部分的 2%
500,001 元至 1,000,000 元(含 1,000,000 元)	14,000 元 + 争议金额 500,000 元以上部分的 1.5%
1,000,001 元至 3,000,000 元(含 3,000,000 元)	21,500 元 + 争议金额 1,000,000 元以上部分的 0.5%
3,000,001 元至 6,000,000 元(含 6,000,000 元)	31,500 元 + 争议金额 3,000,000 元以上部分的 0.45%
6,000,001 元至 10,000,000 元(含 10,000,000 元)	45,000 元 + 争议金额 6,000,000 元以上部分的 0.4%
10,000,001 元至 20,000,000 元(含 20,000,000 元)	61,000 元 + 争议金额 10,000,000 元以上部分的 0.3%
20,000,001 元至 40,000,000 元(含 40,000,000 元)	91,000 元 + 争议金额 20,000,000 元以上部分的 0.2%
40,000,000 元以上	131,000 元 + 争议金额 40,000,000 元以上部分的 0.15%

1.《仲裁费用表二》适用于本仲裁规则第二条第(一)款第 3 项中国内地仲裁案件的收费,包括案件受理费和案件处理费。

2. 当事人提出仲裁请求或反请求,应以《仲裁费用表二》列明的标准向仲裁院预缴案件受理费和案件处理费。《仲裁费用表二》中的争议金额,以当事人请求的数额为准。没有争议金额或者争议金额不明确的,由仲裁院根据争议所涉及权益的具体情况确定预先收取的仲裁费用数额。

3. 仲裁院可以按照本仲裁规则的有关规定收取其他合理的实际开支费用。

4. 仲裁员报酬由仲裁院确定,从仲裁院按照《仲裁费用表二》收取的仲裁费用中支付。仲裁院在确定仲裁员报酬数额时,综合考虑仲裁员办理案件所花费时间、案件的争议金额、案件的复杂程度、仲裁员的勤勉程度和效率高低等因素。仲裁员个人的收费费率对仲裁院没有约束力,仅供仲裁院参考。

三、关于分期预缴仲裁费

1. 按照本规定第一条或第二条规定缴费的仲裁案件,仲裁费用金额较大或存在其他特殊情况的,根据当事人的请求,仲裁院可以同意当事人分期预缴仲裁费用:

(1) 在提起仲裁申请时,当事人预缴的仲裁费用不应少于全部仲裁费用的三分之一;

(2) 在仲裁庭组成之前,不应少于二分之一;

(3) 在开庭前,应当缴足全部仲裁费用。

2. 经仲裁院同意分期预缴的费用不包括本规定第一条规定的立案费。

四、关于适用《联合国国际贸易法委员会仲裁规则》案件的费用

当事人根据本仲裁规则第三条第(四)款的规定约定适用《联合国国际贸易法委员会仲裁规则》的国际、涉外及涉港澳台仲裁案件,和本仲裁规则第二条第(二)款规定的投资争议仲裁案件,按照《深圳国际仲裁院关于适用〈联合国国际贸易法委员会仲裁规则〉的程序指引》(下称《指引》)的规定,仲裁院收费标准如下:

1. 立案费

立案费为人民币5,000元,该费用在任何情况下不予退还。

2. 相关管理费用

相关管理费用涵盖《指引》第四条第(一)款三项管理所产生的费用:

（1）指定仲裁员（币种：人民币）

	指定1名仲裁员	指定2名仲裁员	指定3名仲裁员
当事人预缴费用	10,000元	15,000元	18,000元

（2）仲裁员回避决定

每一份关于仲裁员回避的决定收费人民币20,000元。

（3）仲裁案件财务管理

仲裁院以所代为管理的案件费用总额的0.1%收取财务管理费用。不足人民币1,000元的，以人民币1,000元的标准收取。财务管理收费不应超过人民币100,000元。

（4）仲裁院提供的《指引》第四条第(二)款项下的服务

仲裁院提供的《指引》第四条第(二)款项下的服务，或依据当事人、仲裁庭请求的其他协助案件管理服务所产生的费用，以实际开支为准收取。

五、关于适用其他仲裁规则的费用

仲裁费用表三

争议金额（人民币）	案件管理费（人民币）
1,000,000元以下 （含1,000,000元）	争议金额的1.4%，最低不少于4,000元
1,000,001元至5,000,000元 （含5,000,000元）	14,000元 + 争议金额1,000,000元以上部分的1%
5,000,001元至10,000,000元 （含10,000,000元）	54,000元 + 争议金额5,000,000元以上部分的0.6%
10,000,001元至50,000,000元 （含50,000,000元）	84,000元 + 争议金额10,000,000元以上部分的0.4%
50,000,000元以上	244,000元 + 争议金额50,000,000元以上部分的0.2%

1.《仲裁费用表三》适用于当事人约定仲裁院按照其他仲裁规则（仲裁院仲裁规则和《联合国国际贸易法委员会仲裁规则》除外）仲裁并由仲裁院提供仲裁程序管理服务的仲裁案件。

2. 申请仲裁时，申请人应向仲裁院缴付立案费人民币10,000元，用于仲裁申请的审查、立案、输入、归档和通讯等。立案费不予退还。

3. 当事人提出仲裁请求或反请求，应当以《仲裁费用表三》列明的标准向仲裁院预缴案件管理费。《仲裁费用表三》中的争议金额，以当事人请求的数额为准。没有争议金额或者争议金额不明确的，由仲裁院根据争议所涉及权益的具体情况确定预先收取的案件管理费数额。

4. 当事人预缴的案件管理费用为外币时，按《仲裁费用表三》列明的标准计算与人民币等值的外币。

5. 仲裁院可以按照本仲裁规则的有关规定收取其他合理的实际开支费用。

6. 仲裁院收取的案件管理费不包括仲裁员报酬。

六、关于采用协议方式确定仲裁员报酬及其费用承担

1. 除本仲裁规则第二条第（一）款第3项中国内地仲裁案件外，仲裁员报酬可以采用协议方式确定。采用协议方式确定的，需经各方当事人同意，仲裁庭所有成员的报酬均采用该方式确定。

2. 仲裁员依协议收取报酬时，收费和开支数额应合理，需考虑到争议金额、案件复杂程度、仲裁员花费的时间以及案件的其他有关情况。仲裁院对于仲裁员的收费有权根据前述各项因素作出必要调整，且任何此种调整对仲裁庭具有约束力。

3. 仲裁院对于当事人预缴的仲裁费有权根据案件具体情形作出调整。

4. 当事人对采用协议方式确定仲裁员报酬或对其金额有异议的，由仲裁院作出决定。

5. 采用协议方式确定仲裁员报酬的，由仲裁庭依据所适用的仲裁规则和本规定的相关条款，对该费用的承担作出决定。

七、关于指定紧急仲裁员的费用

仲裁费用表四

临时措施的申请	收费金额(人民币)
申请一项临时措施	10,000 元
申请多项临时措施	10,000 元 + (n-1)×2,000 元

(n 指当事人申请的临时措施项数)

当事人依据仲裁规则第二十六条规定向仲裁院申请指定紧急仲裁员作出临时措施决定的,按照《仲裁费用表四》缴付费用。

附录三

文书样式

目 录

1. 立案文书样式
    1.1 仲裁申请书
    1.2 当事人仲裁、诉讼和执行程序送达地址确认书
    1.3 申请人对被申请人送达地址的确认书
    1.4 法定代表人证明书
    1.5 授权委托书
    1.6 证据目录
    1.7 当事人提交材料清单(立案)
2. 组庭文书样式
    2.1 关于指定仲裁员的函(三人庭)
    2.2 关于指定仲裁员的函(一人庭)
3. 办案文书样式
    3.1 程序令
    3.2 审理范围书
    3.3 问题单
    3.4 文件披露清单
    3.5 当事人质证意见表格
    3.6 争议焦点问题清单
    3.7 书面审理决定
4. 调解文书样式
    4.1 调解申请书
    4.2 指定调解员的函
    4.3 和解协议

文书样式 1.1

仲裁申请书

申请人:＿＿＿＿＿＿＿＿＿＿＿＿＿＿＿＿＿＿＿＿＿＿＿＿＿＿
(自然人)身份证号码:＿＿＿＿＿＿＿＿＿＿＿＿＿＿＿＿＿＿＿
(法人或其他组织)统一社会信用代码:＿＿＿＿＿＿＿＿＿＿＿
住所:＿＿＿＿＿＿＿＿＿＿＿＿＿＿ 电话:＿＿＿＿＿＿＿＿＿
(法人或其他组织)法定代表人/负责人:＿＿＿＿＿职务:＿＿＿＿
被申请人:＿＿＿＿＿＿＿＿＿＿＿＿＿＿＿＿＿＿＿＿＿＿＿＿
(自然人)身份证号码:＿＿＿＿＿＿＿＿＿＿＿＿＿＿＿＿＿＿＿
(法人或其他组织)统一社会信用代码:＿＿＿＿＿＿＿＿＿＿＿
住所:＿＿＿＿＿＿＿＿＿＿＿＿＿＿电话:＿＿＿＿＿＿＿＿＿
(法人或其他组织)法定代表人/负责人:＿＿＿＿＿职务:＿＿＿＿
(提示:有两个以上申请人或被申请人的,请依次列明)

仲裁依据:《××合同》(20××年×月×日):第×条……(应写明仲裁协议名称或仲裁条款所属合同名称、签订时间、仲裁条款的具体内容,多个仲裁条款请依次列明。涉外案件未就仲裁地、仲裁语言达成协议的,申请人可以提出有关建议。)

仲裁请求:

一、……(多个仲裁请求请依次列明)

事实与理由:……(此部分应写明争议合同的签订情况、与仲裁请求有关的条款内容、双方履行合同的事实及依据、提出仲裁请求的合同依据及法律依据等。)

此致
深圳国际仲裁院

申请人:
(签字或盖章)
年　月　日

文书样式 1.2

当事人仲裁、诉讼和执行程序送达地址确认书

受案号	( )深国仲受 号		
特别 告知事项	一、为方便当事人及时接收仲裁机构、人民法院文书,保障仲裁、诉讼、执行程序顺利进行,当事人或者其委托代理人应当如实填写本确认书的有关事项;填写的事项如有变更,应当及时告知仲裁机构,因不及时告知或者填写的内容不准确导致的送达程序问题,均由当事人自行承担相应的法律后果。 二、当事人未变更送达地址的,其在仲裁程序中确认的送达地址可以作为申请撤销仲裁裁决和不予执行、起诉、上诉、审判监督、申请强制执行等程序的送达地址。 三、仲裁院可通过网上仲裁平台、电子邮箱、手机短信、即时通讯等一种或多种电子方式向当事人送达仲裁文书及证据材料等。 通过仲裁院网上仲裁平台送达的,网上仲裁平台显示向受送达人发送成功的日期,即为向受送达人送达的日期。 直接向受送达人所提供或者确认的电子送达地址进行送达的,送达信息到达前述电子送达地址的特定系统时,即为送达。 四、仲裁院通过电子方式送达的效力与其他送达方式效力相同,送达时间以上述送达方式中最先送达到受送达人的时间为准。 五、当事人在网上仲裁平台对送达地址的确认与当事人线下的签名或盖章具有同等效力。 六、仲裁当事人需要纸质文书的,可自行下载电子文书打印。结案文书以电子方式送达。当事人可另外要求仲裁院提供纸质版结案文书。送达时间以电子送达的时间为准。		
□申请人 □被申请人		身份证号码/统一社会信用代码	
		代理人	
邮寄地址		联系电话	

（续表）

电子送达地址	手机号码	
	电子邮箱	
	微信号等即时通讯账号	
当事人/委托代理人确认	我方已经阅读了有关送达地址确认书的告知事项，并保证上述信息是准确、有效的，承诺上述送达方式适用于涉及本案的仲裁程序以及与本仲裁案件相关的诉讼、执行程序。 当事人（签字或盖章）： ＿＿＿＿年＿＿月＿＿日	

文书样式 1.3

申请人对被申请人送达地址的确认书

受案号	(　　)深国仲受　　号
特别告知事项	一、申请人应经合理查询提供被申请人的营业地、注册地、住所地、惯常居住地或其他通讯地址。申请人应保证所提供的送达地址是申请人所知悉的被申请人最后为人所知的地址、联系方式(包括电话、电子邮箱)。 二、因申请人提供的被申请人送达地址不准确、刻意隐瞒或没有全面提供申请人所知悉的被申请人全部联系方式、通讯地址导致仲裁院未能向被申请人送达仲裁文书的,仲裁裁决书存在被法院撤销或不予执行的风险。 三、被申请人拒收(含代收人拒收)或者地址搬迁等原因,导致被申请人未能实际接收仲裁文书的,按下列方式处理: (一)申请人在网上仲裁平台确认的或书面确认所提供地址为申请人最后所知悉的被申请人地址的,即视为已经送达,邮件回执上注明的退回之日视为送达之日。 (二)申请人经合理查询后补充新的送达地址,仲裁院将按补充地址重新送达。 四、仲裁院通过电子方式送达的效力与其他送达方式效力相同,申请人在网上仲裁平台对被申请人送达地址的确认与申请人线下的签名或盖章具有同等效力。申请人需要纸质文书的,可自行下载打印。
申请人提供的被申请人送达地址	被申请人: 身份证号码或统一社会信用代码/组织机构代码: 地址1: 地址2: 地址3: 联系电话:　　　　　　电子邮箱:
申请人对送达地址的确认	我方已经阅读了深圳国际仲裁院对当事人填写送达地址确认书的告知事项,并保证提供上述送达地址及联系方式是准确、有效的。若我没有提供申请人最后所知悉的被申请人所有送达地址、联系方式导致被申请人无法实际接收本案仲裁文书,所有法律后果由我方自行承担。 当事人(签字或盖章): _____年___月___日

文书样式1.4

法定代表人证明书

　　_____□先生/□女士,公民身份证号码:_____,现任我单位_____职务,为法定代表人。

　　特此证明。

单位名称(盖章):
年　　月　　日

文书样式 1.5

授权委托书

委托人：_____

法定代表人：_____ 职务：_____

受委托人：1. 姓名：_____ 证件号码：_____

　　　　　　　工作单位及职务：_____ 电话：_____

　　　　　　2. 姓名：_____ 证件号码：_____

　　　　　　　工作单位及职务：_____ 电话：_____

现委托上列受委托人在我方与_____之间_____纠纷一案中,作为我方的仲裁代理人,受案号为(　　)深国仲受　　号。

_____的代理权限为：

☐一般授权

☐特别授权(除上述一般授权权限外还包括以下权限,可多选)：

　　☐代为签署仲裁申请书

　　☐代为提出、承认、变更、撤回、放弃仲裁请求(反请求)

　　☐代为约定仲裁庭组成方式、选定仲裁员

　　☐代为和解、调解

　　☐其他：_____

_____的代理权限为：

☐一般授权

☐特别授权(除上述一般授权权限外还包括以下权限,可多选)：

　　☐代为签署仲裁申请书

　　☐代为提出、承认、变更、撤回、放弃仲裁请求(反请求)

　　☐代为约定仲裁庭组成方式、选定仲裁员

　　☐代为和解、调解

□其他：_____

　　　　　　　　　　委托单位(盖章)：
　　　　　　　　法定代表人(签名或签章)：
　　　　　　　　　　　年　　月　　日

文书样式1.6

证据目录

受案号:(　　)深国仲受　　号

序号	证据名称	证明内容	份数	页码	备注
1					
2					
3					
4					
5					
6					

注:以上证据均为复印件(原件、打印件或光盘等请特别注明,未填写完时可用续页)

除上述格式外,也可根据法律关系的构成要件分组列明。

提交方(□申请人 □被申请人):

提交人:　　　　　　　　　联系电话:

签收人:　　　　　　　　　签收时间:

文书样式1.7

当事人提交材料清单(立案)

	序号	材料名称	份数	页数	原件或复印件	提交(√)
申请人	1	申请书				
	2	身份证明材料(自然人)				
	3	营业执照或工商登记资料等主体信息资料(法人、其他组织)				
	4	法定代表人或负责人身份证(法人、其他组织)				
	5	法定代表人或负责人身份证明书(法人、其他组织)				
委托代理人	6	授权委托书				
	7	律师执业证/实习证(律师、实习律师)或身份证(公民)				
	8	律师事务所函				
被申请人	9	身份证明材料(自然人)				
	10	营业执照或工商登记资料等主体信息资料(法人、其他组织)				
证据材料	11	详见《证据目录》				
其他材料						

提交方(□申请人 □被申请人):

提交人:　　　　　　　　联系电话:

签收人:　　　　　　　　签收时间:

文书样式 2.1

关于指定仲裁员的函

(三人庭)

深圳国际仲裁院：

　　_____ (申请人)与_____ (被申请人)之间_____ 纠纷案,案号为( )深国仲受　号,我方采取下列第___种方式指定仲裁员：

　　1. 指定_____为仲裁员；
　　2. 委托仲裁院院长指定仲裁员。

　　同时同意按照下列第___种方式指定首席仲裁员：
　　1. 由我方与对方当事人共同指定_____为首席仲裁员；
　　2. 由我方与对方当事人共同委托仲裁院院长指定首席仲裁员；
　　3. 由我方选定的仲裁员和对方当事人选定的仲裁员共同指定首席仲裁员；
　　4. 在仲裁院院长推荐的首席仲裁员候选名单中排序；
　　5. 在仲裁院院长推荐的首席仲裁员候选名单中选择；
　　6. 在仲裁院院长推荐的首席仲裁员候选名单中排除；
　　7. 我方不愿与对方当事人共同指定或共同委托仲裁院院长指定首席仲裁员,亦不愿对候选名单进行排序、选择和排除,请仲裁院院长直接指定具体的首席仲裁员。

申请人/被申请人(签字或盖章)：
　　　　　　　　　　　　　年　　月　　日

文书样式 2.2

关于指定仲裁员的函

（一人庭）

深圳国际仲裁院：

　　_____（申请人）与 _____（被申请人）之间 _____纠纷案，案号为（　　）深国仲受　　号，我方同意按照下列第___种方式指定独任仲裁员：

　　1. 由我方与对方当事人共同指定_____为独任仲裁员；
　　2. 由我方与对方当事人共同委托仲裁院院长指定独任仲裁员；
　　3. 在仲裁院院长推荐的独任仲裁员候选名单中排序；
　　4. 在仲裁院院长推荐的独任仲裁员候选名单中选择；
　　5. 在仲裁院院长推荐的独任仲裁员候选名单中排除；
　　6. 我方不愿与对方当事人共同指定或共同委托仲裁院院长指定独任仲裁员，亦不愿对候选名单进行排序、选择和排除，请仲裁院院长直接指定具体的独任仲裁员。

申请人/被申请人（签字或盖章）：

年　　月　　日

文书样式 3.1

程 序 令

申请人：×××

被申请人：×××

关于(20××)深国仲受字第×××号仲裁案,依据《仲裁规则》的规定,经征询双方当事人意见,仲裁庭确定本案程序安排如下:

一、时间表

不迟于此日期(北京时间18:00之前)	内 容	相关方
20××年×月×日	提交《仲裁答辩书》及其所依据的证据、《反请求申请书》及其所依据的证据	被申请人
20××年×月×日(收到答辩书或反请求申请书之日起×日)	提交对反请求的答辩及其所依据的证据	申请人
20××年×月×日(收到反请求答辩书之日起×日)	提交对反请求答辩的回复及其所依据的证据	被申请人
20××年×月×日(收到进一步书面陈词之日起×日)	提交进一步反驳陈词(如有反请求)	申请人
20××年×月×日	提交证据截止日 提交案情大事记(按照时间顺序编排)	申请人、被申请人
庭前×周	召开庭前会议(电话会议/视频会议/现场会议)	仲裁庭、申请人、被申请人
20××年×月×日(9:30开始)	开庭审理(现场开庭/网上开庭) 网上开庭的,适用《深圳国际仲裁院网上开庭操作指南》	仲裁庭、申请人、被申请人
庭后3天内	提交书面代理词或庭后简报	申请人、被申请人
待定	向仲裁院提交裁决草稿	仲裁庭

二、书面意见

1. 双方当事人在其书面意见中,应使用"申请人""被申请人"。

2. 当事人就争议的实体问题提交的书面意见应包含:对案情的全面描述;仲裁请求或反请求;具体说明每项请求、答辩主张和反请求的事实依据(需援引证据,注明依据哪一方的证据、证据的编号和证据所在的页码)、合同条款和/或法律依据。

3. 如当事人没有特别说明,仲裁庭在裁决书中将仅引用当事人最后提交的书面意见或代理意见,请当事人确保其最后提交的书面意见或代理意见反映了其在本案陈述的所有意见。

三、文书证据

1. 双方应提交仲裁请求、答辩主张和反请求所依据的文书证据的电子版(带有搜索功能的文书证据的 PDF 版)。

2. 所有文书证据,无论是第几次提交的,均应连续编号(补充证据编号衔接已经提交证据的编号),并连续标注页码。

3. 除《时间表》另有规定或者仲裁庭另有指示外,文书证据应与书面意见一同提交。非按照本程序令或仲裁庭特别指示提交的证据,对方当事人及仲裁庭有权不予接受。

四、材料发送

1. 一方当事人发出的所有书面意见、书面请求、证据材料的电子版,应提交至仲裁院的网上仲裁平台;如不能使用网上仲裁平台,则应同时发送至仲裁庭指定的电子邮箱群(包括对方当事人、仲裁庭成员和办案秘书等仲裁参与人的电子邮箱)。

2. 仲裁庭的任何文件,应通过网上仲裁平台或者仲裁庭指定的电子邮箱群,同时发送给双方当事人。

3. 当事人不应就本案所涉及的事项与任何仲裁庭成员进行单独的接触。有关仲裁程序问题,可向办案秘书咨询。

五、通讯地址和方式

1. 申请人联系人：×××

电子邮箱：　　　　　　　电话：

2. 被申请人联系人：×××

电子邮箱：　　　　　　　电话：

3. 办案秘书：×××

电子邮箱：　　　　　　　电话：

邮寄地址：　　　　　　　邮编：

4. 电子邮箱地址群：

深圳国际仲裁院
二〇××年×月×日

文书样式 3.2

审理范围书

审理范围书一般包括以下内容：
(1) 申请人的仲裁请求(包括具体数额、估算数额)；
(2) 被申请人的反请求(包括具体数额、估算数额)；
(3) 待决事项清单；
(4) 仲裁地；
(5) 所适用的仲裁规则和仲裁程序；
(6) 双方当事人及其代理人的称谓和联系方式；
(7) 仲裁庭秘书的姓名和联系方式；
(8) 仲裁过程中通知或材料可送达的地址。
除仲裁庭另有决定外,当事人不得变更仲裁请求(和反请求)。

文书样式 3.3

问 题 单

申请人：×××

被申请人：×××

仲裁庭审阅了申请人和被申请人提交的案件材料。为提高审理效率，仲裁庭现就以下问题询问当事人，请申请人、被申请人在收到本通知之日起×日内书面回复并提供相应证据（如有）。逾期提交的，除仲裁庭另有决定外，仲裁庭可不予接受。

一、向申请人提出如下问题：

（一）……

（二）……

二、向被申请人提出如下问题：

（一）……

（二）……

三、向申请人、被申请人提出如下问题

（一）……

（二）……

感谢双方当事人及代理人的支持！

文书样式3.4

文件披露清单

编号	请求披露的文件材料		请求披露文件的重要性	拒绝披露的理由	对拒绝披露的回应	仲裁庭决定
	材料出处	理由				
1						
2						
3						

文书样式 3.5

当事人质证意见表格

编号	申请人/被申请人的证据		被申请人/申请人的质证意见				
	证据名称	证明目的	真实性	合法性	关联性	证明目的	不认可的理由
1	×××	……					
2	×××	……					
3	×××	……					

文书样式 3.6

争议焦点问题清单

序号	争议焦点	申请人		被申请人		仲裁庭	
		主张	理由和依据	主张	理由和依据	观点	理由和依据
1							
2							
3							

文书样式 3.7

书面审理决定

申请人：×××

被申请人：×××

关于(20××)深国仲受字第××××号仲裁案，根据《深圳国际仲裁院仲裁规则》第三十六条第(一)款、第(三)款及第五十九条之规定，仲裁庭决定依据双方当事人提交的书面材料和证据对本案进行书面审理。双方当事人可以在收到本决定之日起10内以书面形式提出管辖权异议。

1. 程序性事项安排(可参考文书样式3.1)
2. 本案争议焦点及问题清单(可参考文书样式3.3)

特别提示：各方应依照上述决定和安排参与本案仲裁程序。对决定有异议或确有正当理由无法遵守上述程序安排的，有关当事人应尽早提出书面意见或申请。仲裁庭将根据当事人请求的时间和理由的合理性以及对整个程序可能造成的影响，决定是否对上述决定或安排进行变更。任何一方不提异议又未依照上述程序安排参与仲裁程序的，自行承担相应的法律后果。

文书样式4.1

调解申请书

(单方/双方/各方)

申请人:＿＿＿＿＿＿＿＿＿＿＿＿＿＿＿＿＿＿＿＿＿＿＿＿
(自然人)身份证号码:＿＿＿＿＿＿＿＿＿＿＿＿＿＿＿＿＿＿
(法人或其他组织)统一社会信用代码:＿＿＿＿＿＿＿＿＿＿
住所:＿＿＿＿＿＿＿＿＿＿＿＿＿＿ 电话:＿＿＿＿＿＿＿＿
(法人或其他组织)法定代表人/负责人:＿＿＿＿＿＿＿＿＿＿
职务:＿＿＿＿＿＿＿＿

被申请人:＿＿＿＿＿＿＿＿＿＿＿＿＿＿＿＿＿＿＿＿＿＿＿
(自然人)身份证号码:＿＿＿＿＿＿＿＿＿＿＿＿＿＿＿＿＿＿
(法人或其他组织)统一社会信用代码:＿＿＿＿＿＿＿＿＿＿
住所:＿＿＿＿＿＿＿＿＿＿＿＿＿＿ 电话:＿＿＿＿＿＿＿＿
(法人或其他组织)法定代表人/负责人:＿＿＿＿＿＿＿＿＿＿
职务:＿＿＿＿＿＿＿＿

(提示:如有两个以上的申请人或被申请人,请按照上述格式分列第一申请人、第二申请人、第一被申请人、第二被申请人,依此类推)

调解请求:……

事实与理由:……

如调解不成,我方/双方/各方同意将上述事项及其相关的任何争议提交深圳国际仲裁院,按照申请仲裁时该院施行的仲裁规则进行仲裁。

此致
深圳国际仲裁院调解中心

当事人:
(签字或盖章)
年　月　日

文书样式4.2

指定调解员的函

深圳国际仲裁院调解中心：

　　_____（申请人）与_____（被申请人）之间关于_____纠纷案，我方同意按照下列第___种方式指定一/三名调解员：

　　1. 由我方与对方当事人共同指定_____为独任调解员；
　　2. 由我方与对方当事人共同委托仲裁院院长指定独任调解员；
　　3. 在调解中心推荐的调解员候选名单中选择一/三名调解员。

申请人/被申请人：
年　月　日

文书样式4.3

和解协议

甲方：×××

乙方：×××

甲、乙双方因第×××号《_____合同》/某次具体交易(要写明交易的范围和内容)发生争议,在深圳国际仲裁院调解中心调解下,自愿达成如下和解协议：

一、……

二、……

三、本案仲裁费用由甲/乙方承担/ 甲方承担 %、乙方承担 %。

四、双方同意,任何一方均有权将本和解协议提交深圳国际仲裁院,根据和解协议的内容作出仲裁调解书/裁决书。

五、双方声明,本协议为双方当事人经协商一致自愿签订,反映了双方的真实意思表示；本协议的内容不存在任何损害国家、集体或第三人合法权益的情形；否则,双方愿承担一切由此导致的有关责任。

六、本协议自双方签章之日起生效,对双方当事人均有约束力。

七、本协议一式____份,甲、乙方各执两份,并向深圳国际仲裁院提交____份。

甲方：　　　　　　　　　　　乙方：
　年　月　日　　　　　　　　　年　月　日

附录四

法律文件简全称对照表

简　称	全　称
《民法典》	《中华人民共和国民法典》
《仲裁法》	《中华人民共和国仲裁法》
《民事诉讼法》	《中华人民共和国民事诉讼法》
《律师法》	《中华人民共和国律师法》
《证券法》	《中华人民共和国证券法》
《仲裁法解释》	《最高人民法院关于适用〈中华人民共和国仲裁法〉若干问题的解释》
《处罚办法》	《律师和律师事务所违法行为处罚办法》
《管理办法》	《律师执业管理办法》
《纽约公约》	《承认及执行外国仲裁裁决公约》